高等职业教育学前教育专业系列教材

幼儿园社会教育活动设计与指导

刘玉芝　白传亮　沈　娇　主编

王　爽　吴　爽　刘　鑫　副主编

化学工业出版社

·北京·

内容简介

本书对幼儿园社会教育活动进行了详细介绍，主要内容包括：了解幼儿社会教育、幼儿社会性发展及影响因素、幼儿自我意识教育的设计与指导、幼儿社会认知教育的设计与指导、幼儿社会情感教育的设计与指导、幼儿社会交往教育的设计与指导、幼儿社会适应教育的设计与指导，以及幼儿道德、社会行为教育的设计与指导。全书学科体系完整，内容具有广度和深度，教学案例丰富，案例分析透彻，具有很强的实用性和可操作性。

本书可作为高等职业教育学前教育专业教材，也可作为幼儿园教师继续教育和进修的参考教材。

图书在版编目（CIP）数据

幼儿园社会教育活动设计与指导 / 刘玉芝，白传亮，沈娇主编 . -- 北京 : 化学工业出版社，2025. 4.
（高等职业教育学前教育专业系列教材）. -- ISBN 978-7-122-47304-2

Ⅰ. G613.3

中国国家版本馆 CIP 数据核字第 2025AF1394 号

责任编辑：王　可　石　磊　　　文字编辑：毛亚囡
责任校对：边　涛　　　　　　　装帧设计：张　辉

出版发行：化学工业出版社
　　　　　（北京市东城区青年湖南街13号　邮政编码100011）
印　　装：北京云浩印刷有限责任公司
787mm×1092mm　1/16　印张13½　字数326千字
2024年12月北京第1版第1次印刷

购书咨询：010-64518888　　　　　售后服务：010-64518899
网　　址：http://www.cip.com.cn
凡购买本书，如有缺损质量问题，本社销售中心负责调换。

定　　价：42.00元　　　　　　　　版权所有　违者必究

前　言

　　幼儿教育是基础教育的基础，幼儿时期是人终身发展的奠基时期，对人一生的发展至关重要。国家将提高保教质量作为学前教育改革的重要任务，出台了一系列政策文件，旨在从办园行为规范、保育教育和教师素质提高等方面提升学前教育质量。高职高专学前教育专业的培养目标是优品质、强技能、好习惯的应用型人才，幼儿园五大领域教学活动课程是实现专业培养目标的核心课程，也是保证学生能够快速适应岗位技能，实现"零距离"上岗的关键课程。本书为幼儿园社会教育活动课程教材，依据《幼儿园教师专业标准（试行）》《3—6岁儿童学习与发展指南》《幼儿园教育指导纲要（试行）》中对社会领域的要求而编写，致力于满足当前学前教育专业学生的需求，也可作为幼儿园教师继续教育和进修的参考教材。

　　本书本着与时俱进、立足当下的精神编写，融"教、学、做"于一体，力求内容新颖、全面实用、结构合理。本书理论部分注重体现幼儿园社会教育活动的基础知识和基本技能，以够用、实用为度；案例部分邀请长期从事教学及管理工作的幼儿园老师参与编写，每个项目针对学生在实际工作中将会遇到的真实问题和困惑设计典型活动案例，并附有案例评析，具有很强的指导性，让学生能够学以致用。

　　本书由刘玉芝（盘锦职业技术学院）、白传亮（盘锦职业技术学院）、沈娇（盘锦职业技术学院）担任主编，王爽（盘锦市实验幼儿园）、吴爽（盘锦小哈佛幼儿园）、刘鑫（盘锦瑞鑫尔小哈佛幼儿园）担任副主编。具体编写分工如下：刘玉芝编写第一章、第二章、第八章，白传亮编写第六章、第七章、附录1，沈娇编写第三章、第四章、第五章、附录2、附录3，王爽、吴爽、刘鑫提供部分幼儿园教学活动案例。本书由刘玉芝统稿，卢云峰审稿。

　　本书编写过程中参考了相关文献资料、研究成果和其他同类教材观点，在此一并表示衷心的感谢！由于编写时间、编写人员能力及水平有限，书中难免有不足之处，我们诚挚地邀请各位读者在使用本书时提出宝贵意见，以便于今后进一步修订和完善。

编者

2024年3月

目　录

第一章

了解幼儿社会教育

🌱 导学

欢迎你开启本章的学习之旅，通过本章的学习，你将会了解幼儿社会教育的研究对象，知道幼儿社会教育的目标与内容，以及幼儿社会教育活动如何设计、指导与评价。

📋 学习目标

了解幼儿社会教育的研究对象；
掌握幼儿社会教育的目标与内容；
掌握幼儿社会教育活动的设计、指导与评价的方法。

🔬 思维导图

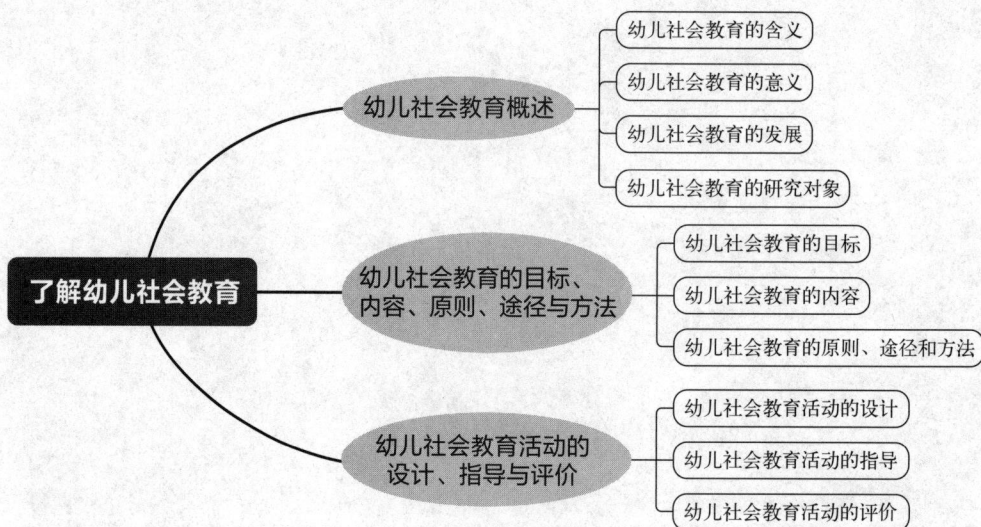

✈ 案例导入

印度"狼孩"的故事

1920年9月19日，在印度加尔各答西面约1000km的丛林中，辛格牧师发现了两个狼育的女孩，年长的估计8岁，年幼的1岁半。她们大概都是在半岁时被狼衔去的。这两个女孩回到人类社会后，都在孤儿院里养育，被分别取名为卡玛拉与阿玛拉。从她们的言语、动作姿势、情绪反应等方面都能看出很明显的狼的生活痕迹。她们总是喜欢单独活动，白天躲藏起来，夜间到处乱窜，像狼那样嗥叫；怕火和光，也怕水，不让人们替她们洗澡；不吃素食而要吃肉，吃时不用手拿，而是放在地上用牙齿撕开吃。每天凌晨三点钟，她们会像狼似的引颈长嗥。她们惧怕人，但对狗、猫似乎特别有亲近感。她们没有感情，只知道饥时觅食，饱则休息，很长时间内对别人不主动产生兴趣，人的行为和习惯几乎没有，而具有不完全的狼的习性。不过，她们很快学会了向辛格牧师的妻子去要食物和水，如同家犬一样。只是当阿玛拉死的时候，人们看到卡玛拉流了眼泪。

这两个狼孩回到人类社会以后，辛格牧师夫妇为使两个狼孩能转变为"人"，进行了各种各样的尝试。她们不会说话，发音独特，发出的不是人的声音。阿玛拉到第2个月可以发出"波、波"的音，诉说饥饿和口渴了。遗憾的是，回到人类社会的第11个月，阿玛拉就死去了。

卡玛拉在两年后才会说两个单词（"波、波"和叫牧师夫人"妈"）。4年后掌握了6个单词，到第7年共学会了45个单词。她动作姿势的变化也很缓慢，1年4个月时，只会使用双膝步行；1年7个月后，可以靠两腿支撑站起来；不用支撑的站立，是在2年7个月后；到两脚步行，竟费了5年的时间，但快跑时又会用四肢。5年后，她能照料孤儿院的幼小儿童了，她会为跑腿受到赞扬而高兴，为自己想做的事情（如解纽扣）做不好而哭泣。这些行为表明，卡玛拉正在改变"狼孩"的习性，显示出获得了人的感情和需要进步的样子。大女孩卡玛拉一直活到17岁，但她直到死时还没真正学会说话，智力只相当于三四岁的孩子。中国也有类似狼孩、猪孩的报道，结果和印度狼孩大致相似。

"狼孩"的案例说明了以下两个观点。首先，人类的知识和才能并非生来就有的，而是人类社会实践过程中的产物。人不是孤立的存在，脱离了人类的社会环境，脱离了人类的集体生活，就形成不了人所固有的特点。而人脑又是物质世界长期发展的产物，它本身不会自动产生意识，它的原材料来自客观外界，来自人们的社会实践。所以，这种社会环境倘若从小丧失了，人类特有的习性、智力和才能就不可能发展，一如"狼孩"刚被发现时那样：不会说话，不会思考。其次，儿童时期对人类身心发育很重要。人的一生中，儿童时期在生理上和心理上都是一个迅速发展的时期。例如，仅就脑的重量而言，新生儿平均约390克，9个月的婴儿脑重为560克，2.5～3岁的儿童脑重增至900～1011克，7岁儿童约为1280克，而成年人的脑重平均为1400克。这说明在社会环境作用下，儿童的大脑获得了迅速发展。正是在儿童时期，人们逐步学会了直立和说话，学会用脑思考，为以后智力和才能的发展奠定了基础。"狼孩"由于在动物界长大，错过了与人交往的社会实践机会，这就使她们的智力水平远远比不上同龄的正常儿童。由此可见，儿童时期社会教育对人类社会的发展有着至关重要的作用。

第一节

幼儿社会教育概述

✖ 知识讲解

一、幼儿社会教育的含义

为什么有的人与他人关系和谐，懂得乐群合作，能够礼貌谦让，受人欢迎？而有的人却与他人关系不和谐，攻击性强，孤僻易怒，受人排斥呢？因为他们的社会化程度不同。每个幼儿从出生的那一刻起就处于一定的社会环境和社会关系之中。特定的社会环境和社会关系构成了幼儿身心发展的基本条件，也构成了其身心发展的重要内容。卡耐基曾经说过，一个人的成功，专业知识的作用占 15%，交际能力的作用占 85%。纵观现实社会，成功的管理者或企业家都具有很高的情商，而其中很重要的一点就是具有与他人进行情感交流和社会交往的能力。

心理学家马斯洛的需要层次理论，把人的各种需要归为两大类：一类是生物性需要，如饮食、运动、休息、睡眠、觉醒、排泄、避痛、配偶、嗣后等；还有一类是社会性需要，与人的社会生活紧密相连，如劳动、交往、认知、审美、成就等。如果社会性需要得不到满足，个体将产生焦虑、痛苦等情绪。研究表明，长时间的孤独隔离会使人产生恐惧感和忧虑感。隔离时间越长，恐惧感和忧虑感越严重。人"天生是社会性动物"，社会是个体发展的不尽源泉和广阔舞台。

幼儿期是社会性发展的重要时期。在这个时期，幼儿学习怎样与人相处，怎样看待自己，怎样对待他人；逐步认识周围的社会环境，内化社会行为规范；逐渐形成对所在群体及文化的认同感和归属感，发展适应社会生活的能力。幼儿期也是个性初具雏形的时期。这一时期形成的对人、对事、对己的态度，逐渐发展成个性品质和行为风格，不仅直接影响童年生活的快乐与幸福感，影响身心健康以及知识、能力和智慧的形成，更影响其一生的学习、工作和生活。

（一）幼儿社会教育的性质

2001 年，中华人民共和国教育部颁发了《幼儿园教育指导纲要（试行）》，该文件是对幼儿园课程具有指导意义的纲领性文件，它将幼儿园课程划分为健康、语言、社会、科学、艺术五大领域。幼儿社会教育在幼儿园五大领域中有什么样的地位、与其他课程的关系是什么、在幼儿的发展过程中有什么意义，这是幼教工作者明确幼儿社会教育性质，把握其内涵，进行有效的教育教学实践的重要基础。

1. 幼儿社会教育的学科性质

从理论上来看，幼儿社会教育是一门研究幼儿社会性发展过程中的现象，揭示幼儿社会性发展的规律，并创新社会教育的方式和方法的课程。社会教育是个综合的领域，社会学习融合在各种学习活动中，并渗透于幼儿一日生活的各个环节，而幼儿在活动中与环境交互所表现出的心理和行为特征决定了幼儿社会教育和其他领域是不同的，这也有助于研究者弄清社会教育的特点与规律，帮助教育者形成更加科学合理的教育观念。从实践上来看，幼儿社会教育是一门教学法课程，是指导教育者进行教育实践的课程。该课程帮助教育者掌握幼儿社会性发展规律，正确理解社会教育的目标和内容、原则、方法和实施策略，把幼儿社会教育的基本知识和特点用到幼儿园社会教育实践中去，并在教育实践过程中，使幼儿社会教育不断得到发展与创新。

2. 幼儿整体发展课程观的树立

幼儿社会教育整合课程将课程的各个部分、各个要素有机地组织形成一个整体，体现了当代幼儿学习、发展、教育的新观念。在课程实践中，从构建有利于幼儿经验成长的整体教育环境出发，对实现整合课程内容的有机联系具有指导意义。《幼儿园教育指导纲要（试行）》指出："幼儿园的教育内容是全面的、启蒙性的，可以相对划分为健康、语言、社会、科学、艺术等五个领域，也可作其他不同的划分。各领域的内容相互渗透，从不同的角度促进幼儿情感、态度、能力、知识、技能等方面的发展。"《3—6 岁儿童学习与发展指南》也强调："关注幼儿身心全面和谐发展。要注重学习与发展各领域之间的相互渗透和整合，从不同角度促进幼儿全面协调发展，而不要片面追求某一方面或几方面的发展。"因此，幼儿园五大领域的教育内容是统一的整体，不可分割。

我国学前教育的总目标是培养体智德美全面发展的人，也就是促进儿童生命各方面的完整发展。学前期是人生的启蒙阶段，是人生成长的基础阶段，是一个连续的、渐进的、指向全人生的过程。幼儿由于身心各方面的发展，初步产生了参与社会生活和实践的愿望，但由于能力、经验的欠缺，还不能完全符合社会的要求，这就需要教育者给予他们及时的社会教育，塑造其健康的人格，培养其健康的心理和健全的个性、社会性，使其更好地适应社会。

3. 幼儿社会教育与其他领域的关系

幼儿社会教育与其他领域有着非常密切的关系，五大领域的内容的划分是相对的，各领域的内容相互渗透，都从不同的角度促进了幼儿的社会教育。

（1）幼儿社会教育与健康领域的关系　幼儿社会教育与健康领域是相互渗透、相互促进的。健康包括身体的健康、情绪与心理的健康及道德的健康，其中儿童的情绪与心理健康是社会领域关注的问题。同时，健康领域的体育活动也是培养儿童坚强、勇敢、不怕困难的意志品质和主动、乐观、合作态度的重要途径。但社会教育在关注儿童情绪与心理健康时，更注重它的社会发展性。比如，有的人有说谎的行为，从个体角度看，个体通过这种方式可能获得更多的利益或发展机会，但从群体角度看，这种风气是不利于社会进步的，而教育者就有对这种不良风气进行矫正的责任。社会教育的责任是倡导先进的文化价值观与态度行为，这是一种社会意义上的健康。

（2）幼儿社会教育与语言领域的关系　语言是沟通的桥梁，通过语言儿童才能与他人进行有效沟通。语言领域贯穿于其他各领域，在语言教育中，不仅要教幼儿说话，掌握语言使用的方法，更要教他们讲礼貌的话、善意的话、安慰的话、赞美的话，并能理解日常用语，还要教会他们善于倾听，乐意与人交流。当幼儿接触优秀的儿童文学作品时，他们感受到的不只是语言的丰富与优美，还有作品中人物的美好心灵，让他们从作品中体会到善与恶、美与丑。社会教育无法离开语言，更无法离开故事与文学，因为故事与文学也是进行社会教育非常重要的资源与途径。幼儿对故事的钟爱，也使阅读成为一种非常有力的滋养心灵的方式，同时，语言的运用及表现方式也在塑造着儿童的社会性品格。

（3）幼儿社会教育与科学领域的关系　在科学领域的教育中，不仅要引导幼儿探索和认识周围的世界，而且要培养他们热爱世界的意识；不仅要引导幼儿认识自然环境和物质资源，而且要培养他们合理利用资源和保护环境的意识；不仅要引导幼儿认识科学，而且要培养他们为人类幸福而学习科学知识的精神。引导幼儿学会认识与探索世界的最终目的是让幼儿有一颗对待世界变化的仁爱之心，让他们在亲近大自然的时候学会爱护动植物，关心周围的环境，珍惜自然资源，形成初步的环保意识。

（4）幼儿社会教育与艺术领域的关系　在人的发展中，社会教育与艺术教育也是相辅相成的。艺术能陶冶人的心灵，艺术教育的价值也在于它能够展示生命的美，弘扬生命的价值，维护生命的尊严和张扬生命的个性。它的目的是要培养能够运用艺术语言表达丰富美好的情感和进行心灵交流的健康个体。绘画和音乐、舞蹈本身就是内在体验的外在表达，当孩子体会到了美与善时，艺术的作用效果就产生了，它给孩子提供了分辨美与丑、善与恶、真与假的理论依据，随着孩子年龄的增长，这些美、善、真会不断成为丰富其内心世界的养料，这正是艺术教育对于幼儿社会性发展的重要意义所在。幼儿社会教育需要艺术的支持，更需要艺术化的教育。

虽然五大领域的教育共同作用于促进幼儿全面的、整体的发展，但幼儿社会教育在幼儿园的教育中起着导向的作用，它既指向个人，又与他人和社会群体密切相关，而教育的最终目的在于帮助儿童与世界建立一种恰当的关系，学会做一个具备健全人格、有益于人类的人，可见，社会教育规定着所有课程领域的价值方向，即培养有益于人类社会健康发展的人。

（二）幼儿社会教育的内涵

幼儿社会教育的研究历史较短，是一门年轻的、介于学前心理学与学前教育学之间的学科，主要研究幼儿社会性发展的现象、规律、方法。它不仅是一门理论学科，更是一门具有很强的应用性和实践性的综合学科。由于幼儿社会教育的特殊性，每个学者对幼儿社会教育表述的角度与立场不同，如李生兰教授认为幼儿社会教育主要是指对幼儿进行社会认知、社会情感、社会行为等方面的教育，具体来说，是帮助幼儿正确地认识自己、他人和社会（社会环境、社会活动、社会规范、社会文化），形成积极的自然情感和社会情感，掌握与同伴、成人相互交往及与周围环境相互作用的方式，以使幼儿能有效地在社会中生存与发展的教育。有的学者将幼儿社会教育表述为：幼儿社会教育是教育者按照社会的价值取向，通过多种途径不断向幼儿施加多方面教育影响，使其逐渐适应社会环境的过程。还有学者结合原国家教育委员会于 1996 年颁布的《幼儿园工作规程》及中华人民共和国教育部于 2001 年颁布的《幼儿园教育指导纲要（试行）》中的有关要求，从相对于幼儿园其他课程领域的角度，将幼儿社会教育定义为：幼儿社会教育主要是指以发展幼儿社会性、促进其良好社会性品质的形成为主要目标，以增进幼儿的社会认知、激发社会情感、培养社会行为技能为主要内容的教育。总之，幼儿社会教育就是要引导幼儿在社会认知、社会情感及社会行为方面协调发展，成为适应社会的、健康的、幸福的人。

幼儿社会教育是一门理论与实践并重的课程，从教育者的角度来说，幼儿社会教育的概念应当阐明幼儿社会教育要达到什么目标，以什么方式与内容来进行教育。基于此，我们将幼儿社会教育的概念表述如下。

幼儿社会教育是指以幼儿的社会生活事务及相关的人文社会知识为基本内容，以社会及人类文明的积极价值为引导，在尊重儿童生活、遵循儿童社会性与品格发展的规律与特点的基础上，由教师、家长及相关教育者通过多种途径，创设有教育意义的环境和活动，以陶冶幼儿性情，培养幼儿初步的社会生活能力与良好品格、习性，促进幼儿健康、完整发展的教育。

案例

在艺术活动中培养幼儿的人文素养——以"千手观音"为例

幼儿艺术综合教育是基于幼儿的艺术兴趣和审美心理，通过特定的学习环境，引导幼儿主动地参与艺术活动，从而获得审美体验、促进审美心理发展的一种教育方式。它要求跨越单一的艺术活动，把体验、感受探究等进行融合，把幼儿的多元审美经验联系起来，最大限度地发挥活动的教学效益。下面以艺术综合活动"千手观音"的实践，阐释笔者对艺术综合教育的认识与思考。

第一次活动：着眼舞蹈

【活动背景】

全国助残日（每年5月第3个星期日）快到了。一位老师看完"千手观音"的现场演出后，在感慨万千的同时突然有了一个设想：把这个震撼世界的舞蹈带给班上的孩子。很快地，老师预设了一个艺术综合活动。

【活动目标】

（1）欣赏舞蹈，感受舞蹈作品动作、音乐、灯光、服装的和谐美。

（2）学习舞蹈的基本动作，能够根据动作图谱表演舞蹈。

（3）培养关爱残疾人的情感。

【活动过程】

在幼儿了解了聋哑人无法言语、只能通过手语交流的基础上，通过手语游戏导入。

（1）欣赏舞蹈。

第一遍欣赏：引导幼儿观看"千手观音"，让孩子们感受动作之美、服饰之美、灯光之美、整齐之美、造型之美，感受聋哑人的不易与骄傲。

第二遍欣赏：引导幼儿观察了解演员手上那圆圆的"眼睛"，了解"眼睛"的作用及"千手观音"的传说，并借助提问的方式让幼儿简单地了解"观音"拥有千手、千眼的缘由，让个别幼儿表演几个印象较深的动作，教师给予肯定。

（2）学习舞蹈。

教师出示动作图谱，引导幼儿观看图谱，知道箭头向上表示手要向上，箭头向下表示手要向下，圆圈表示手要在头上转一圈。教师喊节拍组织幼儿学习舞蹈的基本步伐和手位动作。

第二次活动：以爱为主题的综合教育

【活动背景】

为了追求幼儿艺术综合教育的真谛，教师指导幼儿重新组织"千手观音"艺术活动，使之符合"爱、生命、美"三维合一的生态式艺术综合教育的要求。

【主题活动目标】

（1）知道助残日，乐意参与助残活动；了解残疾人的生活，感受残疾人身残志不残的生活态度，感受艺术作品的和谐美。

（2）尝试运用多种形式表现对艺术作品的理解，享受听故事、与人交流的乐趣。

（3）具有同情心，关心、关注、关爱弱势群体。

【相关主题活动】

（1）参观聋哑学校。

（2）交流相关资料。

（3）了解"千手观音"的传说。

（4）讨论助残计划。

（5）助残行动。

（6）欣赏歌曲《感恩的心》。

在以上一系列活动的基础上，教师再次组织幼儿开展了"千手观音"艺术活动。

【活动过程】

（1）欣赏舞蹈。教师引导幼儿观看"千手观音"后，让孩子们谈谈感受。

（2）学习舞蹈动作。

（3）感悟舞蹈。

（4）排练舞蹈。

【活动反思】

艺术教育是学习内容与幼儿生活经验的"对话"，而非孤立的纯艺术教育。第二次"千手观音"艺术活动，从生活感知导入，以了解听障人士的学习过程为起始，以后续艺术活动为继续，以"千手观音"艺术活动为高潮，把幼儿艺术教育置于广阔的空间之中，通过与社会、生活、自然的有效链接，还原艺术与世界的有机联系，恢复艺术内部及它与其他学科的沟通，让儿童在各种关系中学习艺术。这种艺术教育不再孤立存在，幼儿的艺术情感、体验、能力等各方面都被有机地统一起来，有助于实现幼儿发展的整体目标。

艺术教育是发展艺术素养与综合素养的统一，而非单一的艺术教育。第二次艺术活动注重过程的完整性与教育目标的整体性。正是把"千手观音"纳入一个完整的、多维的艺术教育过程中，它才是一支看不尽、演不完的舞蹈。在这个主题活动中，教师带着艺术作品走近幼儿，在自然延伸的基础上，将情感目标和认知目标转化为问题，通过创设合理的"问题情境"，将幼儿的鉴赏活动始终置于"最近发展区"，以最终实现人文熏陶和艺术能力发展的双重预期结果。从中可知，艺术教育是教师有效引导与幼儿主动参与的结合，而非单边的教学过程。

从上述案例中可以看到，对儿童的教育不是单一的某一方面的教育，在进行科学、语言、美术、音乐等活动的同时必然会涉及交往、思维、性格、品德等内容，也就是说，幼儿五大领域之间相互关联、密不可分。幼儿社会教育起着核心与灵魂的作用，为其他领域提供方向与价值的指引，即一切的教育都在帮助孩子建立与世界的一种恰当关系，学会做一个人格健全、有益于人类的人。在幼儿科学教育中，人们不仅让幼儿学会科学地认识与探究客观的世界，还要认识到人类与客观世界的关系，以及人类对客观世界所承载的责任；幼儿语言教育也不仅仅是教会孩子正确与流利地表达，还要教孩子学会表达真诚与善意；幼儿艺术教育不仅仅让孩子学习欣赏与创造美，还让孩子体验与领会人性之美。在这些关系的层面，人性的层面就是社会教育需要关注的，因而，社会教育存在于所有领域课程之中。

二、幼儿社会教育的意义

（一）培养健全人格，促进幼儿完整发展

幼儿社会教育是培养幼儿健全人格的教育，是引导幼儿立身做人的教育，是引导儿童做一个健康的、和谐的、服务于社会的人的教育。完整发展是指幼儿在内容、结构与时间上的发展。从发展的内容看，幼儿的完整发展是指德、智、体、美、劳的全面发展；从结构看，幼儿的完整发展是指认知、情感、意志的平衡发展；从时间看，幼儿的完整发展是指终身的完整发展。因此，要注意在幼儿发展早期给予积极的影响和关注，让其形成良好

的性格、道德品质和正确的价值观，为其一生的幸福打下基础。

（二）促进幼儿的社会化，提高幼儿社会性发展水平

社会化主要是指个体在学习的过程中长期积累起来的知识、技能、观念和规范，内化为个人的品格与行为，在社会生活中再加以创造的过程。促进儿童积极地社会化是幼儿社会教育的重要任务之一。儿童的社会化是一个复杂的过程，积极地社会化并不会自然地发生，它需要教育者创设积极的教育环境并加以适当引导才能实现，幼儿社会教育的研究就是要寻找创设积极的教育环境与适当引导的原理与方法。

在幼儿社会化过程中，需要积极地正面引导。在新媒体时代，幼儿会不自觉地受到来自成人世界各种信息的影响，当环境的影响表现为积极的时候，幼儿可能实现的就是积极的社会化，反之，当环境的影响表现为消极的时候，幼儿获得的可能就是消极的社会化，如：过度社会化或社会化不足的现象。因此，我们应该研究幼儿社会性发展的规律及特点，创设适合幼儿社会化发展的环境，综合运用多种教育资源、途径和方法，对幼儿施加积极的影响，促进其社会化的发展，使其社会性发展水平不断提高，从而积极地适应社会生活。

（三）培养社会合格公民，促进社会和谐稳定

培养社会合格公民是社会教育的核心任务。社会合格公民的培养应从幼儿开始。《中华人民共和国宪法》第三十三条规定："凡具有中华人民共和国国籍的人都是中华人民共和国公民。中华人民共和国公民在法律面前一律平等。国家尊重和保障人权。任何公民享有宪法和法律规定的权利，同时必须履行宪法和法律规定的义务。"因此合格公民应当遵纪守法，正确使用法律赋予的权利，严格履行法律规定的义务，具有平等意识和爱国意识。幼儿社会教育就是让幼儿学习和内化社会行为规范，在社会生活中学会与人、事、物和谐相处的教育。

（四）弘扬社会优秀文化，实现文化传承与发展

弘扬中国优秀文化是我们的责任与义务。幼儿社会教育是以人类社会的积极价值为引导的，选取古今中外优秀文化来滋养幼儿的心灵，让幼儿在思想上、行动上、价值上产生文化的认同，不断加深其文化的体验，进而起到了传承与发展的作用。如：将传统节日端午节引入幼儿园课程，既包括了语言、礼仪、艺术、风俗，也蕴含着丰富的传统文化的精髓，通过内容与形式的完美结合实现了文化的传承与发展。

三、幼儿社会教育的发展

注重幼儿社会教育是 20 世纪我国幼儿教育的新特点，也是 21 世纪我国学前教育的一个重要目标。

（一）萌芽时期（20 世纪初到 20 世纪中叶）

早在 1904 年 1 月，清政府就颁布了我国第一个学前教育法规《奏定蒙养院章程及家庭教育法章程》，强调使蒙童远离恶习、爱众乐群、习善良之规范。之后创办的蒙养院和

幼稚园基本上遵循了这个章程的要求，在设置的有关科目中，直接呈现或者间接蕴含了章程的目标、内容和方法等。例如当时的湖北省立幼稚园就强调幼儿教育的开导事理、涵养德行的功能，在确定的 7 门课中，"行仪力""训话"直接与社会教育有关。

"五四"时期的思想解放运动带动了教育战线的改革，涌现出一批学前教育革新家，主要代表人物有陈鹤琴、张宗麟、张雪门等人。他们开辟了学前教育中国化、科学化的道路，并开始创建我国幼儿社会教育。陈鹤琴先生非常关注幼儿的社会教育，他把"社会"和"生活"作为组织幼儿园课程的两大中心。他提出了著名的课程结构"五指活动"理论，以人的 5 个连为一体的手指做比喻，认为"五指活动"包括以下 5 个方面：健康活动，如饮食、睡眠、早操、游戏、户外活动、散步等；社会活动，如朝夕会、周会、纪念日、集会、每天的谈话、政治常识等；科学活动，如栽培植物、饲养动物、研究自然、认识环境等；艺术活动，如音乐（唱歌、节奏、欣赏）、图画、手工等；语文活动，如故事、儿歌、谜语、读法等。这 5 个方面是相互联系的，就像人的 5 个手指，共同构成了具有整体功能的手掌。学前教育课程的全部内容包括在"五指活动"之中，但是这 5 个方面是有主次之分的。在他的活动教育理论体系中，更是把"做人"作为三大纲领之一，即做人，做中国人，做现代中国人。他认为，做一个真正的人，必须热爱人类，热爱真理，以"世界一家"的思想为人类最终目标；做一个中国人，必须热爱自己的国家，热爱自己的同胞，为自己国家的兴旺发达而努力；做一个现代中国人，必须考虑中国现代社会对人的要求，勤奋学习，掌握知识，为祖国的繁荣富强而努力。

张宗麟与陈鹤琴合作，有许多共同的研究成果。他对幼儿社会领域的研究较为系统、深入。20 世纪 30 年代初出版的《幼稚园的社会》一书，是我国幼教史上最早、最全面、深入地论述幼儿社会教育课程及实施的著作。该书详细论述了幼儿社会生活的思想，十分强调幼儿生活的社会倾向，还讨论了社会领域课程的目标、内容、方法和原则，他认为教育的灵魂不在于罗列许多科目，也不在于养成良好公民，而在于养成适合于某种社会生活的人民。

20 世纪 30 年代，张雪门就与陈鹤琴先生有"南陈北张"之称。他一生潜心研究学前教育，特别是幼稚园教育，经过长期的实践和理论研究，写出了近 200 万字的著作，大大丰富了我国学前教育思想宝库。在他的著作中，有关幼稚园课程方面的理论与思想占据极其重要的位置。他的学前教育课程理论与思想涉及课程的本质、幼稚园课程的内容与来源、幼稚园课程的编制与组织等方面，这种思想集中地体现在他的"行为课程"的理论与思想中。

1922 年壬戌学制颁定后，确立了幼稚园制度，意味着我国的学前教育进入了一个实验改革、发展的时期。编订一个适合我国国情的幼稚园课程标准，就成为幼儿教育战线的一项迫切的任务。同时，国内的很多幼稚园，如南京鼓楼幼稚园、晓庄乡村幼稚园都在幼稚园课程等方面做了改革实验，并取得了可喜的成果。因此，制定一个全国通行的幼稚园课程标准的条件已经成熟。于是，陈鹤琴等 11 人受教育会议的委托，着手进行幼稚园课程标准的拟定。1929 年 9 月，《幼稚园课程暂行标准》拟定完成，并由当时的教育部令各省市作为暂行标准试验推行。1932 年 10 月，当时的教育部正式公布《幼稚园课程标准》，1936 年对其修正了一次。这个标准是我国第一个自己制定的统一的幼稚园课程标准。《幼稚园课程标准》分幼稚教育总目标、课程范围、教育方法要点三部分。其课程范围包括丰富的社会教育内容，其中直接与社会教育相关的是社会和常识科目，这一科目是由此前的"自然和社会"科修改而来的。

中华人民共和国成立以后的很长时间内，幼儿园课程结构中以"常识"或"思想品德"课程来代替社会领域课程。实际上，"常识"包括"社会常识"和"自然常识"两个部分。其中"社会常识"更多地体现了社会内容中的知识层面，局限在社会环境中的社会机构、社会成员等方面的认知，不可能做到全面促进幼儿的社会认知及其社会性发展。因此，以"常识"课程代替"社会"教育课程是不科学的。同样，幼儿社会教育也不等同于"品德教育"。品德作为个体依据一定的社会道德行为规则行动时所表现出来的某些稳定的特征，只是社会教育发展目标中的一部分，是社会道德在人身上的具体化。因此，作为个人社会品质的灵魂，品德不可能泛指或涉及所有个人生活的社会属性，它只能包含在社会性之中。这样，思想品德教育也只能包含在社会性教育之中了。品德不是社会性发展的全部，而是社会性中与社会道德有关的部分，社会性比品德的内涵更为宽泛。在幼儿社会教育中，有很多不涉及品德但与幼儿社会性发展密切相关的内容。如果我们将二者割裂开来，在实践中就会使两者都得不到应有的发展。

（二）形成时期（20世纪中叶到20世纪90年代）

1952年3月，教育部颁发了《幼儿园暂行规程（草案）》，其中提出"培养幼儿爱国思想、国民公德和诚实、勇敢、团结、友爱、守纪律、有礼貌等优良品质和习惯是幼儿园主要培养目标之一"，并把"认识环境"作为一个课程领域，尤其增加了对简单时事的了解，并认为通过爱国主义和国民公德等教育培养幼儿的道德品质是幼儿园的一项重要任务。它把"认识环境"作为一个课程领域，主要涉及日常生活环境、社会环境、自然环境，因此，与社会有关的教育主要是通过"认识环境"的活动来实现的。

1981年，教育部颁布的《幼儿园教育指导纲要（试行草案）》也列有"常识"一科，内容主要包括生活常识、环境常识、文化常识与自然常识等。其中，社会教育的因素以品德教育形式出现，将思想品德作为一个独立的教育内容提了出来。

1996年，原国家教育委员会正式颁布《幼儿园工作规程》，对幼儿品德教育的目标和方式进行了补充，提出幼儿园保育和教育的四大目标，其中之一是幼儿社会领域教育，确定了德育的总体目标："萌发幼儿爱家乡、爱祖国、爱集体、爱劳动、爱科学的情感，培养诚实、自信、好问、友爱、勇敢、爱护公物、克服困难、讲礼貌、守纪律等良好的品德行为和习惯，以及活泼、开朗的性格。"《幼儿园工作规程》还对幼儿园的品德教育进行了正确的定位，指出"幼儿园的品德教育应以情感教育和培养良好行为习惯为主，注重潜移默化的影响，并贯穿于幼儿生活与各项活动之中"。《幼儿园工作规程》的颁布，对建立与完善幼儿园社会领域课程提供了法规、政策及理论上的支持。

总之，这一阶段，社会教育、社会课程作为幼儿园教育、幼儿园课程的有机组成部分逐渐得到确立，社会课程的结构、体系及实践方面都得到了较大的发展。

（三）变革与发展时期（20世纪90年代至今）

20世纪90年代开始，随着基础教育改革的深入，特别是儿童发展心理学关于幼儿社会化、社会性发展等研究成果的引入，幼儿教育开始关注幼儿个性和社会性的研究，幼儿教育中的品德教育思路开始突破原有的框架，注重向幼儿的社会性发展层面延伸，品德的内涵得到了极大的丰富与补充。其标志性的事件是：1994年人民教育出版社出版了

《幼儿园教育活动》，推出了一个新的教育领域——社会教育；南京师范大学出版社出版了《幼儿园课程指导丛书——社会》等教材。这两个版本的教材不仅开始使用社会领域代替了品德课程，而且开始了分层次的目标体系架构，既提出了社会领域教育的总目标，又分解出幼儿小、中、大班各年龄阶段目标、单元（学期或月等）目标，同时还提出了相应的内容。这无疑增强了幼儿社会教育的可操作性，为社会领域课程在新世纪幼儿园课程标准中的诞生做了充分的理论和实践上的准备。

2001年7月，中华人民共和国教育部颁发《幼儿园教育指导纲要（试行）》（以下简称《纲要》）。《纲要》是对幼儿园课程具有直接指导意义的纲领性文件，标志着我国幼儿教育改革迈进了一个新的阶段。从结构来看，《纲要》由四个部分组成，即总则、教育内容与要求、组织与实施、教育评价。

《纲要》中指出，幼儿园教育是基础教育的重要组成部分，是我国学校教育和终身教育的奠基阶段。城乡各类幼儿园都应从实际出发，因地制宜地实施素质教育，为幼儿一生的发展打好基础。幼儿园应与家庭、社区密切合作，与小学相互衔接，综合利用各种教育资源，共同为幼儿的发展创造良好的条件。幼儿园应为幼儿提供健康、丰富的生活和活动环境，满足他们多方面发展的需要，使他们在快乐的童年生活中获得有益于身心发展的经验。幼儿园教育应尊重幼儿的人格和权利，尊重幼儿身心发展的规律和学习特点，以游戏为基本活动，保教并重，关注个别差异，使每个幼儿都能得到充分的发展。

四、幼儿社会教育的研究对象

幼儿社会教育是研究幼儿社会性发展的现象、规律及其教育和训练的一门科学，是以发展幼儿的社会性为主要目标，以增进幼儿社会认知、激发社会情感、引导社会行为技能等为主要内容的教育。要想真正了解幼儿社会教育的研究对象，必须弄清楚社会性、社会化和个性这3个概念及其相互关系。

（一）社会性

社会性是指个体在掌握社会规范、形成社会技能、学习社会角色的过程中所产生的一种心理特征，如社会认知、社会性情感、社会性行为等。首先，社会性是社会生活中人际交往的产物，人在交往中获得了社会性。其次，社会性是人的社会化的内容和结果。

幼儿社会性是指幼儿在其生物特性基础上，与社会生活环境相互作用，逐渐掌握社会规范，形成社会技能，学习社会角色，获得社会性需要、态度、价值，发展社会行为，并以独特的个性与人相互交往、相互影响，适应周围社会环境，由自然人发展为社会人的社会化过程中所形成的幼儿心理特征。

（二）社会化

社会化也称社会性发展，是指个体形成和发展社会性和个性的过程，即个体在特定的人类社会物质文化生活中，通过与环境的相互作用，不断掌握社会规范、社会技能、价值体系等参与社会生活所必需的品质，由一个自然人发展为能够适应社会生活的社会人的过程。幼儿的社会性是社会化的内容与结果，社会化是幼儿社会性形成的过程。社会性发展就是由自然人到社会人的转变过程。每个人必须经过社会化才能使外在于自己的社会行为规范、准则内化为自己的行为标准，这是社会交往的基础，并且社会化是人类特有的行为，只有在人类社会中才能实现社会化。

社会化涉及两个方面：一方面是社会对个体进行教化的过程；另一方面是与其他社会成员互动，成为合格的社会成员的过程。

（三）个性

个性是指一个人的整个心理面貌，即具有一定倾向性和心理特征的总和。个性既包括能力气质、性格，也包括兴趣爱好、需要等。学前阶段是个性的萌芽时期，但此时还没有形成稳定的个性倾向。针对幼儿的年龄特点和心理特点，本书所说的个性主要是指幼儿的兴趣、需要等方面。

幼儿个性发展的心理结构主要包括自我调控、个性倾向性和个性心理特征3个系统。自我调控系统是指自我意识对个体心理和行为的调节、控制系统，可使人的活动具有目的性、自觉性、计划性和能动性，是个性形成和发展的前提，是个性发展和成熟的动力基础。个性倾向性系统是决定一个人的态度和对现实的积极性的选择性的动力系统，包括需要、动机、兴趣、理想、信念、价值观和人生观，是个性结构中最活跃的因素。个性心理特征系统是指个人稳定的心理特点，包括性格系统、气质系统和能力系统。

第二节
幼儿社会教育的目标、内容、原则、途径与方法

❖ 知识讲解

一、幼儿社会教育的目标

所谓目标，是人们在活动中欲达到的境地或标准。布卢姆说："有效的教学始于准确地知道希望达到的目标是什么。"目标是行动的出发点和归宿，是教育活动的核心，也是开展教育评价的标准。

（一）幼儿社会教育目标制定的依据

1. 幼儿社会教育目标制定的内在依据

（1）幼儿身心发展的规律　幼儿社会性发展的规律和特点依年龄段的不同而不同。

①3～9岁：自我意识发展迅速，其中4～5岁和7～9岁是自我意识发展的关键期。

②3～5岁：自我控制能力发展的关键期。

③6～7岁：情绪控制发展的关键期。

④6～7岁：坚持性发展的关键期。

⑤4 岁和 6~7 岁：自制力发展的关键期。

⑥4 岁和 7~8 岁：独立性发展的关键期。

⑦3~5 岁：动机控制发展的关键期。

（2）幼儿认识活动中的具体形象性及心理和行为的无意识性　幼儿认识活动中的具体形象性及心理和行为的无意识性特点制约着幼儿的受教育过程，使幼儿期的教育过程呈现自身的特点。这就要求我们在制定幼儿社会教育目标时，要充分考虑幼儿身心发展的特点和水平，要考虑幼儿的年龄特征和个别需要，根据幼儿发展的关键期，确定不同阶段的发展目标，提供适宜的教育，使每个幼儿都有可能在活动中得到应有的发展。

如果我们制定幼儿社会教育目标时"心中无幼儿"，那么所制定的教育目标就可能过高或过低，幼儿难以达到这一水平，既无法实现促进幼儿社会性发展的根本目的，又可能阻碍幼儿社会性的发展，从而降低了幼儿社会教育的质量。

因此，在制定幼儿社会教育目标时，尤其是对于制定具体教育活动目标的教师而言，需要经常观察幼儿，以便真正地了解幼儿的社会性发展水平，从而制定出科学合理的幼儿社会教育目标。

2. 幼儿社会教育目标制定的外在依据

（1）基础依据——社会现实　幼儿社会性的发展离不开一定的社会生活现实，幼儿是通过与周围环境的相互作用来增进社会认知、发展社会情感、完善社会行为和提高社会环境适应能力的，进而形成良好的道德品质。对幼儿来说，社会的现实生活是使社会教育课程中的学科知识具有可接受性的重要条件。因而，社会现实生活成为了幼儿社会教育内容的重要组成部分。

（2）重要依据——社会发展变化　社会的发展变化包括生存条件、生活方式和世界环境的变化等。幼儿社会教育目标的设定就是要起到引导幼儿主动适应变化的社会生活的作用。例如，如何对待同伴？如何面对危机？如何学会竞争与合作？这些认知、情感、交往技能的学习都应该渗透到幼儿的游戏和日常生活中去。例如，空气污染了怎么办？人口越来越多怎么办？水资源不够用怎么办？这些对人类未来有重大影响的环境问题、资源问题和人口问题都应该渗透到幼儿社会教育目标中去。

3. 幼儿社会教育目标制定的操作性依据

（1）理论依据——《幼儿园工作规程》（以下简称《规程》）和《纲要》　《规程》和《纲要》是遵循《中华人民共和国宪法》和《中华人民共和国教育法》的基本精神，根据党的教育方针制定的，对我国学前教育进行宏观管理和指导的法规文件，是学前儿童教育工作的统领性文件，是我国学前儿童教育新世纪发展的指导性文件。例如，《纲要》中明确规定，幼儿园教育活动要为幼儿一生的发展打基础，根据这一指导思想，在幼儿社会教育领域中的目标就要从"为幼儿一生的发展打基础"方面进行目标的制定。

（2）具体目标依据——幼儿社会教育学科的发展　幼儿社会教育涉及的学科众多，如历史学、社会学、地理学、人类学、经济学等。每一个学科中的基本目标，都将在一定程度上影响幼儿社会教育目标的选择和确定。如社会学中关于了解和理解一定的社会角色，参与社会交往的内容，都将以最基本的形式体现在幼儿社会教育目标体系中。

总之，幼儿社会教育目标制定的三大依据来源必须相互融合，共同促进幼儿发展成一个"整体的人"。我国学前儿童教育新课改革中的课程目标所蕴含的课程理念之一就是要塑造这种"整体的人"。

当然，从以上三个依据出发，无论是社会的、儿童的还是《纲要》等方面都可列出许多教育目标。因此，在具体制定幼儿社会教育目标时，应从我国教育的现实及对幼儿发展的价值上审慎考虑。

（二）幼儿社会教育目标确定的原则

制定社会性教育目标是社会领域课程设计的首要和重要的步骤，它将影响社会教育的内容、方法、形式、手段的选择，以致影响整个社会教育活动的实施。因此，必须慎重考虑幼儿社会教育目标的制定。教育目标的制定应考虑以下基本原则。

1. 整体性原则

所谓整体性原则是指幼儿的社会教育是培养幼儿的自我意识、社会认知、社会情感、社会行为技能、社会适应能力及道德品质六个方面的协调发展，这六个方面的内容是统一的，不可割裂。也包括家庭、社会、幼儿园的社会教育目标要基本一致，形成教育合力，促进幼儿健康发展。整体性原则保证了幼儿社会教育目标建构的综合系统性。

2. 基础性原则

基础性原则是由学前教育的性质决定的。学前教育是人生教育的起点。所谓基础性原则是指幼儿社会教育目标应是社会性领域中最基础、启蒙性的目标，这是由幼儿身心发展的特点决定的。这种目标应以幼儿现实的社会生活经验为前提，与学科知识有关的内容更注重基础化和启蒙化。因此，幼儿社会领域的目标表述中经常出现的词是基本、初步、粗浅等限定的语言。基础性原则保证了目标制定的现实性和可操作性。

3. 科学性原则

科学性原则是指幼儿社会教育目标应当是一个符合幼儿自身发展与教育规律的科学体系。其一方面是指幼儿社会教育目标应在充分研究幼儿社会性发展规律的基础上提出来，它要反映和遵循幼儿身心发展规律，适合幼儿发展；另一方面是指幼儿社会教育目标应在教育原理的基础上提出来，它要具有科学教育性和操作性。科学性原则保证了幼儿社会教育目标制定的合理性。

4. 发展适宜性原则

幼儿是学习的主人，也是发展的主人。不同年龄段的幼儿，发展水平也不同。社会教育活动目标的确定要体现出年龄差别。贯彻这一原则的要点有两个，其一是适宜性，其二是发展性，两者紧密相连。所谓发展适宜性原则是指社会性教育目标要适合幼儿身心发展的需要，但不能仅仅停留在幼儿身心发展的现状上，幼儿社会教育课程要根据幼儿的"最近发展区"，提供适宜的刺激，促进幼儿适当前行，又要为其以后的发展奠定良好基础。

（三）幼儿社会教育目标的结构

1. 幼儿社会教育的总目标

幼儿社会教育的总目标是指人们对社会教育活动给幼儿身心发展带来变化的标准与要求的预期规定。《纲要》对幼儿社会教育目标做了如下规定：

（1）能主动地参与各项活动，有自信心。

（2）乐意与人交往，学习互助、合作和分享，有同情心。

（3）理解并遵守日常生活中基本的社会行为准则。

（4）能努力做好力所能及的事，不怕困难，有初步的责任感。

（5）爱父母长辈、老师和同伴，爱集体、爱家乡、爱祖国。

这个目标涵盖了幼儿社会认知、社会情感、社会行为等维度，显示了社会教育应该促进幼儿在社会认知、情感、行为等方面的和谐发展。从《纲要》中可得出：幼儿社会教育的目标主要是培养幼儿活泼开朗的性格、与人交往的技能与社会适应能力。

《3—6岁儿童学习与发展指南》中幼儿社会领域学习与发展的目标如表1-1所示。

表1-1　幼儿社会领域学习与发展的目标

领域	子领域	目标
社会	人际交往	1. 愿意与人交往。 2. 能与同伴友好相处。 3. 具有自尊、自信、自主的表现。 4. 关心尊重他人
	社会适应	1. 喜欢并适应群体生活。 2. 遵守基本的行为规范。 3. 具有初步的归属感。

具体表述如下。

（1）人际交往目标：如表1-2～表1-5所示。

表1-2　目标1：愿意与人交往

3～4岁	4～5岁	5～6岁
1. 愿意和小朋友一起游戏。 2. 愿意与熟悉的长辈一起活动	1. 喜欢和小朋友一起游戏，有经常一起玩的小伙伴。 2. 喜欢和长辈交谈，有事愿意告诉长辈	1. 有自己的好朋友，也喜欢结交新朋友。 2. 有问题愿意向别人请教。 3. 有高兴的或有趣的事愿意和大家分享

表1-3　目标2：能与同伴友好相处

3～4岁	4～5岁	5～6岁
1. 想加入同伴的游戏时，能友好地提出请求。 2. 在成人指导下，不争抢、不独霸玩具。 3. 与同伴发生冲突时，能听从成人的劝解	1. 会运用介绍自己、交换玩具等简单技巧加入同伴游戏。 2. 对大家都喜欢的东西能一起分享。 3. 与同伴发生冲突时，能在他人帮助下和平解决。 4. 活动时愿意接受同伴的意见和建议。 5. 不欺负弱小	1. 能想办法吸引同伴和自己一起游戏。 2. 活动时能与同伴分工合作，遇到困难能一起克服。 3. 与同伴发生冲突时能自己协商解决。 4. 知道别人的想法有时和自己不一样，能倾听和接受别人的意见，不能接受时会说明理由。 5. 不欺负别人，也不允许别人欺负自己

表1-4　目标3：具有自尊、自信、自主的表现

3～4岁	4～5岁	5～6岁
1. 能根据自己的兴趣选择游戏或其他活动。 2. 为自己的好行为或活动成果感到高兴。 3. 自己能做的事情愿意自己做。 4. 喜欢承担一些小任务	1. 能按自己的想法进行游戏或其他活动。 2. 知道自己的一些优点和长处，并对此感到满意。 3. 自己的事情尽量自己做，不愿意依赖别人。 4. 敢于尝试有一定难度的活动和任务	1. 能主动发起活动，或在活动中出主意、想办法。 2. 做了好事或取得了成功后还想做得更好。 3. 自己的事情自己做，不会的愿意学。 4. 主动承担任务，遇到困难能够坚持而不轻易求助。 5. 与别人的看法不同时，敢于坚持自己的意见并说出理由

表1-5　目标4：关心尊重他人

3～4岁	4～5岁	5～6岁
1. 长辈讲话时能认真听，并能听从长辈的要求。 2. 身边的人生病或不开心时表示同情。 3. 在提醒下能做到不打扰别人	1. 会用礼貌的方式向长辈表达自己的要求和想法。 2. 能注意到别人的情绪，并有关心、体贴的表现。 3. 知道父母的职业，能体会到父母为养育自己所付出的辛劳	1. 能有礼貌地与人交往。 2. 能关注别人的情绪和需要，并能给予力所能及的帮助。 3. 尊重为大家提供服务的人，珍惜他们的劳动成果。 4. 接纳、尊重与自己的生活方式或习惯不同的人

（2）社会适应目标：如表1-6～表1-8所示。

表1-6　目标1：喜欢并适应群体生活

3～4岁	4～5岁	5～6岁
1. 对群体活动有兴趣。 2. 对幼儿园的生活好奇，喜欢上幼儿园	1. 愿意并主动参加群体活动。 2. 愿意与家长一起参加社区的一些群体活动	1. 在群体活动中感到积极、快乐。 2. 对小学生活有好奇和向往

表1-7　目标2：遵守基本的行为规范

3～4岁	4～5岁	5～6岁
1. 在提醒下，能遵守游戏和公共场所的规则。 2. 知道不经允许不能拿别人的东西，借别人的东西要归还。 3. 在成人提醒下，爱护玩具及其他物品	1. 感受规则的意义，并能基本遵守规则。 2. 不私自拿不属于自己的东西。 3. 知道说谎是不对的。 4. 知道接受了的任务要努力完成。 5. 在提醒下，能节约粮食、水电等	1. 理解规则的意义，能与同伴协商制定游戏和活动规则。 2. 爱惜物品，用别人的东西时也知道爱护。 3. 做了错事敢于承认，不说谎。 4. 能认真负责地完成自己所接受的任务。 5. 爱护身边的环境，注意节约资源

表1-8　目标3：具有初步的归属感

3～4岁	4～5岁	5～6岁
1. 知道和自己一起生活的家庭成员及与自己的关系，体会到自己是家庭的一员。 2. 能感受到家庭生活的温暖，爱父母，亲近与信赖长辈。 3. 能说出自己家所在的街道、小区（乡镇、村）的名称。 4. 认识国旗，知道国歌	1. 喜欢自己所在的幼儿园和班级，积极参加集体活动。 2. 能说出自己家所在地的省、市、县（区）名称，知道当地有代表性的物产或景观。 3. 知道自己是中国人。 4. 奏国歌、升国旗时能自动站好	1. 愿意为集体做事，为集体的成绩感到高兴。 2. 能感受到家乡的发展变化并为此感到高兴。 3. 知道自己的民族。知道中国是一个多民族的大家庭，各民族之间要互相尊重，团结友爱。 4. 知道国家一些国家的重大成就，爱祖国，为自己是中国人感到自豪

2. 幼儿社会教育总目标的价值取向

幼儿社会教育总目标是社会教育所期望的最终结果，是学前阶段社会教育任务和要求的总和，是对学前儿童社会教育目标最为准确的概括，是其他层次目标的基础和依据。《纲要》所确立的社会领域的总目标旨在增强学前儿童的自尊、自信，培养儿童关心他人、对人友好的态度和行为，促进幼儿个性健康发展。它反映在以下几个方面。

（1）以幼儿为本的价值取向　对于幼儿研究的最重要的价值取向，我们可以概括出许多内容，但总体而言，就是如何体现"以幼儿为本"。如果不以幼儿为本，理想最终只能成为空想。《纲要》确立的社会教育总目标符合"以幼儿为本"的思想。以幼儿为本的价值取向有着丰富的内涵，最基本的是包括承认幼儿的权利、尊重幼儿的年龄特征、考虑幼儿的个体差异及挖掘幼儿的发展潜力等。卢梭曾经说过："儿童是有他们特有的看法、想法和情感的，如果用我们的看法、想法和情感去代替他们的看法、想法和情感，那简直是最愚蠢的事情。"

因此，从《纲要》目标的表述看，是从幼儿学习的角度来表述的，如"能主动参与""乐意与人交往"；从目标内容的表述顺序看，主动与自信放在幼儿社会领域教育目标的第一条，这符合幼儿社会性发展的特点，也符合幼儿学习自主建构的特点。

（2）以幼儿情感性发展为基础的目标取向 以新的知识观来诠释教育内容是《纲要》的重大突破。新的知识观强调学习主体的自主学习，而实现幼儿的自主学习就必须激发幼儿积极的学习情感。心理学研究表明，人的非认知因素，如动机、兴趣、情感、意志等对认知的发展起着一定的促进或制约作用。根据幼儿社会领域的总目标，对幼儿进行社会教育，帮助儿童从同情感、责任感转化到道德感、理智感、审美感，增加幼儿情感的深刻性和稳定性，使幼儿学会逐渐控制自己的情感，并能用适当的方式予以表达。

在《纲要》的5条目标中，有4条用了情感属性词，第一条和第四条的"能"字，表达了目标重在幼儿的行为与态度意愿的培养。第二条的"乐意"与"同情"，第五条的"爱"都直接是情感词，这表明情感性目标在幼儿社会性发展目标中处于重要位置。相对于知识和技能，情感与态度是更为内在的目标取向，它为幼儿一生的发展提供方向与动力，它会伴随儿童终身。

（3）以社会关系建构为维度的内容取向 《纲要》中指出："幼儿与成人、同伴之间的共同生活、交往、探索、游戏等，是其社会学习的重要途径。应为幼儿提供人际相互交往和共同生活的机会和条件，并加以指导。"以同伴关系为例，同伴关系在幼儿的成长中具有成人不可替代的独特作用。同伴关系有助于幼儿社交技巧的获得，有助于幼儿安全感和归属感的形成，也有助于幼儿自我概念和人格的形成。除同伴关系外，幼儿重要的社会关系还有亲子关系、师幼关系等。幼儿在社会交往中，通过人际信息、观念的交流与传递，能够获得丰富可靠的文化知识经验，人际交往能力也得到锻炼与提高。

3. 幼儿社会教育的年龄阶段目标

在幼儿社会教育总目标的基础上，结合幼儿的年龄发展特点，对各年龄班的幼儿社会性发展还有具体要求。

（1）小班

① 初步了解自己身体主要部分的基本特征和功能，初步学会自我保护。

② 知道自己是幼儿园的小朋友，初步培养独立性和最基本的自我控制能力。

③ 逐步熟悉幼儿园的环境，认识幼儿园的同伴和成人，初步了解他们和自己的关系，初步适应幼儿园的生活。

④ 保持愉快的情绪，愿意与他人交往，积极参与集体生活。

⑤ 初步掌握日常生活中常用的礼貌用语，初步学会有礼貌地同他人交往，见了教师和长辈会鞠躬问好。

⑥ 初步懂得最主要的交通安全常识。

⑦ 遵守最基本的学习活动规则，初步养成好的学习习惯。

⑧ 激发从事简单的自我服务性劳动的兴趣，初步了解父母和教师的劳动。

⑨ 懂得与同伴共同活动时不争夺、不独占玩具的道理。

（2）中班

① 初步了解自己与他人的异同。

② 初步了解自己与他人的情绪，初步学会同情和关心他人。

③ 培养最基本的自我控制能力，初步懂得不侵犯同伴的道理。

④ 初步了解周围主要的社会机构、社区设施，初步知道它们与人们生活的关系，引发最基本的爱家乡的情感。

⑤ 初步了解重大的节日，感受节日的快乐。

⑥ 初步激发与他人交往的愿望，在与同伴或成人交往时，学习使用准确的礼貌用语。

⑦ 初步学会与他人合作，初步学会分享与谦让。

⑧ 了解周围成人的劳动，学做一些力所能及的事，初步养成爱劳动、爱惜劳动成果的习惯。

⑨ 大胆表达自己的见解，初步学会克服困难，坚持有始有终地做一件事。

⑩ 初步学会评价自己与同伴，勇于承认错误，改正缺点。

⑪ 初步养成诚实、守纪律等良好品德。

⑫ 初步感知我国的民间艺术及传统文化精品。

（3）大班

① 初步了解自己的成长和成人为此付出的劳动，激发幼儿爱父母、爱教师及爱长辈的情感。

② 初步学会控制自己的情绪和行为，初步学会在紧急情况下的应变方法。

③ 了解自己所在的幼儿园，初步懂得应为幼儿园做有益的事，培养初步的集体荣誉感和责任感。

④ 主动、准确地使用礼貌用语，以恰当的方式与他人交往。

⑤ 主动照顾、关心中班和小班的小朋友。

⑥ 了解周围的社会生活，初步了解各社会机构成员的劳动及其与人们生活的关系，激发尊敬、热爱劳动者的情感。

⑦ 初步了解我国的民族、我国的主要产物，激发爱祖国的情感。

⑧ 初步了解国家间的友好往来，激发爱好和平的情感。

⑨ 初步学会分辨是非，初步懂得向好的榜样学习，激发初步的爱憎感。

⑩ 能遵守各种行为规则，初步学会以规则的要求对照自己或他人的行为，喜好从事力所能及的劳动，初步懂得爱惜劳动成果、爱惜公物。

⑪ 初步感知家乡的自然环境和人文景观，初步了解我国主要的自然环境和人文景观，激发对民族文化的兴趣及保护自然、社会环境的初步意识。

⑫ 初步感知世界著名的人文景观及优秀艺术精品，培养对世界文化的兴趣。

4. 幼儿社会教育的分类目标

分类目标直接来源于总目标，是对幼儿社会教育总目标的横向划分，从而梳理出不同的层次、类别，确定若干个相对独立的类别。这些不同类别之间有一定的相关性，反映了幼儿社会性发展内容的全面性与完整性。例如，同样是培养幼儿与同伴交往的能力，但是不同年龄段的要求是不一样的，而不同年龄阶段目标的内容应该是连续的、衔接的。我们从总目标中分化出六大类别，分别是自我意识、社会认知、社会情感、社会行为技能、社会适应能力和道德品质。

二、幼儿社会教育的内容

幼儿社会教育的内容主要是指幼儿社会教育领域所包含的特定的现象、事实、规则及问题等基本的组成部分，它们依据一定的原则，形成一个有机的整体。幼儿社会教育的核心内容指的是幼儿社会教育内容中最重要、最具代表性的主体部分，主要包括幼儿的自我意识、社会认知、社会情感、社会行为技能、社会适应能力和道德品质几方面，它们是实现社会课程目标的重要保证和手段，是幼儿教师设计和实施社会教育活动的主要依据。

（一）选择幼儿社会教育内容的依据

社会环境丰富且复杂，人们需要对社会教育的内容加以选择，以适应幼儿发展特点、水平，使幼儿习得理想的社会生活经验，促进其社会性发展不断完善，也为其健全人格奠定良好的基础。幼儿社会教育内容的选择遵循下列依据：

1. 以幼儿社会教育目标为依据

《纲要》在提出社会领域的总目标之后，为了确保目标的实现，明确提出了幼儿园社会教育的内容及实施要求。《指南》中对各年龄阶段教育目标的细化，也为选择教育内容指明了方向。在选择教育内容的过程中，应以教育目标为依据，避免对目标的遗漏、偏颇和无效的重复，有针对性地选择合适的教育内容，以有效地实现教育目标。

2. 以幼儿所处的现实社会及生活环境为依据

（1）丰富的现实生活是幼儿获得社会认知的源泉　社会性的发展离不开一定的社会现实，幼儿通过现实生活及其表象来增进社会认知，发展社会情感及完善社会行为。无数事实表明，与现实生活联系越紧密的内容，越容易被幼儿掌握。幼儿对社会机构、社会成员、社会现象、社会文化的感知、理解无不通过具体的社会生活来实现。幼儿社会教育离开了社会现实，这一课程也就失去了存在的根基。

（2）社会生活环境激发幼儿的社会情感　随着幼儿年龄的增长，在感受关爱的同时，激发幼儿良好的情感，如对父母、亲人以及对老师、同伴的热爱。社会现实中的人、事物及关系越来越成为幼儿情感的源泉，出现了道德感、美感和理智感。这些人类特有的情感体验，使幼儿越来越适应社会生活，越来越具有社会人的特征。

（3）丰富的文化资源是幼儿社会教育内容的重要组成部分　社会学知识、伦理学知识、地理学知识、经济学知识、文化学知识、心理学知识和历史学知识这些系统的知识比较全面、科学地为幼儿提供社会教育的内容。在教育实践中，教师应不失时机地引导幼儿参观图书馆、博物馆、科技宫、风景名胜、物产名胜等有代表性的场所，丰富幼儿的社会知识，了解社会文化历史，获取有价值的社会教育内容。

3. 以幼儿社会性发展水平及其存在的问题为依据

以幼儿身心发展特点、水平为依据，尊重幼儿的天性和认知规律，珍惜童年生活的独特价值，幼儿园要遵循教育规律和国家有关文件要求，开展科学保教，自觉抵制那些拔苗助长、损害幼儿身心健康的错误观念和做法。《纲要》中提出幼儿园教育应尊重幼儿的人格和权利，尊重幼儿身心发展的规律和学习特点，幼儿园的教育内容是全面的、启蒙性的。所以，幼儿社会教育内容的选择应根据幼儿的身心发展特点和水平，选择最基础、最具启蒙性、最重要的内容。例如，教育幼儿爱护玩具和其他物品，爱护公物和公共环境；喜欢并愿意参加集体活动，同时有快乐体验；用礼貌的方式表达自己的想法和友好地与人交往；不欺负他人，也不允许别人欺负自己；与别人分享玩具、图书等，在各种活动中促进幼儿的社会性发展。

（二）幼儿社会教育的总体内容

《纲要》对幼儿社会教育内容的表述如下：

（1）引导幼儿参加各种集体活动，体验与教师、同伴等共同生活的乐趣，帮助他们正确认识自己和他人，养成对他人、社会亲近、合作的态度，学习初步的人际交往技能。

（2）为每个幼儿提供表现自己长处和获得成功的机会，增强其自尊心和自信心。

（3）提供自由活动的机会，支持幼儿自主地选择、计划活动，鼓励他们通过多方面的努力解决问题，不轻易放弃克服困难的尝试。

（4）在共同的生活和活动中，以多种方式引导幼儿认识、体验并理解基本的社会行为规则，学习自律和尊重他人。

（5）教育幼儿爱护玩具和其他物品，爱护公物和公共环境。

（6）与家庭、社区合作，引导幼儿了解自己的亲人，以及与自己生活有关的各行各业人们的劳动，培养其对劳动者的热爱和对劳动成果的尊重。

（7）充分利用社会资源，引导幼儿实际感受祖国文化的丰富与优秀，感受家乡的变化和发展，激发幼儿爱家乡、爱祖国的情感。

（8）适当向幼儿介绍我国各民族和世界其他国家、民族的文化，使其感知人类文化的多样性和差异性，培养理解、尊重、平等的态度。

（三）幼儿社会教育的具体内容

为了便于把握和实施幼儿社会教育，把幼儿社会教育内容划分为自我意识、社会认知、社会情感、社会行为、人际交往、社会规范、社会环境、社会文化等几个方面。

1. 自我意识

幼儿自我意识教育通过培养幼儿的自我认知、自我体验和自我控制能力，促使幼儿学会自我管理和自我服务，它包括自我认识教育、自我体验教育和自我控制教育。其中，幼儿自我认识教育主要促使幼儿认知自己的年龄、性别、面貌、体型等身体特征，以及兴趣、爱好、能力、性格等心理特征，并在此基础上形成初步客观、积极的自我评价；幼儿自我体验教育主要培养幼儿积极的自我体验，如自尊心、自信心等；幼儿自我控制教育主要促进幼儿学会初步的自我情绪调控和自我行为调控、行为的坚持性和自我延迟满足等。具体包括：

（1）引导幼儿了解自己与周围环境的关系。

（2）引导幼儿用适当的方式表达自己的需求、爱好、情绪和情感。

（3）学习正确评价自己和他人，能正确对待他人的评价。

（4）引导幼儿积极主动参加各种活动，有好奇心和探究解决问题的能力，能积极发表自己的见解。

（5）引导幼儿在活动中勤于动脑思考，自觉按自己的意愿选择活动、设计活动和完成活动。

2. 社会认知

社会认知是指个体对他人、自我、社会关系、社会规则等社会性和社会现象及关系的感知理解的心理活动。具体包括：

（1）对自己、他人社会关系（权威、友谊、公平等）、社会群体、社会角色、社会规范和社会生活事件等的认知。

（2）认识人的情感、意图、知觉、思维、态度、动机、行为等心理过程或特征。

3. 社会情感

社会情感是幼儿在社会生活和社会交往中的情感体验。社会情感包括依恋感、愉快感、同情心和责任感等。具体包括：

（1）引导幼儿愿意与他人共同游戏、活动，并能和睦相处。

（2）帮助幼儿感受周围自然环境、文化环境的美，并鼓励幼儿参加社区的大型活动，萌发幼儿爱社区、爱家乡、爱祖国的情感。

（3）鼓励幼儿参加一些力所能及的家务劳动，培养幼儿爱家、爱家人的情感。

（4）鼓励幼儿做力所能及的事，不怕困难，有初步的责任感。

（5）培养幼儿愿意了解或接触不同国家、不同种族的人，感知他们的风俗习惯。

（6）引导幼儿主动参与各项团体活动，体验同伴交往的快乐。

4. 社会行为

社会行为是指人们在社会活动和交往中对他人和物表现出的态度、言语和行为反应。社会行为按动机和目的可划分为亲社会行为和反社会行为。亲社会行为是指人们在社会交往中所表现出来的谦让、合作、友善、帮助、共享等有利于他人和社会的行为。反社会行为是指违反社会法律、法规或为社会所不能接受的行为，是一种消极的社会行为。具体包括：

（1）引导幼儿在遇到困难或需要帮助时，会用适当的方式向成人表达自己的需要和想法。

（2）引导幼儿在与人交往时，懂得问候、交谈、与人合作及参加活动的技巧，掌握交往的策略。

（3）培养幼儿按规则进行活动的习惯，增强执行规则的能力。

（4）引导幼儿围绕自己的生活、学习和游戏制定简单的规则。

5. 人际交往

人际交往主要涉及人与人之间的关系，对各类不同社会成员的认知，对社会中不同他人的情感及相互交往的技能行为的培养与练习。具体包括：

（1）与成人的交往，如与父母长辈、教师、其他相关人员的交往，要求幼儿要基本知道他们的姓名、职业、生活以及和自己的关系，懂得和他们交往的基本礼仪。

（2）与同伴的交往，要求幼儿能够知道他们的姓名、年龄、性别、简单的外部特征和内心特征，以及与他们相处的技能，如礼貌、协商、分享、轮流、等待、请求等。

（3）教育引导中要鼓励幼儿积极交往，帮助幼儿学习协调，学会与人友好相处。

（4）培养幼儿关心、理解、尊重、赞赏他人的态度。

6. 社会规范

社会规范是指与社会要求相符的从事社会活动、处理社会关系必须依循的一般要求。它主要包括生活规则、学习规则、集体规则、公共规则、品格习惯。这是一个更多涉及人的观念、情感、行为习惯的内容。具体包括：

（1）生活规则要求幼儿学会不妨碍别人、完成力所能及的事、有规律地生活等。

（2）学习规则要求幼儿按时到园、集中注意力学习或游戏、积极思考、举手回答问题等。

（3）集体规则要求幼儿与同伴亲密游戏、能与人分享、知道感谢、爱惜公物且能轮流使用公物等。

（4）公共规则要求幼儿遵守交通规则、爱惜公物等。

7. 社会环境

社会环境主要有物质环境、文化环境。物质环境方面要求幼儿了解环境的客观特点。文化环境方面要求幼儿了解各种环境中的人及其关系。要求幼儿了解各种社会机构、社会设施、社会事件以及与其有关的社会成员。具体包括：

（1）掌握家庭的地址、电话、用品、成员间的关系等。

（2）掌握幼儿园的名称、地址、环境设施、班级、物品等。

（3）掌握社区的名称、主要设施，公共场所的名称、物品、人员及工作、与人们生活的关系等。

（4）掌握家乡的主要地形建筑、公共场所、名胜古迹、物产等。

（5）掌握国家的国名、国旗、国歌、首都，尊敬国旗和国徽，会唱国歌等。

（6）认识当地的名胜古迹，并能欣赏与爱护。

（7）引发幼儿对周围所发生的事情表示关心与兴趣，培养他们参与、关注社会生活的公民意识。

8. 社会文化

社会文化主要是指社会中稳定的价值取向、行为方式、精神风貌及其多种表现形式。相对于环境来说它更强调精神与价值，更关注历史的因素。具体包括：

（1）对我国文化的基本了解，如了解我国的文字、文学、传统节日、民族风情、戏剧、民间文艺、历史等。

（2）对世界文化的基本了解，如世界的主要人种、主要国家、主要城市、主要人文景观、典型的文化风俗等。

（四）幼儿各年龄段的社会教育内容

1. 小班

（1）帮助幼儿认识自己，了解自己身体的部位、特征及作用，懂得保护自己的一些最基本的常识。

（2）帮助幼儿意识到自己是哪个班的小朋友，熟悉生活环境，了解同伴、教师、保育员，初步适应集体生活。

（3）教给幼儿基本的卫生常识，帮助幼儿形成良好的卫生习惯。

（4）帮助幼儿掌握礼貌用语，能运用"你好""对不起""没关系""谢谢"等语言，有礼貌地与别人交往。

（5）引导幼儿用语言表达自己的想法，喜欢和同伴一起活动，能与同伴协商、轮流、友好玩耍，不抢占、不独霸玩具。

（6）培养幼儿初步的独立性和自控力，保持愉快的情绪，遵守集体的规则，爱护玩具和图书。

（7）能按照教师的标准学习评价人和事，能对同伴做出公正的评价，能正确地评价行为的结果。

（8）教给幼儿粗浅的交通安全知识，使幼儿学会遵守交通安全规则。

（9）了解自己父母及同伴父母的工作性质和特点。

（10）知道我国的重大传统节日，初步了解祖国文化，并为之感到自豪。

2. 中班

（1）帮助幼儿了解自己和同伴，并能说出一些异同点。

（2）帮助幼儿用语言来表达自己的情绪、情感，并能通过语言、动作、表情来了解别人的情感，对别人有好感。

（3）帮助幼儿学会控制自己的情绪，不任性，不随意发脾气。

（4）引导幼儿学会同情别人，关心别人。

（5）帮助幼儿掌握礼貌用语，并能在不同的场合恰当地加以运用。

（6）培养幼儿与同伴轮流、分享、合作、谦让的能力。

（7）增强幼儿的独立性，鼓励幼儿遵守游戏规则，帮助幼儿克服学习中遇到的困难。

（8）帮助幼儿进行自我评价，学习对行为的动机进行评价，认识自己的能力和优点，克服自己的缺点和不足。

（9）引导幼儿认识社区的公共设施，了解周围人们工作的性质、特点和作用，萌发热爱人民、热爱家乡的情感。

（10）帮助幼儿了解中国的传统节日和民间工艺品，加深幼儿对中国文化的认识和情感。

（11）帮助幼儿了解一些外国的文化传统和风俗习惯。

3. 大班

（1）引导幼儿认识到自己是不断发展变化的，自己的进步是父母和教师教育、帮助的结果。

（2）提高幼儿的语言表达能力及与同伴交往的能力，培养幼儿学会关心别人，并能与同伴友好相处的能力。

（3）增加幼儿对集体的了解，培养幼儿的集体荣誉感。

（4）培养幼儿的自控能力，要求幼儿自觉遵守各项规则。

（5）帮助幼儿克服各种困难，培养幼儿的责任感。

（6）发展幼儿的独立性，指导幼儿按照社会准则进行自我评价，并能对自己的行为动机进行评价。

（7）养成幼儿热爱劳动、爱护公物、珍惜劳动成果的习惯，培养幼儿的内疚感、公正感、爱惜感。

（8）引导幼儿认识社区生活设施和环境，帮助幼儿理解人们的职业分工、工作性质与特点，并学会尊重不同职业的人们，萌生环保意识。

（9）使幼儿认识到我国是一个多民族的国家，幅员辽阔、资源丰富，培养幼儿的爱国心。

（10）帮助幼儿了解一些世界名胜古迹、工艺美术品、风土人情，使幼儿学会尊重外国的文化传统和风俗习惯。

（五）选择和确定幼儿社会教育内容的注意事项

（1）选择和确定幼儿社会教育内容应以幼儿生活为出发点，由近及远，即从幼儿身边的内容开始，逐渐扩展到离幼儿远些的内容，以保证幼儿学习的内容有自己经验的支持。

（2）选择和确定幼儿社会教育内容应以幼儿社会认知的发展为依据，由易到难，即从较简单的内容开始，逐渐提高要求，增加难度。

（3）注意选择和确定现代社会生活中真实的、丰富的、自然美好的事物作为幼儿社会教育的内容，让幼儿在自己熟悉的学习内容中，提高学习的积极性，通过真切的感受和理解将学习中获得的认知转化为行为习惯，内化为他们的品质。

（4）选择和确定幼儿社会教育内容应充分考虑幼儿的活动性。在学习过程中，所学内容不是静止的条条框框和枯燥乏味的大道理，而应是真实的活动，是幼儿在课堂和课外有大量实践机会的学习内容。这样他们所学到的社会教育内容才能得以巩固和内化。

三、幼儿社会教育的原则、途径与方法

（一）幼儿社会教育的原则

幼儿社会教育从属于教育，所以它也应当遵循教育活动的一般原则，如因材施教原则、直观性原则、量力性原则等。同时根据幼儿社会教育目标和幼儿社会学习特点，在开展幼儿社会教育时还要遵循以下几个基本原则：

1. 正面性教育原则

正面性教育原则是指在幼儿社会教育中，教师从正面进行引导，利用熏陶、说服、表扬、树立榜样等教育方法积极引导幼儿辨别是非，掌握正确的行为准则，即教育孩子怎样做人、做什么样的人。落实正面性教育原则，要注意为幼儿树立正面的榜样、为幼儿创设积极的生活环境、对幼儿提出合理的要求、不责怪幼儿、以鼓励表扬为主等。但也应把握好正面鼓励的度，避免幼儿产生投机心理、说谎行为和虚伪人格，要坚持将正面教育与真诚教育结合起来，还原事实的真相，让幼儿获得真诚的正面教育。

2. 综合性教育原则

综合性教育原则不仅体现在教育目标与内容应包含社会性认知、社会性情感和社会性行为的综合培养上，也体现在教育方法的综合运用上。首先，教育目标的确定和教育内容的选择要注意幼儿社会性发展的完整全面性，即从心理结构上看，要综合培养认知、情感和行为，从涵盖范围上看，要全面覆盖自我意识教育、社会交往教育、社会环境教育、社会规范教育和社会文化教育。其次，教师要依据教育目标、内容和幼儿发展特点，综合选用多种教育方法，以达到整体培养幼儿社会性的目的。

3. 生活性教育原则

生活性教育原则是指在幼儿社会性教育中，教师要把幼儿还原到真实的生活中开展教育。社会教育是在日常生活中，借助于日常生活，并且为了日常生活而进行的教育。学前教育课程专家虞永平教授曾指出："生活化不是将生活本身原封不动地当作幼儿园课程，更不是将成人认为重要的知识体系原封不动地当作课程。将对幼儿发展具有重要意义的内容还原为与幼儿生活有关的、感性的、需要幼儿动用各种感官来学习的活动体系，这就是课程的生活化。"也就是说，生活化是来自幼儿的需要和兴趣的，立足于幼儿生活经验的，是有利于幼儿获得有益经验的，能有效地促进幼儿的可持续发展的。落实生活性教育原则，要善于抓住生活中的细节进行教育并长期一贯地坚持，以达到润物细无声的效果。

4. 实践性教育原则

幼儿社会教育要重视幼儿在教育实践中的主体地位，要积极发挥幼儿的主体性作用，让幼儿以主体身份积极参与幼儿社会活动，通过亲身实践和体验，发展和提高自身的社会性水平。幼儿的社会化过程，说到底是由幼儿完成的，教师和家长只能帮助和指导，而不能替代他们完成。幼儿社会教育实践活动如果缺少了幼儿主体性的发挥，就容易变成教师的个人实践，幼儿的社会化就无从实现了。落实实践性教育原则，要注意帮助并教给幼儿具体的行为方式、组织幼儿参加多种实践活动、教育幼儿自己的问题自己解决，同时教师在幼儿面前必须要以身作则。

5. 一致性教育原则

一致性教育原则是指教育影响要保持一致，既包括教育者自身教育影响要连贯一致，也包括来自各方面的教育影响协同一致。《纲要》指出："社会学习是一个漫长的积累过程，需要幼儿园、家庭和社会密切合作，协调一致，共同促进幼儿良好社会性品质的形成。"落实一致性教育原则，要注意教师自身态度的一致性、幼儿园内部机构及教师之间多方面教育力量的一致性和家庭教育与幼儿园教育的一致性。

（二）幼儿社会教育的途径

幼儿社会教育目标的达成，社会教育内容的实施，必须选择适宜的教育途径作用于幼儿。在社会教育活动的组织中，对幼儿进行社会教育的途径是多方面的，具体可归纳为以下几种途径。

1. 专门性教育活动

专门性教育活动是指幼儿园教师根据教育目的和教育计划，结合本班幼儿特点，选择合适的教育内容，采取合理的教育方式、方法对幼儿进行社会教育的形式。专门性教育活动具有较明确的目标和计划性，内容比较系统和集中，教师对幼儿的组织和指导作用更直接、更明显，也更具有针对性。

在组织专门性社会教育活动时应注意以下3点：

（1）注意给幼儿创设宽松、自由的学习空间。

（2）围绕教育目标，注意综合运用多种活动形式，让幼儿在有趣的表演、自由的谈话、直观的鉴赏、热烈的讨论等丰富多彩的活动中提高参与学习的积极性。

（3）注意避免生硬的、抽象的说教和无关紧要的做法。

2. 渗透性教育活动

渗透性教育活动是指社会教育渗透于其他领域的活动中和幼儿生活的各个环节。渗透性教育活动有利于发挥幼儿园课程的一体功能，使幼儿园各课程相互结合、互补互融。

（1）一日生活中的渗透教育。幼儿一日生活中蕴含着许多社会教育因素，如离园、进餐、如厕、做操、值日、娱乐、游戏等活动都是渗透社会教育内容的机会。例如，组织幼儿进餐的时候，可渗透爱惜粮食及饮食文化的教育。

（2）其他领域活动中的渗透教育。幼儿园科学领域、语言领域、健康领域及艺术领域的教育活动中都蕴含着社会教育契机，教师应充分利用。例如，在《小红帽》的故事教学中可渗透不轻易相信坏人的花言巧语以免上当受骗的社会教育。

3. 契机性教育活动

契机性教育活动是指教师顺应幼儿的生活实际，捕捉最好教育契机的社会教育活动。例如，某地区发生地震，教师可引导幼儿对地震灾区情况进行了解，激发幼儿的爱心，为灾区人民做力所能及的事。平时幼儿园突发各种矛盾时，教师可以引导幼儿恰当处理，学习良好的社会行为和交往技能。契机性教育活动有利于我们跳出计划教育的框子，紧密结合幼儿的实际，抓住最佳教育机会，在真实的教育环境中，更容易引起幼儿的共鸣而取得较好的教育效果。

在组织契机性教育活动时应注意：

（1）及时发现，及时指导。

（2）提升教育技能，进行有针对性的引导。

（3）充分体现幼儿参与的主体性，让幼儿在自觉的活动中获得教育。

4. 游戏活动

游戏是幼儿最喜爱的活动，是幼儿认识社会、参与社会生活的独特方式。游戏不仅可以满足幼儿参加成人生活的愿望，而且对于他们的社会认知、人际交流、社会行为等具有其他教育形式不可替代的作用，如游戏中的角色扮演是幼儿学习社会角色、掌握社会行为规范的最好实践机会。幼儿通过参加"娃娃家""医院""超市"等游戏，将已有的生活经验在游戏中加以实践，并进一步感受、体验、理解、调整，在游戏中幼儿自觉接受规则的约束，理解规则的公正与互惠，学会用规则裁判行为，用规则协调关系，这些均可帮助幼儿摆脱以自我为中心的意识，促进幼儿社会性的发展。

5. 家园合作及社区教育

幼儿园、家庭、社区是幼儿发展中影响最大、最直接的微观环境，作为幼儿最早接触的社会文化环境，它对幼儿发展所起的作用是其他因素所不可比拟的。幼儿不可能脱离其发展背景而独立成长。家园合作是教师和家长共同学习的平台，为家长提供一个学习了解幼教知识的机会，也是帮助教师改进教育方法的过程；家长和教师双方也能互相学习一些教育以外的人生经验，从而提高自己的生活质量。此外，教师和家长还应该树立大教育观，充分认识到幼儿教育不等于幼儿园教育，而应该扩展到家庭、社区，使社区教育以幼儿园为中心开展。闻名世界的意大利瑞吉欧教育体系就是一个由幼儿园、家庭、社区共同组成的"教育社会"。在这里，幼儿园、家庭和社区作为一个部门，都把对幼儿的教育作为自己的一项日常工作，以孩子为中心，相互信任、密切合作、协调工作，使幼儿教育成为社区生活的一部分。

（三）幼儿社会教育的方法

根据幼儿社会性发展教育形态的不同，可以将教学方法分为三大类：以语言引导为主的方法、以情感体验为主的方法、以直接知觉为主的方法。

1. 以语言引导为主的方法

以语言引导为主的方法是指教师借助语言来影响幼儿社会性发展的方法，包括讲解法、谈话法、讨论法、行为评价法。社会文化、社会问题的教育多采用此类方法。

（1）讲解法

讲解法是指教师向幼儿说明一些简单的知识、道理、规则及其意义，使幼儿明辨是非，懂得应该怎样做和为什么要这样做的方法。

讲解法是社会教育活动中运用得非常普遍的一种方法，无论是幼儿对人际关系的了解，对社会环境的认知，还是对社会行为规范的学习和社会经验的汲取，都需要教师用生动浅显、富有感染力的语言进行讲解、启发和引导。

讲解法的优点：

① 效率高，可以使幼儿在较短的时间里获得较多的知识。

② 有利于教师发挥主导作用，根据教育目的对幼儿进行社会教育。

③ 主题明确，易于幼儿直接接受。

④ 反馈及时，教师可根据幼儿的回答得到反馈，便于调整讲解的内容和方法。

讲解法的局限性：

① 幼儿以听教师讲解为主，没有充分的时间对所学内容及时做出反馈，幼儿学习的积极性、主动性不易充分发挥。

② 单调，幼儿的注意力容易分散。

③ 很难照顾个别差异。

运用讲解法的注意事项：

① 要有针对性地讲解。教师只需对那些幼儿不知道、无法实践或体验的、难以理解的内容进行专门的讲解，而对一些简单的幼儿已经熟悉的内容，教师就无须再讲解。

② 形象直观性。教师的讲解要清晰、准确、简明易懂、生动有趣、有感染力，在语速和音量上注意抑扬顿挫，要富有启发性和说服力，并且在角色上也富于变化。

③ 讲解的方式多样化。教师在讲解时可适当穿插提问、谈话，使幼儿适当参与，吸引幼儿的注意力；除了形象直观的生动讲解外，教师还可以借助自己的动作、演示、图片、视频等各种辅助教学手段帮助幼儿理解。

📚 案例（片段）

讲解学洗手

1. 讲解方法一

老师边示范边念儿歌："搓搓搓，搓手心，搓搓搓，搓手背，换只手，再搓搓，冲冲冲，冲冲手，冲冲冲，冲干净，关上龙头甩三下，一二三。"

2. 讲解方法二

（1）教会《洗手》儿歌。

洗　手

小朋友，来洗手。卷起袖，淋湿手。

抹上肥皂搓呀搓，清清水里冲一冲。

再用毛巾擦一擦，我的小手真干净。

（2）边让小朋友们念儿歌，边做示范动作，教会幼儿，最后放有关洗手的视频。

（3）组织幼儿在水槽边实地练习洗手，要求学习视频里的小朋友们有秩序地洗手，并观察小朋友们在什么情况下洗手。

（2）谈话法

谈话法就是教师与幼儿相互提问、对答的教育方法。谈话法的运用可以使教师借助恰当的问题帮助幼儿辨别、提炼原有的社会知识经验，使之系统化、明确化。教师可以向幼儿提问题，也可以解答幼儿的问题。谈话法中幼儿的提问与回答是其真实思想活动的反映，有利于教师把握其思想实质。

谈话法的优点：

① 不受时间、地点和人物的限制。

② 可提高思维能力和口语表达能力。

③ 教师可以及时获得幼儿学习的信息反馈。

谈话法的局限性：

① 花费的时间多，不易使全体幼儿都参加到谈话中来。

② 幼儿需要有相关的知识经验。

运用谈话法的注意事项：

① 谈话的内容应是幼儿熟悉的事物。这样幼儿才会想说话、要说话、有话说，才能使幼儿在获取知识的同时在情感上产生共鸣。

② 提出的问题应具体、明确、难易适度。

③ 提问后，给幼儿足够的思考时间。

④ 如果是集体谈话，教师的提问应面向全体，通过各种方式让每个幼儿都有回答问题的机会。

⑤ 谈话后，要用准确的语言进行总结。

幼儿的提问以及幼儿对教师提问的回答无论是简单幼稚，还是复杂成熟，教师都应耐心倾听，并用发展的眼光做适当小结。

案例（片段）

钱该怎么花

在新学期开始时，老师发现班里的小朋友都在谈论谁的压岁钱多。小红说："我现在有2000块压岁钱，我用这些钱可以买好多好吃的和好玩的。"小军说："我有3000块压岁钱，我已经买了好多玩具了。"其他小朋友都争抢着说自己有多少钱及用这些钱买了什么好玩的玩具、好吃的零食。老师听见小朋友们的谈论后，认为有必要引导幼儿树立健康的消费观念并懂得花钱要合理和有计划。老师就问小朋友："你们的压岁钱都是哪儿来的呢？"小朋友们回答："爸爸妈妈给的""爷爷奶奶给的"等。老师又问："爸爸妈妈的钱是从哪儿来的呢?"小朋友说:"是爸爸妈妈上班挣来的。"老师继续问道:"小朋友们知道爸爸妈妈上班辛苦吗?"小朋友们齐声说道:"辛苦!"老师说:"那我们小朋友现在一起讨论,我们的压岁钱应该怎么花?"在小朋友们讨论并回答完后,教师进行了小结:"我们小朋友花钱要节约,要省着用,不能想要什么就买什么,我们小朋友只有平时经常这样做,才能节约很多钱。"

（3）讨论法

讨论法是指幼儿在教师指导下对某些具有社会性的问题、观点及认识相互启发、相互学习、交流意见的教育方法。这种方法的运用,有利于幼儿自由发表意见和感受,帮助幼儿养成独立思考的习惯和能力,懂得不同的人对待问题的看法不同,有利于幼儿摆脱自我中心意识。

讨论法的优点是表达的机会多,在谈话中使自己的认识深化,以及培养口语表达能力和独立思维能力。

讨论法的局限性为易乱、不好控制。

运用讨论法应注意以下几点:

① 讨论的主题是幼儿熟悉的。

② 教师要通过提问调节讨论的节奏,使讨论不走题。在讨论的过程中,教师不轻易、简单评价,鼓励幼儿对问题及其他幼儿的意见发表自己的看法。

③ 教师要努力创设宽松自由的气氛,让幼儿大胆发表自己的看法。

④ 讨论结束时,教师简明阐述正确的观点,引导幼儿对问题做出正确的小结。

（4）行为评价法

行为评价法是指对幼儿符合社会言行的表现给予褒贬判断,从而使幼儿受到教育的方法。行为评价法可分为肯定性评价和否定性评价。前者对幼儿社会性言行有正强化作用,能提高幼儿的积极性,激发幼儿亲社会的言行出现;后者对幼儿社会性言行有负强化作用,能纠正和制止幼儿不良的社会性行为和后果。无论采用哪种评价方式,都应尊重幼儿、信任幼儿、理解幼儿,注意用发展的眼光纵向评价,并注意及时评价。

行为评价法的优点:能帮助幼儿了解什么是恰当的行为,什么是不恰当的行为,同时有利于塑造幼儿的行为,培养幼儿的良好习惯。

行为评价法的不足:教师在使用负强化时,如果方法不当,容易伤害幼儿的自尊心,损害幼儿的积极性。

运用行为评价法时应注意以下几点:

① 强化要及时,当幼儿做出良好或不良的言行时,教师要及时地称赞、表扬、点头、微笑抚摸或规劝否定、摇头、表情严肃、纠正等。

② 强化要恰如其分。

③ 以表扬、奖励为主,严禁体罚、恐吓、辱骂或变相体罚。

案例（片段）

学做小客人（小班）

教师可通过角色扮演和行为辨析的方式对幼儿进行拜访做客的教育。

（1）甜甜敲门时很用力,她这样做好吗?

（2）小客人进门时没问好，这样做对吗？

（3）乱翻主人的东西好不好？应该怎样做？

教师对幼儿做客后的行为进行小结，对幼儿在做客中的表现进行评价：小朋友在别人家做客时很有礼貌，会说"您好""谢谢""再见"，并且不随便乱拿别人的东西。小朋友们以后到别人家去做客也要做到这些，做个有礼貌的小客人。

2. 以情感体验为主的方法

通过环境熏陶和情感激发来影响幼儿的情感和行为，一般自我意识、社会认知、人际交往等方面的教育多采用这类方法。该类方法主要包括陶冶法、价值澄清法、共情训练法、角色扮演法。

（1）陶冶法

陶冶法是指利用环境条件、生活气氛以及教育者自身的言行举止等，潜移默化地影响幼儿的社会态度和社会行为的方法。

使用陶冶法要注意的问题：

① 陶冶法利用的是整个环境、生活氛围，因此幼儿园要协同每个成员，步调一致地为幼儿创设良好的环境，营造温馨和谐、互助关爱、积极向上的生活氛围，形成良好的幼儿园文化气氛。

② 教师在创设良好环境时应当有明确的目的，要制订计划，使整个幼儿园的环境氛围具有整体性，而不能零敲碎打。

③ 陶冶法的最大特点是潜移默化，因此要尽可能让环境说话，让行动说话，避免过多的言语说教。

📚 案例（片段）

孔融让梨

东汉鲁国，有个名叫孔融的孩子，十分聪明，也非常懂事。孔融还有五个哥哥，一个弟弟，兄弟七人相处得十分融洽。

有一天，孔融的妈妈买来许多梨，一盘梨子放在桌子上，哥哥们让孔融和最小的弟弟先拿。孔融看了看盘子中的梨，发现梨子有大有小，他不挑好的，不拣大的，只拿了一只最小的梨子，津津有味地吃了起来。爸爸看见孔融的行为，心里很高兴，心想：别看这孩子才四岁，却懂得应该把好的东西留给别人的道理呢。于是他故意问孔融："盘子里这么多的梨，又让你先拿，你为什么不拿大的，只拿一个最小的呢？"

孔融回答说："我年纪小，应该拿个最小的，大的应该留给哥哥吃。"

爸爸接着问道："你弟弟不是比你还要小吗？照你这么说，他应该拿最小的一个才对呀？"

孔融说："我比弟弟大，我是哥哥，我应该把大的留给弟弟吃。"

爸爸听他这么说，哈哈大笑道："好孩子，好孩子，你真是一个好孩子，以后一定会有出息。"

（2）价值澄清法

每个人都有自己的价值观，而且每个人都依照自己的价值观行事。"价值澄清"就是通过幼儿内部心理的活动进行价值选择、价值确定，然后付诸外部行动的过程。这种方法灵活、方便、简单，非常生动、有趣、可行。

价值澄清有七个步骤，这七个步骤缺一不可：

① 让幼儿自由选择价值。

② 让幼儿从尽可能多的内容中选择价值。

③ 让幼儿对各种选择过程及其后果进行思考后再做选择。

④ 让幼儿珍惜和重视自己的选择。

⑤ 让幼儿公开表示自己的选择，并取得大家认可。

⑥ 让幼儿根据自己的选择去行动。

⑦ 让幼儿重复自己的行动并使之成为个人的生活方式。

📚 案例（片段）

启 发

一天，孩子在纸上随便画着画，边画边和妈妈闲聊："妈妈，我喜欢画画。"妈妈问："是吗？你为什么喜欢画画？"孩子说："让我想一想，我也说不清楚，反正我很喜欢画画。"妈妈又问："那你有没有想过长大后，要画好多大家喜欢的画呢？"孩子说："没有。"妈妈没有再追问下去，而是留给孩子时间自己回味刚才的对话，孩子又说道："是啊，我怎么没想过长大当个画家呢？""嗯，我得从现在开始努力学好画画，将来画好多好多的画给大家看。"在妈妈的帮助下，孩子进行了更深入的思考。

（3）共情训练法

共情训练法是指通过一些形式让幼儿去理解和分享他人的情绪体验，以使幼儿在以后的生活中对他人的类似情绪能主动以及习惯性地自然理解和分享的方法。

共情训练的方式是多样的，讲故事、续编故事、情境演示、生活情境体验、主题游戏等都可以被用来进行共情训练。

运用共情训练法需要注意以下几个问题：

① 提供的情境必须是幼儿熟悉的社会生活或是幼儿看得懂的，这样幼儿才可能产生共情，否则可能出现误解。

② 共情训练的基本点是唤起幼儿已有的类似体验，使幼儿已有的体验与当前的情境相关联，从而理解与分享。因此，教师应重视幼儿情感体验的特点，充分利用幼儿已有的体验，唤起幼儿对情境的理解与情感共鸣。

③ 共情训练本身不是教育的目的，而是为了幼儿以后在社会生活中对他人共情或自然而然地产生对他人的理解与共鸣，因此，注重幼儿表现共情，要使他们不仅仅停留在同情与共鸣上，更要有良好的行为习惯。比如，不仅能理解生病小朋友的痛苦感受，更能自然地给予力所能及的关心和帮助。

④ 教师应与幼儿一起真正地投入情感，不能成为旁观者。教师的情绪对幼儿往往具有很强的感染力，教师加入共情的情境中，会极大地感染幼儿。反之，幼儿会产生疑惑和矛盾，不利于共情的发生。

📚 案例（片段）

我先来的

一位5岁的小姑娘一个人荡秋千很久了，但还是不让站在她旁边的妹妹玩。这时，女孩的妈妈走过来开始和她交谈。妈妈对女孩说："我知道你很喜欢荡秋千，但是妹妹也喜欢荡秋千啊。她想玩一玩。"女孩说道："可我不想下来嘛。"妈妈又说："我知道，但是以前妹妹可是把秋千让给你玩过，她还给你玩了她的玩具呢。你看她都等了那么长时间了，你是不是也该让她玩一会儿才公平呀！"女孩争辩道："但是是我先来的呀。"妈妈还是耐心地说："是啊，是你先来的。可是你还记不记得以前妹妹霸着电视不让你看，你当时是什么感觉？你当时觉得很不公平，现在她就是这么觉得的。"女孩知道自己应该把秋千让给妹妹玩了，于是她自己下来请站在旁边的妹妹玩起了荡秋千。

（4）角色扮演法

角色扮演法是指模仿现实社会中的某种情境，让幼儿扮演其中相应的社会角色，使幼儿体验角色的情绪情感，并表现出与该角色一致的社会行为的方法，如扮演"医生""交警""解放军""爸爸""妈妈"等角色。

① 情境分析表演：教师先举出假设的各种典型的事例，让幼儿分析在该种情况下怎样做才是合理的，并根据幼儿的提议，让大家轮流扮演不同的角色进行表演。

② 剧本扮演：让幼儿通过扮演儿歌、故事中的不同角色体验不同的情感，以鼓励幼儿积极的情感体验，使之把握正确的、积极的行为方式。

③ 角色互换表演：对社会角色互换进行体验。

使用角色扮演法应注意以下几点：

① 教师要尊重幼儿选择角色、变化角色和创造角色的愿望。

② 创设幼儿熟悉、理解和喜欢的角色活动情境。

③ 扮演的角色要以正面形象为主，教师可以适当以平等的角色参与。

④ 注意年龄的差异性。

📚 案例（片段）

今天我当"爸爸"

聪聪经常哭闹着问爸爸要钱买玩具和零食。爸爸也知道这样做对聪聪以后的成长特别不好。可是他给聪聪讲道理聪聪又听不懂，也不理解他的行为，更为严重的是聪聪还认为爸爸不喜欢他。一个星期六的早晨，爸爸对聪聪说，从现在开始，这两天你当家，你就是"爸爸"，爸爸就是你。你就负责管理我们家这两天的生活费用。聪聪听了非常高兴。于是爸爸就给他150元钱作为家里这两天的生活费用。聪聪拿到钱以后非常高兴，就拉着妈妈的手说："走，我们上超市，我给你买好多你喜欢吃的东西。"妈妈没有说什么，就跟着聪聪上超市去了。过了一会儿，爸爸听见有人敲门，他打开门后发现聪聪和妈妈回来了，还提了一大包零食和两件玩具，爸爸什么话也没有说。这时又有人敲门，妈妈打开门后发现是收水电费的工作人员，妈妈就让聪聪负责交水电费。在交完水电费后，聪聪发现自己只剩5块钱了，这时妈妈对聪聪说："我们家的米吃完了，请你给我50块钱让我去买米吧。"聪聪说："我没有那么多钱了，我只剩5块钱了。"这时，爸爸和妈妈开始对聪聪说："那我们总要吃饭吧，没有钱买米我们吃什么？"经过爸爸妈妈的耐心解释、教育和引导，聪聪知道了爸爸妈妈是最爱自己的，他们挣钱很辛苦，自己平时要节约用钱，该花的钱要花，不该花的钱就不能花。

3. 以直接知觉为主的方法

通过让幼儿实际参与活动来影响他们的社会行为。一般来说，社会文化、社会规则、人际交往等方面内容的教育多采用这种方法。该方法主要包括参观法、实践训练法、行为练习法。

（1）参观法

参观法是指幼儿进入一定的现实社会场景，通过多种感官，感知社会现象的状况。

参观法主要是针对一个或两个社会事物或现象进行深入的观察，以视觉为主要感知渠道。根据社会领域教育的目的与任务，组织幼儿在园内或园外的场所，让幼儿通过对实际事物和现象的观察、思考而获得新的社会知识与社会规范的教育方法。它能使幼儿教育活动与幼儿实际生活紧密地联系起来，通过身临其境、耳闻目睹来接触社会、接受教育，如参观社区、警察局、银行等。

使用参观法应注意以下几点：

① 参观场所要安全、卫生，无危险因素，以保证幼儿的健康和安全。一般来说参观地点不宜离幼儿园过远。

② 参观前要制订详细而周密的计划。包括联系参观单位并取得他们的支持与合作、精心设计参观路线等。

③ 参观单位的介绍要简练易懂，适合幼儿的理解水平。

④ 参观过程中要注意安全，要通过提问有步骤地引导幼儿观察。

⑤ 参观结束回到幼儿园后，教师要对参观进行总结，以提升幼儿的经验。同时可以引导幼儿将活动延伸到区域游戏中。

📚 案例（片段）

参观图书馆

小红一直特别喜欢看书。有一次，她问爸爸："爸爸，你知道哪儿的书最多吗？"爸爸说："当然是图书馆里面的书最多了。"小红又问："图书馆有一屋子书吗？"爸爸说："大的图书馆有几层楼高，有的房间是阅览室，有的房间有很多书。"小红很惊奇地看着爸爸。爸爸看见小红惊奇的表情后，说："爸爸现在带你去参观图书馆好不好？"小红听了非常高兴。于是，爸爸就带着小红去参观图书馆。到了图书馆，爸爸向图书馆工作人员说明情况后，工作人员非常热情地接待了小红。在小红参观时还有解说员介绍了阅览室、书库及图书借阅处等图书馆有关的服务窗口和部门。小红参观完出来后非常高兴，她对爸爸说："我以后想看书你就带我来图书馆的儿童书库好吗？"爸爸听了小红的话后高兴地说："好，你想看书时，爸爸就带你来图书馆看书。"

（2）实践训练法

实践训练法是指教师创造一定条件，组织幼儿亲自参与某项活动，感知、体验或学习某种社会技能的教育活动。

幼儿园组织的社会实践活动主要有两类：一类是劳动，另一类就是与幼儿生活密切相关的社会生活实践。社会实践给予了幼儿参与真正社会生活的机会，能够满足其好奇心，拓展幼儿的社会认知，满足幼儿日益增长的参与成人活动的愿望，并能在参与过程中引发幼儿的社会情感，培养幼儿的社会行为，使其在社会实践中受到教育和锻炼。

实践训练法的运用需要注意以下问题：

① 实践内容和要求要适合幼儿的发展水平和接受能力。

② 实践法重在让幼儿参与活动，要重视参与的态度与积极性，至于结果如何不要强求。

③ 实践过程中要教给幼儿做事的方法，同时也要注重培养他们的创造性思维能力，避免只会简单模仿。

④ 要鼓励幼儿勇于克服困难，以培养他们的毅力。

📚 案例（片段）

送玩具回家

小班幼儿都特别喜欢玩玩具，但许多幼儿在玩完后却不会主动地将玩具放回原处。教师提问："小朋友们，你们喜欢玩玩具吗？你为什么喜欢玩玩具呢？你们玩玩具时心情怎么样？"小朋友们开始自由回答："喜欢玩玩具、玩玩具时心情特别高兴……"

随后，教师播放课件《玩具在哭》。教师向小朋友们提问："谁在哭呀？""哦，原来是玩具宝宝在哭。我们小朋友猜猜它们为什么要哭呀？"小朋友们自由回答，教师进行小结并提问："哦，原来是我们班一位小朋友玩完玩具后没有把它送回家，它想妈妈了就哭了。那我们小朋友怎样做玩具宝宝就不会哭了呢？"活动结束后，教师进行小结："我们小朋友今天知道了，玩具不但能给我们带来快乐，而且也能让我们小朋友学会很多本领。所以，我们小朋友不但要爱护玩具，而且在每次玩完玩具后还要送它回家，只有这样，玩具才能给我们每位小朋友带来更多的快乐！"

（3）行为练习法

行为练习法是指教师创造一定条件，组织幼儿按正确的社会行为规范去实践的方法。

行为练习法是形成和巩固幼儿社会行为习惯的一种基本方法。行为练习法的形式多样：有教师人为创设特定的情境让幼儿进行行为练习，如当幼儿掌握了几种分享玩具的具体方法后，教师就创设情境让幼儿选择一种或几种分享的办法，进行"分享"行为练习；有教师组织的各种实践活动，如劳动；还有在各种生活情境中教师组织的幼儿行为练习，如来园和离园的礼貌行为练习、用餐前后的行为练习等。

运用行为练习法需要注意以下几个问题：

① 行为练习要在教师有目的、有计划的指导下进行，即教师首先要示范正确的行为以供幼儿学习与模仿。

② 行为练习的方式要多样化，以引起幼儿练习的兴趣和愿望，避免简单枯燥。行为练习并不是一个机械的模仿过程，在自然情境中加以自然引导就是最好的方式。

③ 由于幼儿社会学习具有反复性，行为练习要反复进行，持之以恒，以使其行为得以巩固。

幼儿社会教育的方法多种多样，在实际操作中，要做到根据具体情况正确选择与灵活运用，从而有效地推动幼儿社会教育活动的开展，达到较好的教育效果，有力地实现幼儿社会教育的目标。

📚 案例

勇敢的人（大班）

【活动目标】

（1）初步培养幼儿不怕危险与困难的勇敢精神。

（2）使幼儿初步懂得遇事不慌。

（3）能大胆表现歌曲的内容、情感。

（4）愿意跟随音乐在教师的引导下用自然、连贯的声音唱歌，情绪愉快地参加音乐活动。

【活动准备】

动画片《奥特曼》《鲁滨逊一家漂流记》相关图片及故事书。

【活动过程】

（1）引导幼儿说说他们在电影、电视上看到过哪些人很勇敢，他们是怎样处理事情的。

（2）出示图片，提问：动画片《奥特曼》中的奥特曼是一个怎样的人物？动画片《鲁滨逊一家漂流记》中的鲁滨逊一家人在四处漂流中，遇到非常多的事情，他们是怎样处理的？

（3）引导幼儿说出自己以前所做的哪些事情表明自己是勇敢的。

（4）启发幼儿进一步思考，加深他们对"勇敢"的理解。

① 和爸爸妈妈一起出门上街，如果不小心走散了，你会怎么办？

② 我们如果碰到不认识的人想带我们走，该怎么办？

③ 我们出去远足，要用双脚走很长很长的路，走不动了，该怎么办？

④ 当我们一不小心做错了事之后，该怎么办？

（5）教师小结：小朋友们不论做什么事情，都会遇到各种各样的困难，但是，我们要不怕困难，不怕危险，遇事要沉着冷静，做个勇敢的孩子，勇于承认和改正错误也是勇敢的表现。

【活动延伸】

活动后，让幼儿说说自己做过哪些勇敢的事情，并将比较典型的事例用绘画的形式展示给全班小朋友，鼓励他们向这些小朋友学习。

【活动反思】

平常就可以多多跟孩子交流此类问题，让孩子知道我已经长大了，成为勇敢的孩子了。只有这样，孩子的进步才能够直接凸显出来。

第三节
幼儿社会教育活动的设计、指导与评价

案例导入

一位诺贝尔奖获得者的回答

1978 年，75 位诺贝尔奖获得者在巴黎聚会。有人问其中一位："你在哪所大学、哪所实验室里学到了你认为最重要的东西呢？”出人意料，这位白发苍苍的学者回答说：“是在幼儿园。”又问：“在幼儿园里学到了什么呢？”学者答：“把自己的东西分一半给小伙伴们；不是自己的东西不要拿；东西要放整齐；饭前要洗手，午饭后要休息，做了错事要表示歉意；学习要多思考，要仔细观察大自然。从根本上说，我学到的全部东西就是这些。”

分析：这位学者的回答代表了与会科学家的普遍看法。把科学家们的普遍看法概括起来，就是他们认为终生所学到的最主要的东西，是幼儿园老师给他们培养的良好习惯。从幼儿园学到的东西，直到老年时记忆犹新，可见这些东西给他留下的印象是非常深刻的，而这些良好的习惯和分享的品质、观察的能力会影响人的一生，这既是人的良好品质，也是社会教育的核心内容。

知识讲解

一、幼儿社会教育活动的设计

（一）幼儿社会教育活动的设计原则

教育活动的设计不是简单地备课和撰写教育活动方案，它是教师教育思想和教育理念的体现，更是教育行为要实现的最终目标。幼儿社会教育活动的设计是教师对幼儿社会性发展的诠释及对幼儿进行社会性教育的展开，应遵循以下几个原则：

1. 目标性原则

所谓目标性原则是指教育活动设计首先必须符合培养的目标，并且在每种活动中必须有明确、具体、可操作性的目标。

《纲要》中明确指出，幼儿园社会性教育就是要使幼儿“能主动参与各项活动，有自信心；乐意与人交往，学习互助、合作和分享，有同情心；理解并遵守日常生活中基本的社会行为规则；能努力做好力所能及的事，不怕困难，有初步的责任感；爱父母长辈、老师和同伴，爱集体、爱家乡、爱祖国”。这就规定了幼儿园社会教育的目标，换言之，幼儿园就是要把幼儿培养成具有这些社会品质的人。教育活动的设计自然要紧紧围绕这一目标，将这些目标逐一落实到教育活动中去，以教育活动来承载完成这些目标。任何不利或违背这些目标的教育活动都是缺乏教育意义的。因此，教师设计教育活动时必须有强烈的目标意识，围绕目标、针对目标来选择教育内容，确定教育方法，实施教育过程。

此外，教育活动的设计还必须将总的培养目标分解、化小，具体到每个活动中，使教育活动都具有操作性。目标越具体，就越具有可操作性，目标体现在教育活动中，才真正为实现目标奠定了基础。在幼儿园教育的实际中，架空目标是社会教育活动设计的最大问题。比如，一些教育活动目标一栏常常写有“培养幼儿的社会认知”“培养幼儿的人际交往能力”等。如此宏观的目标既可用于几乎所有的活动设计中，又几乎一个也用不上。原因在于它无法操作和体现在一个具体活动中，既不能真正地指导活动，又不能被活动所还原。因此，将总的培养目标分解、化小是设计社会教育活动应遵循的原则。

2. 针对性原则

所谓针对性，一是指教育活动的设计应针对社会教育的内容，二是要针对幼儿的实际情况。

（1）教育活动的设计应针对社会教育的内容　社会教育内容既有一般认知的内容，也有许多主观体验性的内容，比如自信、开朗、宽容、与人交往、遵守规则、人物意识等，既是观念，又是品质。显然，它不同于一般的认知教育内容，需要在设计教育活动时予以重视。

（2）社会教育活动的设计必须针对幼儿的现实　设计中要针对幼儿的年龄、地域、班级的实际情况。因为幼儿是教育活动的主体，真正有价值的教育活动设计往往都来自对幼儿实际的深入了解和透彻分析，真正了解和尊重幼儿的实际，才能使活动实现教育目的。分析幼儿的实际是调整教育目标、选择教育内容的依据。虽然国家对教育目标有法律的规定，是必须完成的，但完成的顺序、时间、程度及具体操作则必须根据幼儿实际加以合理调整。

比如，对刚入园的小班幼儿一般要进行"熟悉幼儿园、消除陌生感"的教育，但对于一些从小就入托儿所或幼儿园托班的幼儿而言，经过了上述的集体生活后再升入小班，绝大多数幼儿没有对幼儿园的陌生感以及离开父母的恐惧感。显然，幼儿的这一实际决定了教师必须调整教育目标及相应的教育内容，否则就会无的放矢。因此，教育重点和难点的确定必须依据幼儿的实际。

3. 活动性原则

所谓活动性原则是指社会教育活动必须使幼儿积极主动地与人交往、动手、接触、体验、观察、思考、表现，主动地发展社会性行为。

活动是幼儿心理发展的基础和源泉。离开活动，就没有幼儿的发展。

社会教育的活动性主要表现在以下几方面：

（1）在幼儿的生活中体现活动性　幼儿真实的社会生活就是幼儿社会性教育的载体，虽然幼儿的社会生活不同于成人的社会生活，但却是活生生的、能让幼儿陶醉的。社会教育活动的设计必须能使幼儿活动起来。

（2）幼儿是活动的主体　无论教师设计什么样的社会教育活动，必须保证幼儿是活动的主体，而不是被教师控制、导演的附属和配角。社会教育活动不是教师告诉幼儿"你该怎么做"，而是幼儿要"怎么样"，教师只是对幼儿的选择和行动起引导和帮助作用。社会品质的形成是主体选择、接纳和实践的结果，因此，教师的活动设计不应立足于"告知"幼儿，而必须给幼儿主动体验、观察、操作实践的机会，使其自主、自觉地获得社会认知。

（3）活动方式的多样性　不同的活动方式对幼儿社会性发展的作用不同。比如，集体活动方式可以培养幼儿的集体意识和规则意识，对幼儿互相帮助、团结友爱有着特殊的影响作用；小组活动的形式可以促进幼儿交流、合作，以商讨的方式完成规定的任务，培养幼儿的任务意识和责任感；个别活动对发展幼儿的兴趣爱好、培养良好的个性起着至关重要的作用。因此，幼儿社会教育活动的方式应多样化，以满足幼儿社会性发展的多方面需求。

4. 全体性原则

全体性原则是指社会教育活动的设计要面向全体幼儿，使全体幼儿在原有水平上得到提高。面向全体是教育平等观念的体现，应坚信每个幼儿的发展潜能，尊重每个幼儿受教育和发展的权利，关注每个幼儿的发展。

面向全体是社会教育的出发点。面向全体不是否认个别差异，而是尊重个体差异，使每一个幼儿在原有水平上都得到发展。

在教育实践中，成人往往容易重视那些发展较好的、干净的、好看的孩子，给予他们更多的表现机会与鼓励；对于那些顽皮、淘气的孩子则较少给予重视和鼓励；而那些发展一般或内向、安静的幼儿则更容易被忽视，他们的愿望、表现甚至他们的存在都被忽视了，这严重违背了面向全体的原则，是不可取的。

5. 时代性原则

时代性原则就是要求教师选择幼儿社会教育内容时，要关注社会的发展和需要，关注社会现状和未来，反映时代的要求，使幼儿能够了解社会、提高社会适应能力。社会在不断地发展，人们的社会理想、价值观念、人际关系、生活方式、行为方式及生活水平等，也都随之不断地发生变化。社会中不断涌现出新事物、新产品、新思想、新现象，同时社会知识结构和体系及对人才的要求也在不断地发生变化。因此，幼儿社会教育内容必须从不断发展变化的现实社会出发，去充分反映社会和时代的特点及要求，使社会教育真正起到引导幼儿主动适应社会的作用。社会生活中出现的一些新事物、新情况、新问题等，是幼儿社会教育的重要内容。例如，国家近期举行的重要社会大事、关注留守儿童、环境保护等，都可以让幼儿及时了解，都可以作为幼儿社会教育的内容。

但是，对于传统的社会文化也不能全盘抛弃，如民间艺术、传统节日、民间风俗习惯、各地方特色人文景观等，都要本着继承和发展的目的让幼儿学习和了解。

（二）幼儿社会教育活动的设计思路

幼儿社会教育活动设计的一般步骤，包括确定教育目标、选择活动内容、拟定活动目标及策划活动过程几个部分。设计则是将以上思考的过程文字化，即写成教案。一份完整的社会教育活动教案一般包括活动名称、活动目标、活动准备、活动过程和活动延伸五个部分。

1. 以课堂为主的社会教育活动的设计

（1）活动名称　活动名称是指教育活动的名称，一般是对活动内容、活动目标的反映。此外，在活动名称的前面或后面要附上班次，如"高高兴兴上幼儿园（小班）""不该说时我不说（中班）""我是大班的哥哥姐姐（大班）"等。对活动名称的定位最好简洁明了，直接切入主题，并且富有趣味性，这样幼儿才感兴趣。

（2）活动目标的设计与拟定　具体的社会教育活动的目标制定最直接的依据是单元目标。单元目标一般是根据总目标、分类目标和阶段目标由本园同年龄班教师一起讨论制定的。通过哪些课题的活动来实施这一目标，也是各班基本统一的。而具体的每个教育活动目标，则需要每位带班教师发挥自己的才能，根据本班幼儿的社会性发展状况，包括近来幼儿在社会教育活动中的具体情况来拟定。一般要考虑以下几点：

① 社会教育目标主要由自我意识、社会认知、社会情感、社会行为技能、社会适应能力和道德品质的发展等几方面构成。当然，根据具体活动，目标会有所侧重，有的是潜在的、隐性的。

如：大班活动"我长大了"的活动目标的表述："感受自己的成长离不开老师的关心

与帮助，懂得要尊敬老师；懂得自己长大了，应该更能干、更勇敢。"此目标是着重从社会认知和情感角度进行表述的，而社会行为技能是隐性的目标。

在大班活动"关心老人"的目标的表述中则侧重了社会行为技能方面目标的表述，即"能为老人做力所能及的事"。

② 目标表述时应做到简洁、明了，可操作性强，尽量从幼儿学习的角度出发，如"初步了解自己是班里的一员"要比"让幼儿初步了解自己是班里的一员"更简洁、明了，同时也尊重了"幼儿是学习的主人"这一理念。可操作性体现在目标要具体化，如"培养幼儿的社会交往能力"这一目标就显得太大，无从下手，而"知道使用'请''谢谢''再见'等礼貌用语"这一目标就比较具体，适合操作。

③ 因为幼儿的发展是整体性的，所以各领域间的目标和内容应是整合的，在目标的表述上，要根据幼儿的发展现状和需要，适当体现各领域的教育目标。

（3）活动准备　活动准备主要包括环境准备（环境创设）、物质准备（材料教具）和知识准备几方面，具体在教案书写时，一般从以下两个方面入手：

① 物质方面的准备：许多活动需要物质方面的准备，如有的活动需要多媒体、伴奏音乐，有的活动需要图片、卡片，有的活动需要一定的场地、实物等。

② 知识准备：有的活动需要幼儿有一定的认识、知识方面的基础，如"我的妈妈多辛苦"这一活动，需要幼儿在活动之前在家里观察妈妈的劳动情况。"小小售货员"这一活动，需要幼儿活动前由家长带领逛超市，注意观察售货员叔叔或阿姨是怎么接待顾客的，表情、动作都是怎样的等。

（4）活动过程的设计　在活动目标确定后，就要思考通过哪些具体的活动内容和活动形式来实现目标。活动过程的设计则是将这种思考书面化和具体化，一般包括开始部分、基本部分和结束部分。

① 活动的开始部分　这是引导幼儿活动的第一个步骤，能起到初步引导幼儿参与活动的兴趣及调动幼儿学习主动性的作用。教师组织活动的方式，一般有讲故事、引导幼儿看图片、欣赏录像资料、情境表演等。如果是外出参观活动，则在开始部分要告诉幼儿参观何处，并提出参观要求等。课堂教育活动的开始部分时间在3～5分钟，一般不超过10分钟，否则就会影响基本部分的教学效果。

例如，中班活动"好玩的玩具大家玩"的开始部分是这样设计的：出示一件新颖的电动玩具，引起幼儿的兴趣，启发幼儿讨论——只有一件玩具，大家都想玩，怎么办？

再如，在大班活动"我长大了"的开始部分是这样设计的：请幼儿结合照片说说自己的成长过程，通过提问，启发幼儿思考自己取得了哪些进步。

② 活动的基本部分　这是实现目标的主要部分，是活动的重点和难点所在，主要是教师引导幼儿进行感知学习和练习，活动的大部分时间应放在这一部分。

在进行这一部分活动设计的时候，要注意思考以下几方面：

a. 这个活动大体分哪几个步骤？

b. 每个步骤必须完成哪些内容？采用什么方式方法？

c. 哪一个步骤是重点？哪一个步骤是难点？应如何突破？

d. 每个步骤的时间大体应怎样分配？

e. 每个步骤如何进行？

在具体表述的时候，注意教师的陈述语、提问句、操作过程的说明，对幼儿的要求、小结语、简明的转换语等都应清晰地写明。

例如，"中班社会活动——好玩的玩具大家玩"在活动展开的设计中，考虑到了三个环节：讨论大家面对一个玩具时该怎么玩；讨论分享的具体方法；创设情境，分享玩具和食品。活动把重点放在了"如何分享"问题上，通过提问、讨论、比较、分析得出结论；把难点放在实践训练——分享实践上，让幼儿用实践检验社会认知和社会情感，体验了分享与交流，促进了幼儿社会行为技能的掌握。

③ 活动的结束部分　教师可以改变原来的活动方式，引导幼儿自然地过渡到下一个活动方式，如其他领域的活动（音乐、美术或身体运动等），让幼儿在轻松愉快的情绪中自然而然地结束活动。如果要在结束部分对活动进行小结评价，应做到简洁精练，对幼儿在活动中的表现以包容积极的态度进行评价，对问题本身应留有思考的余地，使有的活动能够有效地延伸，使幼儿能够保留对活动的兴趣，体验到活动带来的快乐，以期盼的心情和态度等待下次活动的到来。如活动"我长大了"就是以小结来结束活动的，在活动"我们都是好朋友"中，是以玩"找朋友"的游戏来结束整个活动的。

（5）活动延伸　符合一定社会行为规范的社会行为技能的产生，是幼儿社会性发展的关键。幼儿园社会教育活动如果只停留在增进幼儿社会认知、激发幼儿情感上是不够的。良好的社会行为技能的产生不是一朝一夕就能实现的，也不是通过某个活动就能形成的。也就是说，虽然一个教育活动结束了，但是，这方面的教育并没有完，还在继续。当然，这还应以幼儿对此有兴趣为前提。幼儿的生活在课内、课外都是有教育意义的，是一个有机的整体。为此，活动延伸的设计也是不可缺少的一环。延伸的方式多种多样，如通过游戏或其他形式（如活动区）的活动，让幼儿继续学习巩固活动中所了解的社会认知和社会技能，利用家庭、社区条件，帮助幼儿学习社会知识、锻炼社会技能等。

例如，"中秋节"活动的延伸是这样设计的：调查家里的人最喜欢吃什么样的月饼？最不喜欢吃什么样的月饼？还想吃到什么样的月饼？完成一张调查表。

2. 幼儿园社会区域教育活动设计的步骤

区域活动对幼儿社会性发展的意义重大，体现在区域活动的环境创设激发幼儿的社会性发展、区域活动过程引导幼儿社会性发展和区域活动的适时指导促进幼儿的社会性发展3个方面。

幼儿园区域活动设计的基本步骤包括区域活动主题的选择、区域活动的创设过程、区域活动的材料投放、区域活动的指导和幼儿区域活动后的总结评价5个环节。

（1）区域活动主题的选择

① 区域活动的主题应适合幼儿各年龄段的发展水平　幼儿园不同年龄班创设游戏区都应遵循幼儿身心发展的不同水平和游戏的不同特点。因为不同年龄段的幼儿他们的发展水平不一样，他们的兴趣需要也不一样，所以我们应该充分考虑到这一点，选择适合该年龄段幼儿的发展水平来进行创设，以促进他们身心发展并且有利于游戏活动的顺利开展。

小班是幼儿形象思维能力形成和发展的时期，他们喜欢成型的形象玩具，且对于充当游戏角色感兴趣，但他们的角色意识并不强，因此，小班适合角色游戏"娃娃家"。根据小班幼儿的动作发展特点，为小班创设以发展孩子手指小肌肉群能力为主的操作区，让幼儿在"帮娃娃扣纽扣""给小动物喂食"的过程中不仅得到快乐体验，更锻炼了幼儿的动手能力，培养其生活自理能力。

中班幼儿较小班幼儿对于扮演角色的意识更强烈，且角色语言也比小班幼儿有了较大发展，根据这一特点，在中班创设了"超市""美发屋"等角色游戏区。

大班幼儿对于角色游戏已经积累了很多的经验，能够主动地、很好地参与到游戏中，与同伴之间有丰富的角色语言进行互动，因此在大班可以创设"爱心港湾"角色游戏区。

大班幼儿抽象思维能力开始发展，且喜欢有对抗性的游戏，为其创设"棋苑"等活动区。

② 从幼儿的兴趣出发，确定区域主题　在每个班级创设区域之前教师都要同幼儿进行谈话，了解幼儿想玩什么，在此基础上再协调确定好区域的主题。幼儿对这个区域感兴趣，才会愿意玩，才会在玩中收获更多。

另外，在每个区都设立一个幼儿入区记录，以记录幼儿每天进入该区的次数，一段时间后统计出结果，根据结果再适当地调整该区的主题。

③ 根据教育活动的主题确定区域活动主题　各班除了选择了几个固定的区域外，如大班创设了固定的美工区、结构区、棋区、科学操作区、植物观察区等，还可以开辟一个灵活的随机区域，这个区域是随教育活动而随机开设的。

例如，在进行"恐龙"主题教育活动时，它被建成"恐龙博物馆"科学区，在进行"我健康、我快乐"主题教育活动时，又变成"爱心医院"角色区，在进行"大美春天"主题教育活动时，又被改建成"春之歌"表演区……区域活动成了主题活动的延伸和补充，孩子们在玩的同时，不仅在该区域活动得到了能力的发展，还巩固了本主题活动的知识，一举两得。

④ 注重区域活动主题之间的互动　班级创设不同的区域，还应注重区域间的联系，让区与区之间能够互动，使区域活动能最大限度地发挥它的教育作用，增加趣味性。

例如，中班开设了"小餐厅"角色区，又开设了"宝贝超市"，还在此基础上临时开设了"银行"，孩子们在玩时，就可以在区域间进行互动游戏。"小餐厅"的服务员可以去"银行"取款，然后去"宝贝超市"买"小餐厅"需要的用品，然后还可以将"小餐厅"的收入重新存入"银行"等，区域间的互动更大限度地调动了孩子们玩的积极性，也更大限度地发挥了区域活动的教育性。

⑤ 区域活动的主题适当体现地域特色　在选择区域主题时还应充分考虑本地的特色。例如，有的地方烧烤店很多，孩子们都有这方面的生活经验，也非常感兴趣，就应开设"××烧烤店"这一角色区，具有浓烈的地方特色，深受幼儿的喜爱。

（2）区域活动的创设过程　区域是幼儿的区域，这一点毋庸置疑，除了区域主题是以幼儿兴趣为参考设立的以外，在整个创设的过程中，都让幼儿与教师共同创建，让幼儿真正做区域的主人。

① 共同商讨区域需用的材料，并一同收集、布区。

例如，在创建"恐龙博物馆"时，通过与幼儿谈话确定该区需用的材料后，教师与幼儿分头准备收集。幼儿从家中带来了有关恐龙的图片、书籍和模型等，教师收集了一些树根、树枝、仿真花、草等。材料收集后，放手让幼儿自己商讨摆放这些物品，在大家的共同努力下，"恐龙博物馆"诞生啦！

② 幼儿自己制定区域规则，大家共同遵守。

新设立的区域完成后，安排幼儿自己讨论进入该区的规则，大家围绕平时玩时出现的矛盾问题展开讨论，最后共同归纳出该区规则，并让幼儿用图画的形式自己表现出来，贴在活动区内。由于活动规则是幼儿亲自参与制定的，因此，幼儿都能较好接受并能在游戏中自觉地遵守。

（3）区域活动的材料投放　区域活动是以各种各样的材料为依托而开展起来的，所以在区域活动的创设进程中，选择什么样的材料，在什么时候投放就显得尤为重要，材料投放是否科学合理直接影响该区域活动开展的质量。

① 区域活动投放的材料确保安全、卫生　对于游戏区中投放的材料应该无毒、无异味，而且应该定期对其进行消毒处理。对那些有安全隐患的材料应该慎重投放，以保证幼儿游戏时的安全、卫生。

② 区域中投放的材料要有一定的科学性　即针对不同时期区域活动的发展目标而应有所不同。例如，小班上学期、下学期游戏区里的材料就应随着幼儿能力的提高而有所变化；同是结构区，大、中、小班投放的结构材料也应有所不同，小班的相对容易，而大班的相对难一些。

（4）区域活动的指导

① 重视观察　区域活动的指导首先是观察。为了更好地实施观察，应设计观察记录表，对每个幼儿的活动情况进行个案记录。观察内容分三个方面：

a. 幼儿的兴趣和行为表现，以此了解哪个区吸引幼儿；

b. 幼儿的学习特点和个性特征，了解哪个孩子喜欢哪个区角；

c. 操作记录，能反映孩子玩到什么程度。

② 重视指导和研究相结合　教师在活动区域中的指导是为了帮助幼儿与环境、引导者及同伴发生积极有效的互动，这就需要在活动过程中了解幼儿的学习特点、不同的发展规律。教师需要对观察结果作进一步的分析、研究，然后再去实践，以验证前面的结论，并多次反复，以获得有价值的教育信息。

③ 重视差异，促进个性发展　活动区是最适宜个性化教育的形式，其最大特点是为幼儿提供适合其本身需要的活动环境。在指导策略上，教师对较内向、能力较弱的孩子给予更多的鼓励和帮助，而对较自信、能力强的孩子则应告诉他"我相信你自己会想出办法来的"，这样才能更好地发挥区域活动的应有价值。

（5）幼儿区域活动后的总结评价　总结评价是开展区域活动的结束环节，这一环节的目的在于引导幼儿自发自愿地进行交流、讨论，积极表达情感、共享快乐、共解难题、提升经验，提供出充分表现、交流、学习的机会，同时激发其再次参与活动的欲望。评价的结果也往往影响到幼儿以后活动的情况，评价对幼儿进一步发展有一定的导向作用。

① 幼儿的自主评价　区域评价是为下次活动出谋划策，鼓励幼儿对自己提出更高的要求，鼓励幼儿协作创新，发挥区域活动的魅力。教师鼓励幼儿把自己在游戏中的所见所闻、感受体验表达出来，与同伴交流分享，这不仅能增强幼儿对游戏的兴趣，而且使幼儿间有更多交流的机会，通过集体和个人、自评和他评的形式，让幼儿清楚了解自己和同伴遵守规则和活动的能力情况，互相交流、互相反馈，知道好在哪里，还有哪些不足，树立榜样或改掉缺点，使幼儿在评价环节中共同进步，提高积极性，提高合作交往意识。

② 教师的全面评价　教师通过对幼儿活动的观察，发现能体现自己教育目的的内容，快速地进行一定的组织后开展的活动，有一部分是即兴的，对教师的灵活性要求比较高。教师要抓住幼儿的闪光点（创新）进行重点讲评，加以鼓励，或指出幼儿在创新方面应努力的方向；也可就活动过程中出现的问题或困难让大家进行讨论，让幼儿大胆发表自己的

见解，并商量解决问题等。

二、幼儿社会教育活动的指导

幼儿社会教育活动的形式多种多样，不同的教育形式应用不同的指导策略，下面就具体的活动组织形式加以说明。

1.集体教育活动的组织和指导

（1）开始部分的指导　无论是组织幼儿游戏、参观还是课堂教学活动，社会教育活动的开始都很重要，应抓住幼儿的注意力。成功的开始是整个活动的前提。一般来说，开始应有这样一些活动形式：

① 设疑开始：疑问可以由教师直接提出，也可以谜语、儿歌的形式间接提出。如"我长大了"活动开始时，教师让幼儿互相观看各自小时候的照片，请幼儿猜猜是谁。

② 图示开始：教师可利用彩图、标本、实物的出示引入活动。如"美丽的家乡"活动的开始，就是让幼儿观看录像、感受家乡的景色、美食，从而进入主题活动。

③ 故事开始：让幼儿听一个短小、生动的故事，是社会教育常用的开始形式。它既能直指教育目标，又易于幼儿复述。但故事开始也有一定的局限性，它往往与幼儿生活有一定距离，幼儿对故事的理解程度易受多种因素的影响，同时也不易调动幼儿的主动性。因而教师在选择故事时要尽量贴近幼儿生活实际，并帮助幼儿理解故事的内涵和用意，使幼儿把故事的内容和说明的道理与自己的生活实际联系起来，并起到一定的指导作用。如在大班活动"找快乐"中，教师以故事"小花籽找快乐"导入主题，帮助幼儿理解"快乐"的真正含义。

④ 情境表演开始：创设一定的情境或利用情境来进行模拟表演，把幼儿带入教育活动中。如大班活动"心情预报"，在活动开始时，教师为了引起幼儿的兴趣，请愿意模仿的幼儿模仿电视里的气象预报员叔叔或阿姨，以此为切入点，进入"心情预报"的讨论。

⑤ 游戏开始：以游戏的形式开始。如大班社会性活动"小鬼当家"，在活动开始时，教师为了调动幼儿的积极性，组织幼儿玩"小鬼当家"的角色游戏，即成立"三口之家"，幼儿自愿组合，三人为一户家庭，佩戴胸卡标志，编号为"1号家庭""2号家庭"……进行一系列家庭活动的角色模拟活动，如送孩子上学、交电话费、超市购物等。

（2）基本部分的指导　这部分是幼儿社会教育活动的核心部分，它承载着主要的教育内容。在这一部分中应抓住关键：

① 师幼活动应始终围绕活动目标进行。教师在活动中要重视前一步骤与后一步骤环节的过渡，使内容和目标自然连贯，促成幼儿的学习从低一层次向高一层次发展，保证活动目标的有效实现。

② 以多种形式让幼儿参与活动，调动幼儿的各种感官，让幼儿真正成为活动的主角。任何活动，只有真正做到"动手操作"式参与，幼儿才会真正感兴趣。因此，在活动组织过程中，教师要处处留心，做到幼儿有实践、有活动、有体验，这样才能使幼儿成为整个活动的主体，而不是停留在"教师讲、幼儿听，教师演示、幼儿看"的状态。实践证明，这种"教师讲、幼儿听，教师演示、幼儿看"的活动，对幼儿起不到良好的、积极的作用。

值得注意的是，在幼儿参与的过程中，有的地方可能做得不像成人那么准确、那么好。有时幼儿会把东西撒一地，如洗手绢的时候把水洒了一地等；语言表达不那么流畅，如说话时断断续续，甚至结结巴巴等。对于这种情况，一定要有一个宽容的态度，应该认识到，正是幼儿发展得还不充分，我们才要给他们机会锻炼。至于在操作中出一点小小的纰漏、犯一点小小的错误，都应该理解和原谅。如在"小鬼当家"游戏中，开始可能会出现幼儿不遵守游戏规则，甚至出现游戏中乱七八糟的现象，不知道如何"购物"，不知道如何"送孩子上学"，不知道如何"交电话费"等，尽管老师示范过。但是不要紧，我们需要给孩子锻炼和尝试的机会，这就足够了，要重视幼儿社会性发展的过程，而不仅仅是结果。

③ 教师的提问起着十分关键的作用，要尽量引导幼儿进行发散性思维。有时活动组织得不顺利，并不是教育活动内容不合适，而是教师在组织的过程中提问得不够明确，或提问内容超出了幼儿表达能力的范围。这些都会使幼儿不能很好地配合。因此，作为一名幼儿教师，一定要熟悉幼儿语言的表达方式、特点、表达水平，只有这样，才能在活动中做到有问有答、有呼有应。

教师的提问能起到引导幼儿思路的作用，只有教师提的问题是开放性的，有多种答案，幼儿的思路才能活跃起来，问题的答案也才能丰富多样，幼儿的能力才能得到真正的锻炼。

④ 避免使用成人化语言。在与幼儿交往中较多地使用成人化语言，以至于不能和幼儿进行有效的沟通，是教师中普遍存在的一个问题。如一位教师在小结中这样说道："我们要尊重他人，礼貌待客。"小朋友们互相看了看，有的在低声说："他人是什么人？待客是什么意思？"

⑤ 要尊重幼儿的愿望，适当调整教育目标及教学环节。教师要处理好预设目标与幼儿的兴趣倾向之间的关系，力求在组织形式和操作方法上使二者达到协调统一，最终使活动既实现了教育目标，又尊重了幼儿的愿望和发展倾向。

（3）结束部分的指导　社会教育活动的结束有很多种形式，它可以用专门的形式结束，也可以是基本过程中最后一个环节的自然结束。常见的结束方法是总结，使用这一方法结束教育活动应注意：

① 小结活动主题。

② 小结师幼的共同感觉。

③ 活动的可见成果展示。

④ 布置以后的任务。

⑤ 让幼儿逐步参与总结并成为总结的主体。

📚 案例与评析

阳光医院（中班）

【设计意图】

医院对于幼儿来说并不陌生，几乎每个幼儿都有去医院看病的经历。于是，我设计了这次中班社会活动"阳光医院"，用幼儿最喜欢的游戏形式让幼儿进一步积累关于医院的经验，知道看病的基本流程，通过让幼儿自由合作搭建医院进行游戏，使每个幼儿都主动、积极地参与其中，体验合作的快乐，促进幼儿的社会性发展。

【活动目标】

（1）积极参与"医院"的游戏，体验合作的快乐。

（2）知道看病的基本流程，进一步积累关于医院的经验。

（3）能发现游戏中的问题并尝试解决。

【活动准备】

（1）知识经验：幼儿有到医院看病的经历。

（2）物质材料："医院"游戏用的材料，如棉球、吊瓶、听诊器、药盒等；医院各科室的图片PPT，统计表。

【活动过程】

1. 教师扮演医院院长，布置任务

教师："今天，我们来搭建一个'阳光医院'给病人看病，好吗？"

2. 观看PPT，认识医院的常见科室

（1）提问："你们知道医院有哪些常见的科室吗？"

（2）带领幼儿观看PPT，认识医院常见的科室。

教师："我们一起来看看医院里常见的科室有哪些，以及这些科室都是干什么的呢。"（有挂号处、注射室、诊断室、药房等）

3. 幼儿分工合作搭建医院

（1）组织幼儿讨论：准备搭建哪几个科室？科室里需要投放哪些材料？

（2）幼儿分组合作搭建医院。

4. 分享搭建的过程，知道看病的基本流程

（1）提问："我们的'阳光医院'经过大家的合作已经搭建好了，你们知道怎样在医院看病吗？顺序是怎样的呢？"

（2）幼儿面对搭好的"阳光医院"了解看病的流程。

5. 幼儿玩"医院"游戏，教师进行指导

组织幼儿分角色玩"医院"游戏，教师观察，并适时指导。

6. 引导幼儿提出游戏中存在的问题，并尝试解决

（1）提问："在刚才的看病过程中，你们发现了什么问题没有？"教师将幼儿提出的问题写到统计表中。

（2）组织幼儿讨论：有哪些办法可以解决这些问题呢？

（3）教师小结，归纳幼儿解决问题的办法，提出下次活动的要求。

【活动延伸】

（1）帮助幼儿认识其他医疗场所，如社区卫生服务中心、药店等。

（2）帮助幼儿懂得参与"医院"游戏要遵守的规则。

【活动评析】

《指南》指出：要利用生活机会和角色游戏，帮助幼儿了解与自己关系密切的社会服务机构及其工作，如商场、邮局、医院等，体会这些机构给大家提供的便利和服务，懂得尊重工作人员的劳动，珍惜劳动成果。本次活动正是采用幼儿喜欢的游戏形式，以"阳光医院"为主题，引导幼儿积累有关医院的经验，了解就诊的基本流程，选题贴近幼儿生活，在活动设计中，各个环节都考虑了幼儿的学习特点，选用的内容符合幼儿的经验基

础，尤其是开放性的游戏场景，激发了幼儿参与活动的兴趣，使他们体验到与同伴合作的快乐。该活动既注重为幼儿积累和提升有关医院的经验，还通过分工合作搭建医院、分角色进行"医院"游戏等鼓励幼儿进行同伴交往，使幼儿积累了较好的社会适应性经验。

2. 社会区域活动的指导

活动区虽是幼儿自由活动、自主学习的场所，但不等于教师可以撒手不管，教师只有对活动区的活动积极关注、悉心指导，才能使其教育功能充分发挥出来。教师在具体指导时应注意以下几点：

（1）向幼儿介绍活动区，帮助幼儿建立活动区规则　教师一开始就要向幼儿介绍各活动区的内容、材料和使用方法，帮他们建立起活动规则，督促他们自觉遵守这些规则。向幼儿介绍活动区时，可以采用以下做法：

① 先介绍，后开放。活动区应逐步开放，介绍一个区，开放一个区，以提高活动区的功效，增强有序性。即使幼儿对活动区已经比较熟悉，当我们在某区域投放了一些新材料、新工具时，也应遵照这个原则行事。介绍是为了使幼儿掌握，并在掌握的基础上创造性地运用，因此，教师应选择最基本、最主要的内容、材料和活动方式介绍给幼儿。

② 开始最好以小组活动的方式进行，以保证每位幼儿都能熟悉各区的内容、材料和工具的使用方法。也许这会使活动区少了点自由的气氛，但这短暂的"不自由"正是为了以后长远的真正自由。

③ 每天每组只介绍一个区。集中介绍太多幼儿记不住。介绍活动区必须循序渐进，如果活动区的内容太多，操作方式太复杂的话，还应该分2～3次进行介绍。

④ 介绍的同时，也给幼儿提供了实际练习的机会。让幼儿真正了解各种材料和工具的使用方法，最佳方式莫过于实际去做。教师在讲解演示之后，可留出时间让幼儿实际练习，教师在旁观看指点。

介绍活动区时，教师可对幼儿直接交代最基本的规则，如入区的方法、结束时的收拾工作等，但一次交代的规则不要太多。因某些规则没交代而出现问题时，如争夺玩具、故意弄坏别人的作品等，教师不要急于处理，可以在游戏结束时，请小朋友们一起讨论这些问题，共同提出规则，并将大家认可的规则用图画的形式表示出来，贴在醒目的地方，以引起幼儿的重视。

（2）观察幼儿的活动情况，并有针对性地指导　当幼儿熟悉了活动区活动规则后，经过一段时间的活动练习，幼儿就可以不再按组入区，而是按意愿有序地进行活动。此时教师的角色、工作重点和指导方法都必须做出相应的调整。这时教师的任务有两个：一是观察幼儿的活动情况，根据需要及时调整活动区；二是了解幼儿的发展水平，有针对性地进行指导。

① 观察幼儿的活动情况

a. 幼儿兴趣。看他们经常选择哪些活动区和活动材料，经常从事什么活动。

b. 活动参与情况。观察幼儿对活动区的选择以及入区活动的表现：是果断选择还是犹豫不决？是独立选择还是盲目服从别人的分配？是专注地在一个区域玩一段时间还是不停地更换区域？

c. 社会交往水平。幼儿在活动区里经常是一个人玩，还是与人合作？合作时处于什么位置（小领袖、积极分子、服从者）？他怎样表达自己的请求和愿望？会不会与同伴轮流分享？是否常与人发生冲突？常采用什么方式解决冲突？不同的表现反映着儿童不同的社会性水平、交往能力和性格特征。

d. 遵守规则情况。目的在于了解幼儿的规则意识、任务意识和自我控制能力。

② 活动区的指导　活动区活动的指导是一种极灵活、极富创造性的工作，很难总结出一套规范化的"模式"，此外，各区的材料、活动性质和方式之间差异很大，指导方式就更不可能整齐划一了。但是根据教师的经验，可以总结出以下几条基本原则和方法：

a. 随时发现幼儿的兴趣，及时调整活动内容，以满足幼儿的需要。

b. 善于利用社会资源来弥补幼儿园条件的不足，如利用家长的职业便利提供活动材料、充分利用社区的资源为幼儿创设环境。

c. 坚持必要的教学管理，尽管活动区是幼儿自由活动的场所，但也要先教工具的使用方法，然后再让幼儿自由操作。

d. 时刻注意安全。在教会正确使用操作工具后，还应注意观察幼儿的使用情况，排除一切危险因素的存在。

e. 尽量让幼儿自己去探索、发现、思考，不急于提供答案。教师要善于接住孩子们抛过来的球，再以一种适当的方式抛回去，引导幼儿自己探索问题的答案。

f. 注意小朋友之间的相互影响作用，教师要善于引导幼儿相互之间讨论问题，共同探讨、交流自己的新发现，包括操作方法的示范等。

g. 注意个别指导。教师要善于发现幼儿之间的差异，对个别发展水平较低的幼儿要特别提供帮助和指导，增强幼儿的自信心。

h. 师幼互动，亲切融洽，创造一种良好的学习和交往的氛围。

总之，幼儿在活动区中的游戏活动是其实现社会学习的重要途径，教师应充分认识到这一点，每天给孩子一定量的时间，并提供大量丰富的材料。要适时、适当地给予指导和帮助，促进幼儿的社会性发展。

📚 案例与评析

区域规则我遵守（小班）

【设计意图】

区域活动是幼儿最喜欢的活动之一，它体现了幼儿自主选择、自主游戏的原则。小班幼儿年龄小，没有规则意识，容易在区域活动选择中发生矛盾冲突。因此，在区域活动中，教师有必要让幼儿懂得遵守区域活动的规则；当幼儿与同伴发生矛盾或冲突时，指导幼儿遵守规则。

【活动目标】

（1）学习按标记提示选择游戏，增强秩序意识。

（2）能听音乐结束游戏，养成良好的规则意识。

【活动准备】

表示不同进区人数的标记，比如针对"美羊羊工作室"，可以设计 4 只竖起大拇指的小手；各区域规则提示图片；区域活动结束的音乐；照相机、玩具喜羊羊和小贴纸若干。

【活动过程】

1. 邀请幼儿到"羊羊乐园"玩

教师出示玩具喜羊羊，邀请幼儿到"羊羊乐园"参加游戏，激发幼儿参与区域活动的兴趣。

2. 观察"羊羊乐园"的布置，发现游戏规则

教师已经提前划分好各个区域，如"羊羊书屋""羊羊聪明屋""羊羊的家"等。

（1）教师："你们知道这些标记是用来干什么的吗？"引导幼儿了解标记的作用——规定每个活动区的参加人数。

（2）教师："你们说说自己想到哪个区域活动？这些区域图片是用来干什么的？讲了哪些规则？"引导幼儿通过区域规则图片了解区域活动方法。

（3）播放音乐，告诉幼儿区域活动结束时会播放这段音乐，这时小朋友就要收拾玩具了。

（4）教师小结：原来我们要到"羊羊乐园"去玩，就要遵守"羊羊乐园"的规则呀！

3. 幼儿自选区域游戏，教师进行指导

（1）教师详细讲解各区域活动的规则和方法，请幼儿自由选择区域活动。

（2）教师以"羊羊村"村长的身份参与游戏，指导幼儿参与各个区的游戏，在发现问题时，可以适时介入；也可以用照相机记录幼儿的游戏情况，在活动评价环节再引导幼儿一起观看、分析。

（3）播放结束音乐，区域活动结束。

4. 活动评价

（1）播放用照相机拍摄的照片，引导幼儿说说哪些做法是对的、哪些做法是不对的。

（2）教师小结幼儿行为的对与错，并利用小贴纸奖励正确的行为，帮助幼儿建立良好的规则意识。

【专家评价】

一直以来，我们都强调幼儿园教育要"以游戏为基本活动"，但在实际工作中，往往难以有效地落实，这是因为教师缺乏必要的游戏活动方法和组织经验，因此不敢或不会开展区域游戏活动。本次活动方案为大家提供了方法与思路，借鉴性较强。

（1）明确的规则是开展区域活动的有力保障。本方案力求做到：第一，创设有趣的区域活动环境，设置幼儿能理解的标记图，如以"羊羊书屋""羊羊的家""羊羊聪明屋"等来命名的标记图，这样幼儿既喜欢又理解其所指的区域内容，就能自主地进行选择。第二，通过标记明确区域活动的规则，控制好区域所能容纳的人数。比如教师在"羊羊书屋"门口，用黄色即时贴贴上两对小脚印，让幼儿一看就明白该区域可以进去两个人，这样不仅使幼儿体验到自主选择的快乐，而且也确保了各区域活动的有序开展。

（2）运用恰当的角色适时介入是教师组织好区域活动的关键。本次活动，教师是以游戏角色的身份参与到游戏中的，通过扮演"羊羊村"村长的示范让幼儿进行模仿，或者以村长的角色对个别幼儿提出建议，以幼儿同伴的角色在活动中起到指导的作用。教师还积极做好评价者的角色：对于遵守规则且行为表现好的幼儿及时给予表扬，奖励小贴纸；对于表现不好的幼儿给予示范或提醒，让幼儿形成或巩固规则意识。

整个设计还有一个亮点——区域活动的开始与结束的安排，有利于幼儿形成良好的游

戏常规，养成自主自律的习惯，保证活动区的正常秩序，比如听到音乐知道游戏结束，并将物品放归原处等。

三、幼儿社会教育活动的评价

在一次中班"逛超市"的社会教育活动中，彩虹老师组织幼儿分别轮换扮演顾客、售货员的角色，通过幼儿相互观看彼此所扮演的角色，引导他们集体讨论：评价谁在活动中礼貌待人、谁遇到老人及小孩能主动询问并给予帮助、谁的行为是正确的以及谁的行为是不合适和不可取的等。同时，彩虹老师还通过家长调查表、家长联系本等，让家长填写孩子在家中的行为表现并做出有针对性的评价，从而让幼儿理解在与他人交往时不但要使用文明语言、态度和蔼，而且在遇到老人或小孩有困难时，应及时给予帮助。这种对幼儿评价主体的多元化，更有利于促进幼儿富有个性的发展。

（一）教育活动的评价

教育活动的评价是指收集教育活动系统各方面的信息，依据一定的标准，运用科学的方法，对教育活动中的有关要素做出客观的衡量和科学的判断的过程。

（二）幼儿教育活动的评价

幼儿教育活动的评价是在《规程》和《纲要》精神的指导下，以科学的可操作的课程目标为依据，调控教师教育教学工作方向，保证幼儿教育活动质量的一种方法和手段。

《纲要》中明确指出："教育评价是幼儿园教育工作的重要组成部分，是了解教育的适宜性、有效性，调整和改进工作，促进每一个幼儿发展，提高教育质量的必要手段。"

（三）幼儿社会教育评价

幼儿社会教育评价是幼儿社会教育活动的重要组成部分，它贯穿于幼儿社会教育的始终。广义的幼儿社会教育评价是对幼儿社会教育的社会价值和个人价值做出判断的过程。狭义的幼儿社会教育评价是指评价者依据幼儿社会教育目标以及与此相适应的幼儿社会性发展目标，运用教育评价的原理和方法对幼儿的社会性及社会教育进行评价判断，主要包括对幼儿社会教育活动的评价和对幼儿社会性发展的评价两个方面。对幼儿社会教育活动进行评价有利于了解当前实施的社会教育领域的科学性与幼儿社会性发展水平的一致性程度，以探索有效的社会教育方法、途径和形式。对幼儿社会性发展进行评价有利于了解幼儿社会性发展的状况，为开展幼儿社会性教育提供依据。学会对幼儿社会教育活动和幼儿社会性发展的评价是幼儿园教师必备的教育技能，它将帮助幼儿园教师经常反思自己的教育行为，不断改进教育工作，提高教育的质量，最终帮助幼儿更好地发展。

（四）幼儿社会教育评价内容

1. 幼儿社会性发展的评价

幼儿社会性发展的评价一般是指对幼儿的社会认知、社会情感、社会交往、社会适应和个性发展方面的评价。

2.幼儿社会教育活动的评价

幼儿社会教育活动的评价主要包括活动目标是否建立在了解本班儿童现状的基础上，分析、评估儿童最近发展区。

活动内容能否兼顾群体需要和个体差异，是否每个幼儿都能得到发展，都有成就感。是否充分尊重幼儿，满足他们的现实需要和长远发展，为每个幼儿提供广泛而全面的发展机会，提供发展和成功的条件。

活动准备是否充分，包括物质准备、精神准备和经验准备。为儿童创设一个确保其健康、安全、井然有序并富有挑战性的环境。学习材料要新颖多变、丰富多样、便于操作、节能环保。

检查活动过程各环节是否衔接自然、流畅，能否为幼儿提供有益的学习经验，师幼互动能否显示出教师的职业道德倾向、文化素养、待人处世之道、工作风格。

检查活动方法是否调动幼儿学习的积极性，并在具体的情境中选择适宜的教育方法和形式。各种方法是否运用灵活，给幼儿发展的空间，收放自如。教师指导是否有利于幼儿主动、有效地学习。能否培养儿童独立解决问题的能力，提高师幼的学习价值和意义。

检查活动效果是否完成教育目标，幼儿是否有愉快的情绪体验，能否促进社会行为的改变，幼儿是否有对活动的期待和探究欲望。

儿童观察表

儿童：　　　　　观察者：　　　　　年龄：　　　　　日期：

1.大部分时间你待在教室里的什么地方，请指给我看看。那是你最喜欢的活动吗？为什么？如果那个地方有很多人了，怎么办？指给我看看你会到哪里去。

2.这儿有一些你玩过的各种游戏的图片，你最擅长玩哪一种游戏？为什么？

你认为哪一种是最难的？为什么？你最喜爱的游戏是哪一种？

3.了解儿童最喜欢的活动区。

指出班上哪个小朋友总是在什么地方玩：

积木_____　　　戏剧游戏_____　　　艺术_____

水台_____　　　写字桌_____

如果儿童自己说出一两个人，问他："还有吗？"

这时，请儿童帮教师把象征物放回到磁性黑板上，再开始问一个问题。

4.让我们看看班上一些儿童是否有一个特殊的朋友。

（1）_____有一个特殊的朋友吗？是谁？（指出他们喜欢一起在哪儿玩）

（2）_____他有一个特殊的朋友吗？是谁？（他们喜欢在哪儿玩呢？）

（3）_____有一个特殊的朋友吗？是谁？（他们喜欢在哪儿玩呢？）

（4）我想知道_____有一个特殊的朋友吗？是谁？（他们喜欢在哪儿玩呢？）

（5）还有其他人有特殊的朋友吗？指出他们是谁。

在开始下一个问题之前，让儿童帮教师把象征物放回到磁性黑板上。

5.指出班上哪位同学总是喜欢看别人做什么。

6.指出班上哪位同学大多时候喜欢自己一个人玩。

7.谁是你最特殊的朋友？什么使_____成为你的特殊朋友？

8. 假设你和_____因为一个玩具而打架，你们仍然是朋友吗？为什么？

9. 指出班上哪位小朋友在别人需要帮助时总是给予帮助。你为什么认为是他？

10. 班上有人对你很霸道吗？什么原因使他（她）如此霸道？

11. 假设有一天老师说在班会时间可由一位小朋友当教师，你会选谁呢？
你能让他（她）坐在教师开会时所坐的位置吗？你为什么选择他（她）？

✿ 拓展训练

一、简答

（1）幼儿社会教育的具体内容。

（2）幼儿园社会领域教育活动的方法。

二、论述

（1）结合实际谈谈学习幼儿社会教育的意义。

（2）简述《纲要》中社会领域教育的总目标。

三、岗位对接

调查一所幼儿园社会领域活动开展情况，写出调查报告。

✎ 真题再现

一、选择题

教育过程中，教师评价幼儿的适宜做法是（　　）。

A.用统一的标准评价幼儿

B.根据一次测评的结果评价幼儿

C.用标准化的测评工具评价幼儿

D.根据日常观察所获得的信息评价幼儿

【答案】D

【解析】统一的标准评价幼儿容易出现"一刀切"，根据一次测评的结果评价幼儿容易不准确，标准化的测评工具也不利于考虑到幼儿的个体差异，所以选D。

二、论述题

如何在一日生活中实现社会领域的教育目标。

【答案】及【解析】社会领域的教育具有潜移默化的特点。幼儿社会态度和社会情感的培养尤应渗透在多种活动和一日生活的各个环节中，教师要为幼儿创设一个能使幼儿感受到接纳、关爱和支持的良好环境，避免单一呆板的言语说教。如主动亲近和关心幼儿，经常和他一起游戏和活动，让幼儿感受到与成人交往的快乐，建立亲密的亲子关系和师生关系；创造交往的机会，让幼儿体会交往的乐趣；鼓励幼儿参加小朋友的游戏，邀请小朋友到家里玩，感受与朋友一起玩的快乐；对幼儿与别人分享玩具、图书等行为给予肯定，让他对自己的表现感到高兴和满足。

幼儿与成人同伴之间的共同生活、交往、探索、游戏等，是其社会学习的重要途径。

教师应为幼儿提供人际相互交往和共同活动的机会和条件，并加以指导。幼儿园应多为幼儿提供自由交往和游戏的机会，鼓励他们自主选择、自由结伴开展活动；多为幼儿提供需要大家齐心协力才能完成的活动，让幼儿在具体活动中体会合作的重要性，学习分工合作。结合具体情境，指导幼儿学习交往的基本规则和技能，如：当幼儿不知怎样加入同伴游戏，或提出请求不被接受时，建议他拿出玩具邀请大家一起玩，或者扮成某个角色加入同伴的游戏；当幼儿与同伴发生矛盾或冲突时，指导他尝试用协商、交换、轮流玩、合作等方式解决冲突。利用相关的图书、故事，结合幼儿的交往经验，和他讨论什么样的行为受大家欢迎，想要得到别人的接纳应该怎么做。结合具体情境，引导幼儿换位思考，学习理解别人。引导幼儿尊重、关心长辈和身边的人，尊重他人劳动及成果。社会学习是一个漫长的积累过程，需要幼儿园、家庭和社会密切合作，协调一致，共同促进幼儿良好社会性品质的形成。

第二章
幼儿社会性发展及影响因素

🌱 导学

欢迎你开启本章的学习之旅，通过本章的学习，你将会了解社会化、社会性、社会性发展的概念，掌握幼儿社会性发展的内容，以及关于社会性发展的相关理论，掌握影响幼儿社会性发展的因素，这些对今后的保教工作起到了一定的奠基作用。

📋 学习目标

了解社会性的概念；
掌握幼儿社会性发展的含义及内容；
了解幼儿社会性发展的意义及主要理论；
掌握幼儿社会性发展的影响因素。

⚛ 思维导图

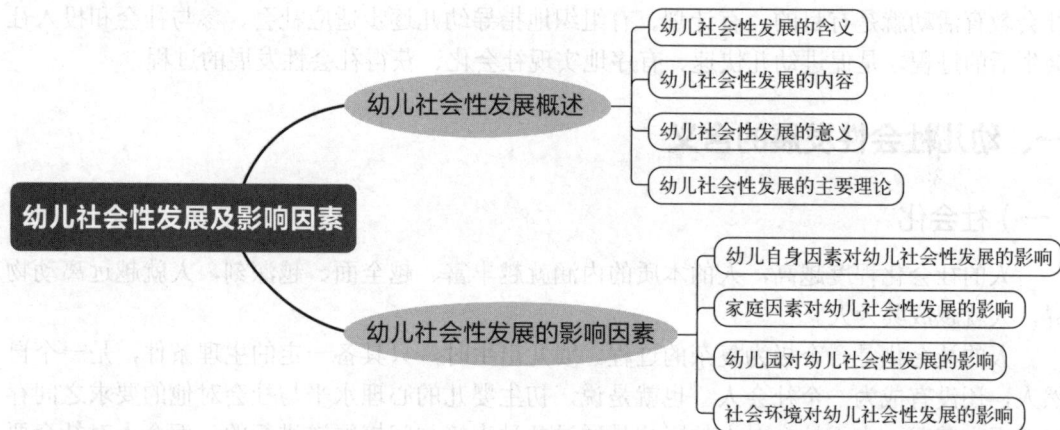

✈ 案例导入

不一样的教育

在一条小河的岸边，有两个孩子都想看河里的鸭子船。

一个妈妈说："那儿有什么？"

孩子说："鸭子船。"

妈妈说："你过去的时候要小心一点。"

孩子慢慢地走过去，小心翼翼地站在边上。

妈妈说："还可以过去一点。"

孩子又挪过去一点。然后母子俩边看边聊。

孩子说："鸭子船进去了，鸭子船又出来了，那儿还有一只鸭子船……"

妈妈说："对呀！真的！是的！"

而另一个孩子很好奇，也想看。他妈妈对孩子说："妈妈抱着看。"可孩子拼命地要蹭下来自己看。妈妈拗不过又拉不住，孩子硬要往前走，妈妈说："这孩子怎么不听话。到那边是要摔下去的。"孩子已经在妈妈的拉扯下蹭到了河边上，妈妈嘴里还在说："你看，那个小朋友多听话，站在那儿不动。"孩子边听着边执拗地将脚往河边的斜坡下伸去，妈妈急了，一边说："不听话，不给你看了，走。"一边强行抱起孩子走了。

第一节
幼儿社会性发展概述

🧩 知识讲解

《3—6岁儿童学习与发展指南》（以下简称《指南》）指出："幼儿社会领域的学习与发展过程是幼儿社会性不断完善并奠定健全人格基础的过程。"在这个过程中，幼儿需要掌握适宜于社会生活的基本知识和技能，能够运用恰当的语言与行为动作进行人际交往和沟通，在社会情境中了解社会规范和价值标准，并以此指导和形成自己的社会行为。因此，社会教育活动就是有目的、有计划、有组织地指导幼儿逐步适应社会、参与社会和投入社会生活的过程，是促进幼儿快速、有序地实现社会化、获得社会性发展的过程。

一、幼儿社会性发展的含义

（一）社会化

人的社会化程度越高，人的本质的内涵就越丰富、越全面、越深刻，人就越远离动物界，人就越成其为人。

人的社会化是一个极为复杂的过程。婴儿出生时，只具备一定的生理条件，是一个自然人，还没有成为一个社会人。也就是说，初生婴儿的心理水平与社会对他的要求之间存在着很大差距。由于社会对人的影响是通过各种直接与间接渠道进行的，而个人对社会要求的认识与掌握既可能是自觉、积极主动的，也可能是不自觉、消极与被动的。这样就使幼儿的社会化有时是在有意识、有目的的活动中进行的，有时则潜移默化地进行。

幼儿的社会化，是指幼儿从一个生物人，逐渐掌握社会道德行为规范与社会行为技能，成长为一个社会人的过程。它是在个体与社会群体、幼儿集体以及同伴的相互作用、相互影响的过程中实现的。

幼儿要掌握参与社会生活必需的知识和技能，比如语言、社会经验等，要学习与人交往，建立丰富的情感联系，要在成人的引导下，在实际活动中将社会规范和价值标准内化，以指导自己的行为。这就是幼儿的社会性发展。

（二）社会性发展的含义

1. 社会性

📚 案例

教育实验：如何出瓶？

一位西方教育家给三名不同年龄的幼儿出示了一个瓶子，瓶子里放了三个球，分别用线系好，瓶口大小正好和球的大小一样。教育家把系着三个球的三根线分别交给三个孩子，并告诉他们："现在你们都掉在井里，10秒钟内必须出来，否则，10秒钟后井水就会把你们淹没，但是你们每次只能出来一个。"教育家刚说完，只见三个孩子中年龄最大的女孩指挥年龄最小的女孩先出来，年龄居中的小男孩第二个出来，女孩自己最后出来，用时只有7秒钟。教育家感到很意外，就问小男孩："你为什么不想办法先出来？"男孩指着年龄最小的女孩说："她最小，应该让她先出来。"又问年龄最大的女孩："那你呢？"女孩回答："我最大，应该让弟弟妹妹先出去。"教育家大为感动地说："我在许多国家和地区都做过这个小实验，孩子们没有一次是在规定时间内出来的。因为孩子们都争着让自己的球先出来，挤成一团，结果谁都出不来。只有你们用了不到10秒钟时间，因为你们不仅有秩序，而且懂得年龄大的孩子让年龄小的孩子。"

实验的不同结果说明，当个人与他周围的环境，特别是社会环境相互作用时，新产生的各种各样的态度和行为因意识形态、文化传统、民族习性、地域条件等多种因素的影响而表现出各自的特点，这种在与环境特别是与他人互动的过程中表现出来的稳定的态度和行为方式的特点就是一个人的社会性。

所谓社会性，一般可以理解为一个人，一个作为特定的社会关系、社会群体、社会机构以及社会制度下的人，在社会生活中所形成的比较稳定的对人、对己以及对社会（包括其中的事物）的认识、情感态度、行为等方面的特征。

2. 社会性发展

社会性发展这个词在心理学的教学和研究中被广泛使用着，然而，要想对其进行清晰的界定并不容易。已有一些学者从不同的角度加以阐述：

社会性是由其稳定的内部结构和通过遗传与环境因素相互作用而形成的那些特征。

社会性发展强调社会化过程、道德发展、与同伴和家庭成员的关系，还涉及婚姻、为人父母、工作、职业角色、就业等。

社会性是指由人的社会存在所获得的一切特征，符合社会规范的典型行为方式。

社会性发展是指儿童在与他人关系中表现出来的行为模式、情感、态度和观念以及这些方面随着年龄而发生的变化。

社会性是人在社会交往中，处理人际关系时表现出的心理特征。

社会性是人们进行社会交往，建立人际关系，理解、掌握和遵守社会行为规则，以及人们控制自身行为的心理特征。

除了以上观点，我们还可以罗列出许许多多的观点。

这里我们所指的社会性发展是幼儿社会性发展。从发展心理学和幼儿教育学角度看，幼儿社会性发展是指幼儿在其生物特性的基础上，在与社会生活环境相互作用，掌握社会规范，形成社会技能，学习社会角色，获得社会性需要、态度、价值，发展社会行为，由自然人发展为社会人的社会化过程中所形成的幼儿心理特性。

二、幼儿社会性发展的内容

幼儿社会性发展的内容就是幼儿社会性发展所包括的成分及这些成分的相互关系，主要包括自我意识、社会认知、社会情感、社会行为技能、社会适应和道德品质六大系统。它们之间不是机械地结合，而是有机地联系、相互作用，并构成一个多维度、多层次、多关联的纵横交错的整体结构。

（一）自我意识

自我意识是指幼儿对自我以及自我与周围关系的意识，包括：自我认知，如自我概念、自我形象、自我评价、独立性等；自我情感体验，如自尊心、自信心、自我价值感、成就感、进取心等；自我调控，如自制力、自觉性、坚持性、自我延迟满足等。

📑 小贴士

自我意识的经典实验及婴幼儿自我意识的发展特点

"点红实验"是研究幼儿自我发展的一项经典实验。实验者是88名3～24个月的婴幼儿。在实验中，研究人员在婴幼儿毫无察觉的情况下，在他的鼻子上涂一个无刺激红点，然后暂时分散他的注意力，之后给他一面镜子，观察婴幼儿照镜子时的反应。如果婴幼儿在镜子里能立即发现自己鼻子上的红点，并用手去摸它或试图抹掉，表明婴幼儿已能区分自己的形象和加在自己形象上的东西，这种行为可作为自我意识出现的标志。

婴幼儿在15个月龄之前通常没有任何迹象说明他认出镜子中的脸是自己的，但从这个时候开始，他将逐渐表现出自我识别的迹象：他会看着镜子中的影像摸摸自己的鼻子、说出自己的名字，或者指向镜中的自己。到2岁的时候，几乎所有的婴幼儿都能在镜子中认出自己。

婴儿自我意识的发展分为五个阶段，前三个阶段是主体自我的发展，后两个阶段是客体自我的发展。

第一阶段（5～8个月）——无我状态。

婴儿对镜像感兴趣，但对自己的镜像或他人的镜像并不分化，说明这一阶段的婴儿不能区别自己与他人。

第二阶段（9～12个月）——初步的主体自我。

婴儿以自己的动作引起镜像的动作，主动以自身动作与镜像匹配，表明婴儿对自己作为活动主体有了初步的认识。

第三阶段（12～15个月）——主体自我发展。

婴儿能区分由自己做出的活动与他人所做活动的区别，对自己镜像与自己活动之间的联系有了明确分化，主体自我得到明显发展。

第四阶段（15～18个月）——客体自我初步发展。

婴儿开始把自己作为客体来认识，认识到客体特征来自主体特征（如自己鼻子上的红点与镜像中红鼻子的关系），对主体特征有了稳定的认识，客体自我得到初步发展。

第五阶段（18～24个月）——客体自我形成。

婴儿开始用言语标示出自我，如使用代词"我"和"你"来区别自己与他人，这是客体自我形成的重要标志。这时的儿童已经能意识到自己的独特特征，能从照片中认识自己，用言语表达自己。

主体自我和客体自我的形成是婴儿与物理世界和社会环境相互作用的结果。自我的发展有助于儿童妥善处理自己与环境、与他人的关系，如认识到他人的态度、体验他人的情感、建立平等关系、共享社会经验、实现共同目标等。这对于一个生活在高度社会化条件下的个体是十分重要的。自我意识的发展，既是儿童社会化的转折点，也是个性最终形成的必要条件。

（二）社会认知

社会认知是指幼儿对自我与社会中的人、社会环境、社会规范等方面的认知，包括行为动机和后果的分辨能力，对他人的认知（对同伴意见的理解和采纳能力，对成人要求的理解和采纳能力），对社会环境和现象的认知（家庭、幼儿园、社区机构、国家及民族、重大社会事件等），对性别角色、行为方式的认知和对社会规范的认知（文明礼貌、生活习惯、公共规则、集体规则、交往规则等）。

（三）社会情感

社会情感是指幼儿在社会生活、社会交往中的情感体验，包括积极情绪、情绪表达与控制、依恋感、愉快感、羞愧感、同情心、责任感等。

（四）社会行为技能

社会行为技能是指幼儿在与人交往、参加社会活动时表现的行为技能，包括交往的技能、倾听交谈的技能、非言语交往技能、辨别和表达自己情感的技能，以及合作、轮流、遵守规则、解决冲突等技能。

（五）社会适应

社会适应是指幼儿能够逐渐学会接受新环境，适应矛盾冲突情境的能力，包括：初步形成对新环境的适应能力，对陌生人的适应能力，对同伴交往的适应能力，独立克服困难、解决生活实际中的简单问题的能力，学会做事，学会生活。

（六）道德品质

道德品质是指社会道德现象在幼儿身上的反映，即幼儿内化了道德规范，养成良好的道德行为习惯，包括：关心他人、乐群、合作、诚实、谦让、分享、助人、有奉献精神、勇敢爱护环境、讲礼貌、守纪律等良好的品德和道德行为习惯，爱亲人、爱集体、爱家乡、爱祖国等道德情感。

三、幼儿社会性发展的意义

（一）培养幼儿的社会角色意识

幼儿的社会角色意识是从家庭、幼儿园、社会那里获得的，是对社会生活的感受。首先引导幼儿接触、了解社会，感知社会角色，进而引导幼儿在角色游戏中将这种感受变成自己参与其间的"实践"活动，按照他们自己所理解的社会需要承担的角色，并把某种社会角色最主要的品质加以形象化，在游戏中生动再现各种不同角色行为，形成技能，表现幼儿对角色及其规范的认同，并且逐渐将这种社会角色规范由外部的强化转化为内在的品德趋向。

（二）规范幼儿的行为和道德意识

社会会使用各种方法对幼儿施加影响，使其成为一个符合该社会要求的成员。使幼儿懂得什么是正确的，是被社会所提倡和鼓励的，什么是错误的，是被社会禁止和反对的。幼儿在社会环境中逐渐掌握了社会规定的行为规范，按照社会允许的行为方式去行动。这些行为规则和道德规范既包括那些已经存在于现实社会关系和社会制度中的规则，也包括预先并不是明确存在着的，而是暗含在交往和实践活动之中，是在有了碰撞、冲突、协商、交换、合作等行为之后才会出现的规则。幼儿在掌握这些规则和道德观时并不是被动的、他律的，而是主动的、他律与自律相结合的。

（三）传递社会知识经验和技能

社会化的过程是幼儿学习的过程，是幼儿社会知识不断积累的过程，并在此过程中获得体验和技能。比如，在学习民族文化知识的过程中既可以让幼儿了解自己的国家，又可以培养儿童的爱国情感；学习儿歌既可以培养幼儿的逻辑思维能力，又能培养幼儿的语言表达能力，还可以让幼儿有愉快的情感体验。又比如，在日常生活中培养幼儿的良好习惯，包括良好的吃饭习惯、睡眠习惯、劳动习惯等，并在培养的过程中通过教师或榜样的正面影响，让幼儿在良好的环境中潜移默化地形成正确的社会技能。在幼儿园、家庭这两个幼儿主要接触的社会小环境中，完成初步的知识传递、技能培养和经验形成。

（四）形成幼儿的个性

社会化过程不仅发展了幼儿的社会性，而且开始建构幼儿的个性。婴儿早期主要是在家庭中与父母在一起，在第一年的后半年中会对家人（尤其是母亲）产生情绪依恋。研究表明，早期形成的依恋将有助于培养婴儿对自己父母、对同伴的信任感，积极的探索行为和交往能力。在婴幼儿期，通过与父母更多的接触，幼儿的自我意识开始发生，并在进入学校后得到更多的发展。自我意识是个性的一个组成部分，是衡量个性成熟水平的标志，是统一个性各个部分的核心力量，也是推动个性发展的内部动因。进入幼儿期的儿童，在与成人、同伴的交往过程中可以根据一定的道德行为规则来评价自我，可以服从成人或集体的要求，并在一定程度上调节、控制自己的行为。随着年龄的增长，幼儿开始形成最初的一些比较稳定的、比较本质的心理特征，幼儿的个性开始初步形成。由此可见，幼儿在社会性发展过程中不断地发展自我、调节自我，开始形成良好的个性品质。

（五）使人由生物人转化为社会人

婴儿在刚出生时，仅是一个自然人，只有一些最基本的生理本能，而没有社会观念与社会技能。因此幼儿必须首先通过社会化的途径接受社会文化、学习社会生活技能、掌握社会生活方式才能适应社会，在一定的社会生活环境中得到发展。许多事实证明，要使幼儿健康成长，成为一个符合社会要求的成员，不仅需要在身体上受到照顾，还需要与社会成员进行交往，发生情感上的联系，否则社会化就会受到损害。如"狼孩"的故事就足以证明这一点。

四、幼儿社会性发展的主要理论

（一）精神分析理论

对社会性发展最早、最具影响的理论是弗洛伊德（S.Freud）的精神分析理论，弗洛伊德根据对精神病临床的观察研究，创造了精神分析理论。弗洛伊德的理论主要有以下五大支柱。

（1）他认为人的心理活动包括潜意识、前意识和意识。在此基础上，他提出个性结构说。他认为人的个性是由本我、自我和超我组成的。本我是本能的心理能量储藏室，它是由一种先天遗传的本能冲动或内驱力所组成的，代表人的生物主体，是一切驱欲能量的来源。本我完全是无意识的，遵循着快乐原则，寻求满足基本的生物需要。自我由本我发展而来，儿童为了满足本我的要求，逐渐懂得用某种方式和在某些地方比用其他方式和在其他地方，能够更快、更有效地得到满足，结果是儿童会按照活动后果的教训来发展活动或抑制活动。此时儿童的行为比生活开始的时候，变得盲目性更少。本我遵循"现实原则"，调节外界与本我的关系，使本我适应外界要求，推迟本我能量的释放，直到真正能满足需要的对象被发现或产出来为止。超我来自自我，又超脱自我，是道德化了的自我。超我由两部分组成，即"自我理想"和"良心"。自我理想突出生活的道德标准，良心负责惩罚违反自我理想的行为。这些主要是儿童受父母的是非观念和善恶标准"同化"的结果。当儿童心目中的自我与父母的道德观念相吻合，他的行为符合父母美的概念的标准时，父母就给予奖励，从而就会形成儿童自我理想；当儿童心目中的自我与父母所鄙弃的观点相一致，即当这些观念和行为出现时，父母就要给予惩罚，从而使儿童在心灵上受到责备，行为受到阻止。幼儿就是这样，在与父母或其他成人交往中，接受了他们的要求，作为自己的准则，这样自我就分化为自我本身和监督自我的超我两部分。超我的作用在于管制那些不容于社会的原始冲动，诱导自我使之能够以合乎社会道德规范的目标代替较低的现实目标，使人们向理想的目标努力，以形成一种完善的个性。

弗洛伊德认为本我、自我和超我这三者是一个互相联系、互相制约的有机整体。在一个正常人身上，本我、自我、超我处于相对平衡的状态，能较好地适应生活，应对体内外的各种刺激。这种平衡一旦打破，人就会产生不良的社会行为，以至于发生精神方面的疾病。

弗洛伊德对本我、自我、超我的描述，以及个体心理发展阶段学说，无疑是心理学史上对人的社会性发展过程的最早的描述。尽管他扩大了潜意识的作用，提出存在于潜意识中的性本能是人的心理的基本动力，是决定个人和社会发展的永恒力量。这种泛性论的理论是错误的。但是，他提出人由本我分化为自我，再由自我分化为超我的思想，以及强调早期经验对人一生发展的作用，对后来社会性发展研究有重要的启示作用。

（2）恋母情结、恋父情结概念的提出。他认为儿童早期行为表现为自恋，发展到一定阶段男孩表现为对母亲的依恋，女孩表现为对父亲的依恋。因而儿童早期良好亲子关系的建立尤为重要。

（3）婴儿的欲望的阶段论。弗洛伊德认为，在儿童发展的不同时期，力比多投放集中于身体不同的特定部位。这些部位对维持生存起着重要的作用，而且也是快乐的来源。按照力比多主要投放的身体部位，儿童发展可分为以下列几个阶段：①口唇期（0～1岁）；

②肛门期（1～3岁）；③性器期（3～6岁）；④潜伏期（6～12岁）；⑤生殖期（青春期）。每个阶段父母对儿童的关注和社会性的训练都很重要，会影响儿童健康人格的发展。

（4）压抑理论的提出。弗洛伊德认为人在现实中无法满足的欲望受到现实原则的制约会压抑进入潜意识，通过梦境重现和释放。

（5）转移理论的提出。弗洛伊德将移情训练运用到临床的精神治疗中，此理论的提出对在儿童社会性发展中促进儿童移情能力的培养有较强的理论借鉴价值。

埃里克森（E.H.Erikson）是新精神分析理论的代表人物。埃里克森以个性自我渐成为中心，将人的心理分为八个阶段。他认为每个阶段都有一个特定的受文化制约的发展任务，都有一个核心的冲突或矛盾要解决。人在这对趋向积极或消极的矛盾中实现平衡：向积极方面转化，自我力量加强，有利于适应环境，顺利转向下一阶段；向消极方面转化，就会发生心理社会危机，出现情绪障碍，削弱自我力量，阻止个人适应环境，为后一阶段制造麻烦，出现病态和不健全的个性。埃里克森的新精神分析理论注重自我，强调文化、社会环境对儿童社会化的影响，无疑是对精神分析理论的一大进步。

埃里克森人格发展阶段理论为教育者理解幼儿的社会性发展提供了有益的参考框架，并给予我们以下两点主要启示。

（1）幼儿园的社会领域教育必须以儿童社会性心理的发展阶段为依据，建立在其基础之上。我们可以把儿童的身心发展规律和特点理解为儿童的自然性。儿童的社会性教育应以儿童的自然发展为基础，离开了儿童自然发展的基础，设计得再好的社会领域课程也会失去其存在的价值和意义。

（2）重视与幼儿直接相关的社会环境、人际相互作用，从微观层面解释了师幼互动、师幼关系对幼儿人格发展的意义。如果幼儿教师能够意识到自己的行为对幼儿发展的作用，明智地把握自己对待幼儿的态度和行为，对于幼儿的自主行为和主动行为给予适度的控制、适度的自由和充分的支持与鼓励，那么幼儿就容易形成独立、自尊、勇于探索、乐观向上的人格特质；相反，如果幼儿教师干涉过多、限制过严，则有可能使幼儿形成畏缩、胆怯、过分依赖的不良人格特征。

（二）社会学习理论

社会学习理论是在行为主义衰落时，认知心理学再兴起的背景下诞生的一种理论，其主要代表人物是班杜拉（Albert Bandura）和沃尔特斯。班杜拉与埃里克森一样，同样关注儿童成长过程中人际环境的重要影响作用。

班杜拉认为，人在成长时所获得的行为模式主要是他们与别人相互作用的结果，儿童的个性是由行为、个人认知因素和环境三者相互作用决定的，理论的核心概念是"观察学习"。所谓观察学习，实际上就是通过观察他人（榜样）所表现出的行为及其结果而进行的学习。他认为人的个性是在观察过程中形成的，人们首先观察榜样的活动，再做出与榜样相似的活动。因此，班杜拉十分重视榜样的作用。他发现，人们在日常生活中总是选择那些与自己相似的或是英雄人物、理想人物、权威人物的某种能获得他们认为理想后果的行为作为自己的学习对象。

班杜拉的社会学习理论向我们展示了教师与幼儿之间的相互作用在幼儿学习、掌握和调节社会性行为方面的功能以及教师的榜样对于幼儿社会性发展的价值。教师在幼儿眼中是生活中的权威人物，教师的行为理所当然会成为幼儿的学习榜样，这也让我们更加意识到教师在与幼儿的交往接触中，自身的率先垂范有多么的重要。

（三）认知发展理论

认知发展理论是瑞士著名的儿童心理学家皮亚杰所提出的，被公认为20世纪发展心理学上最权威的理论。所谓认知发展，是指个体自出生后在适应环境的活动中，对事物的认知及面对问题情境时的思维方式与能力表现随年龄增长而改变的历程。皮亚杰提出了儿童认知发展阶段论。他认为，支配儿童心理发展有成熟、物理环境、社会环境和平衡化4个方面的因素。成熟是发展的生物前提，它为发展提供了可能性；物理环境和社会环境是发展的重要条件；平衡化是发展的支柱，它协调其他3个因素使之成为一个连续的、协调的整体。

皮亚杰根据儿童对规则的理解和使用，对过失和说谎的认识及对公正的认识的考察和研究，把儿童道德认知发展划分为4个有序的阶段：

（1）前道德阶段（出生～2岁）。皮亚杰认为，这一年龄阶段的儿童正处于感觉运动时期，行为多与生理本能的满足有关，无任何规则意识，因而谈不上任何道德观念发展。

（2）他律道德阶段（2～8岁）。儿童主要表现为以服从成人为主要特征的他律道德，故又称为服从的阶段。

（3）自律或合作道德阶段（8～11、12岁）。儿童思维已达到具有可逆性的具体运算，有了自律的萌芽、公正感，不再是以"服从"为特征，而是以"平等"的观念为主要特征。

（4）公正道德阶段（11、12岁以后）。这时儿童的思维广度、深度及灵活性都有了质的飞跃，儿童的道德观念开始倾向于公正。

皮亚杰主要通过探讨儿童道德判断，诸如儿童对行为责任的看法、儿童的公正观念和儿童心目中的惩罚研究，来探讨儿童道德认知发展规律，反复论证了儿童道德发展乃是由他律道德逐渐向自律道德过渡的过程。皮亚杰认为儿童道德发展也和思维发展一样，在发展的连续过程中表现出自己的阶段特点。儿童道德判断的发展阶段是与儿童智慧的发展阶段相平行的，儿童道德发展的规律不能超过儿童的思维发展和心理结构，认知发展对于道德发展具有重要意义。儿童的社会性发展依赖于认知的发展，儿童的社会认知影响着儿童的社会行为，儿童在每一发展阶段的道德成长，都是在教师与学生间及儿童自身间的社会交往和社会合作中完成的。父母、教师的约束和强制绝不能促进儿童智慧的发展和道德的成长。儿童是一个主动的探索者，通过主体内部的平衡机制，同化外部刺激，不断调整原有图式，通过顺应过程建立新的图式以适应外界环境，获得道德认知的发展。儿童社会性发展是儿童的主体与外部环境相互作用的结果。

（四）陈鹤琴的社会性教育理论

陈鹤琴，中国著名儿童教育家、儿童心理学家，我国第一家带有实验性质的幼儿园——鼓楼幼儿园的创办者。

在社会教育的目标上，陈鹤琴十分重视教育幼儿学会"做人"。在做人方面，他强调要培养儿童具有合作服务的精神和同情心、诚实、礼貌等品质。同时要养成儿童乐于欣赏、快乐积极的情绪，帮助儿童克服发脾气、娇气、惧怕等不良性格。陈鹤琴继承了我国古代教育的优良传统，还非常重视儿童良好习惯的培养，并将其与儿童一生的幸福联系起来。他指出："人类的动作十分之八九是习惯，而这种习惯又大部分是在幼年养成的，所以幼年时代，应当特别注重习惯的养成。"他提出，教育者要培养训练儿童良好的卫生习惯，如穿衣、刷牙、洗脸、饭前洗手、午间睡觉、吃饭定量、便溺有定所等；还要培养儿童具有服务的习惯，具体地讲就是不自私、帮助别人和遵守秩序；教育幼儿自己的事情要自己做，同时能帮助别人的时候要尽量帮助别人；还要让幼儿参与劳动，从劳动中学会自立，锻炼幼儿吃苦耐劳的精神，获得成功的体验。陈鹤琴强调所有习惯的养成不仅要"慎之于始"，而且要"慎之于终"，要有恒地继续下去，不要间断。

陈鹤琴还提出了训育工作的13条原则：从小到大，从人治到法治，从法治到心理，从对立到一体，从不觉到自觉，从被动到自动，从自我到互助，从知到行，从形式到精神，从分家到合一，从隔阂到联络，从消极到积极，从空口说教到以身作则。在社会教育的方法上，他提出"做中教、做中学、做中求进步"。陈鹤琴十分强调实践，即他所说的"做"。陈鹤琴强调"做"，为的是确立儿童在教学活动中的主体地位，强调儿童的直接经验和亲身体验。

另外，陈鹤琴认为游戏也是发展儿童社会性的适宜途径。喜欢游戏是儿童的天性。儿童在游戏活动中通过开展各种角色模拟活动，能够树立规则意识，增强与人交往的能力，体会到分享、团结合作的快乐，也有可能体验到失败的滋味，提高对挫折的承受能力，学会对挫折的应对策略。因此，教师要善于根据儿童的游戏本性来引导，鼓励儿童去发现他自己的世界，并在这个过程中来实现自我人格的完善。

陈鹤琴在有关社会领域教育的目标、内容和方法途径方面都提出了系统而具体的内容，并将其教育思想应用于幼儿园的教育实践中，为我国幼儿社会性的发展作出了重要的贡献。其主要价值有：

（1）重视幼儿良好的习惯、性格和品行的培养，将其作为社会教育的重要目标。

（2）罗列出了习惯、性格和品行方面所要培养的具体内容，这既是对幼儿园社会领域教育内容中的核心经验做了一次提取和梳理，也使社会教育的实施具有了可操作性。

（3）强调社会教育的实践性，突破了以往偏重社会知识，多采用说教、灌输式方法的教育框架，更符合社会教育的特点。另外，陈鹤琴提出的13条训育原则对于我国幼儿园社会领域教育也非常具有参考价值。

第二节

幼儿社会性发展的影响因素

❖ 知识讲解

幼儿社会性的发展受很多因素的影响，这些因素概括来说可以分为内外两个维度，内在因素主要指幼儿自身的特性，外部因素则包括各层级的物质与精神环境，具体指社会、家庭和幼儿园的影响。

一、幼儿自身因素对幼儿社会性发展的影响

（一）生理成熟

根据格塞尔的成熟理论，个体的发展取决于成熟程度，而成熟则取决于基因所决定的时间表。在儿童尚未成熟前有一个准备的状态，这个状态就是生理机制由不成熟向成熟过渡的阶段。处于准备阶段的儿童，相应的学习能力尚未具备，这时，如果让他们学习某种技能，就难以达到真正的学习效果。在社会性发展方面，儿童的生理发展为儿童社会技能的获得提供了基础，如生活自理能力的发展一定是建立在儿童的大肌肉和小肌肉的协调能力、手眼的协调能力的基础之上的。

（二）气质类型

气质是一个人所特有的心理活动的动力特征，是个性和社会性发展的生物基础，使人的整个心理活动带上个人的独特的色彩，制约着心理活动发展的特点。经典的气质类型大致分为胆汁质、多血质、黏液质、抑郁质四种。幼儿个体差异的最初表现是由气质所决定的。

1. 气质对幼儿身体发育的影响

美国心理学家托马斯、切斯等人在对幼儿进行大量追踪研究的基础上，将幼儿的气质类型划分为以下三种。

（1）容易型：大多数幼儿属于这一类型，这类幼儿的吃、喝、睡等生理机能有规律，节奏明显，容易适应新环境，也容易接受新事物和不熟悉的人。他们的情绪一般积极愉快、爱玩，对成人的交往行为反应积极。由于他们生活规律、情绪愉快且对成人的抚养活动提供大量的积极反馈，因而容易受到成人最大的关怀和喜爱。

（2）困难型：此类幼儿人数较少，约占10%。他们突出的特点是时常大声哭闹、烦躁易怒、爱发脾气、不易安抚。在饮食、睡眠等生理机能活动方面缺乏规律性，对新事物、新环境接受很慢。他们的情绪总是不好，在游戏中也不愉快。成人需要费很大的力气才能使他们接受抚爱，很难得到他们的正面反馈。这种孩子对父母来说是一个较大的麻烦，因而在养育过程中容易使亲子关系疏远，因此需要成人极大的耐心和宽容。

（3）迟缓型：约有15%的被试幼儿属于这一类型。他们的活动水平很低，行为反应强度很弱，情绪总是消极，而不是愉快，但也不像困难型幼儿那样总是大声哭闹，而是常常安静地退缩。常常表现为情绪低落，逃避新事物、新刺激，对外界环境和事物的变化适应较慢。但在没有压力的情况下，他们也会对新刺激缓慢地发生兴趣，在新情境中能逐渐地活跃起来。这一类儿童随着年龄的增长，随成人抚爱和教育情况的不同而发生分化。

以上三种类型只涵盖了约65%的幼儿，另有约35%的幼儿不能简单地划归到上述任何一种气质类型中去。他们往往具有上述两种或三种气质类型的特点，属于上述类型中的中间型或交叉型。

2.气质对幼儿社会认知的影响

有研究发现：容易抚育的幼儿喜欢探究新事物，容易适应环境的变化，对成人的反应性较强；抚育困难的幼儿对新生活很难适应，在新事物、新环境面前容易退缩；发育缓慢的幼儿比较温和，但适应新环境比较慢。进入幼儿园后，由于幼儿的气质特征更加明显，在认识事物的过程中表现出了更加明显的差异；多血质类型和胆汁质类型的幼儿，对社会知识、社会规则等认识的速度要快得多，但他们的自制力较差，执行规则时不能持久，很难执行细致性和持久性的活动；黏液质和抑郁质的幼儿认识速度较慢，但执行规则的效果高于前两类幼儿，因此他们比较适合从事一些细致性和持久性的活动。

3.气质对幼儿社会交往的影响

在幼儿园，胆汁质、多血质的幼儿更喜欢参加各种活动，在人际交往上也多采取积极主动的态度，人际交往范围广，但交往对象易变，人际关系维持时间较短；胆汁质幼儿主动交往多，但脾气急躁，容易出现攻击行为和交往冲突；多血质幼儿好动，遇事敏感，反应快，动作敏捷，对人热情；黏液质幼儿沉静、稳重，不善于主动与人交往，但交往中不易与同伴发生冲突，人际关系较好；抑郁质幼儿性情孤僻、胆小怯懦，人际交往不主动，而且交往范围小，攻击行为也不易出现。

（三）认知发展水平

一切外界影响，只有在幼儿注意并认识了其意义之后，才有可能转化为自己的观念和行为。幼儿的认知水平对于其了解社会知识、社会现象，遵守社会规则，产生相应的社会行为等有着直接的影响。例如，教师对幼儿提出与小朋友友好相处的要求，只有在幼儿理解了与小朋友友好相处的意义，并且知道了如何与小朋友友好相处的基础上，才能够逐渐克服自我中心，做到和小朋友友好相处。否则，幼儿可能因为对这项要求不理解、不清楚而出现言行不一致的情况。守纪律、有责任心等社会行为也都是幼儿接受与领会外部的社会要求，并逐渐转变为自己的内部要求的结果。

二、家庭因素对幼儿社会性发展的影响

家庭是幼儿社会化最初的环境，父母是幼儿最早、最密切的接触者。家庭对幼儿早期的社会化起着不可替代的作用。以亲子关系为基础，父母和家庭在幼儿的社会化过程中的影响是最深刻、最长久的。个体一生的社会化过程以及因此形成的社会性特征都受到家庭的极大影响，特别是家庭中的亲子互动关系。对幼儿社会化直接发生作用的是父母的养育观念、养育态度和养育行为方式。父母的文化水平、职业成就、成长经历、人生观、家庭文化氛围等对幼儿的社会性发展起间接、潜移默化的影响。

（一）亲子依恋对幼儿社会性发展的影响

亲子依恋是父母与孩子之间形成的一种亲密的情感关系。孩子对父母的依恋并非出生就存在，通常在婴儿6个月后出现。在特定的依恋建立的同时，婴儿对陌生人产生恐惧感，一旦依恋对象离开，婴儿就会表现出不安、哭闹、目光左顾右盼等行为，由此可见，依恋具有安定情绪的功能，早期良好的依恋的形成，对幼儿一生的情绪情感的发展至关重要。依恋情感建立得积极与否，直接影响着幼儿情绪情感、社会行为、性格特征和对人交往的基本态度是否形成。我国学者刘金花将早期亲子依恋对幼儿社会性发展的影响归结如下。

第一，亲子依恋为幼儿提供了情绪安全的基地，也为日后父母教育幼儿打下基础。

第二，依恋的强烈程度不能决定幼儿发展的方向。如果父母能按照社会化的目标鼓励和教育幼儿，依恋强烈的幼儿就能健康地沿着社会化的目标顺利地成长。但是，如果父母对幼儿的期待与教育不符合社会化的要求，强烈依恋的幼儿就会产生不适应社会的行为。

第三，幼儿与父母的依恋关系不是一成不变的，它会随着家庭内部关系的变化而变化。

第四，幼儿个性是幼儿经验的历史与现实活动统一的产物，它既是发展过程中的一个连续体，又具有相对的可塑性，年龄越小，可塑性越大。因而必须重视早期依恋对幼儿的影响作用。

（二）家庭教养方式对幼儿社会性发展的影响

家庭对幼儿社会性发展的影响主要是通过家庭的教养方式实现的。不同的家庭教养方式对孩子社会性发展的影响也不同。教养方式主要有以下 4 种类型：

1. 民主型

在民主型教养方式下，父母把孩子当成一个独立的个体，尊重他们的意见，倾听孩子的心声，给孩子贴心的帮助，允许孩子表达、表现自己，给予孩子充分的交往机会。孩子既得到尊重，又得到保护，正当的需要可以得到满足，不适当的行为会得到抑制和纠正，宽严有度、放管结合。孩子与父母的关系融洽，孩子的人际交往、独立性、主动性、自尊心、自信心等都发展较好。

2. 专制型

专制型教养方式属于高控制教育方式。父母无条件地要求幼儿遵循自己的规则做事，对幼儿违反规则的行为表示不满，甚至采用严厉的惩罚措施。专制型的父母要求幼儿绝对地服从自己，孩子的自由是有限的，父母希望子女按照他们为其设计好的发展蓝图成长，希望关注幼儿的一切行为，对幼儿的行动都加以保护监督。

父母采取专制型的教养方式是出于"为孩子好"的目的，但对孩子过多干涉、过分保护，在一定程度上限制了幼儿自我意识和自我教育能力的发展，其实并不能达到预期的教育目的。成长在这种教育环境下的幼儿常常容易形成自卑、依赖、服从、懦弱的性格，形成做事缺乏主动性的人格特征。由于从小缺乏关爱，未从父母那儿得到温情，造成幼儿不懂得如何恰当地表达自己的情绪和想法，长此以往，将会与家长关系疏远，产生严重的逆反心理。

3. 溺爱型

在溺爱型教养方式下，父母对孩子百依百顺、宠爱娇惯、过度保护。对孩子的不当行为也不加管束，甚至袒护纵容。对孩子的要求一味地满足，无原则地迁就。孩子容易变得依赖性强、胆小怯懦、自私自利，更缺乏自信、毅力和责任感，不会考虑他人的感受，或具有较强的冲动性和攻击性。苏联著名教育家马卡连柯说过：父母对子女的爱不够，子女就会感到痛苦，但过分的溺爱，虽然是一种伟大的情感，却会使子女遭到毁灭。

4. 放任型

在放任型教养方式下，父母对孩子不关心、不热情，忽视孩子的需求，和孩子缺乏交流和沟通。父母不了解孩子的状态，也不愿为孩子操心，采取任其发展的消极态度，致使孩子对父母采取回避或反抗的态度，亲子关系不佳。孩子的独立性、自主性较强，但自信心较差，对人际关系的认知易出现偏差，交往态度也会受到影响。也有的父母对孩子故意冷落、否定过多，言谈举止中表现出对孩子的失望，致使孩子不知所措、无所适从、自信心受挫，甚至产生自卑、孤独、自闭等心理倾向，自主性、创造性等发展较差。

从上述内容中可以看出，家庭教养方式对幼儿社会性发展的影响较大。因此，父母要树立正确的育儿观念，正确对待幼儿的社会性发展水平，通过建立健康的家庭教育方式来改善幼儿社会性发展中出现的或潜在的问题。

📄 小贴士

居里夫人的家教艺术

居里夫人作为一位杰出的女科学家，曾在仅隔8年的时间内就分别摘取了两次不同学科的最高科学桂冠——诺贝尔物理学奖与诺贝尔化学奖，并且一生中获得了难以计数的其他科学殊荣，可谓是智慧超群、硕果累累。她从整个科学生涯和人生道路上体会出一个道理：人之智力的成就，在很大程度上依赖于品格之高尚。因此，她把自己一生追求事业和高尚品德的精神，影响和延伸到自己的子女和学生身上，利用各种机会培养孩子形成良好的道德品格。

居里夫人的品德教育包括四个方面：（1）培养他们节俭朴实、轻财的品德；（2）培养他们不空想、重实际的作风；（3）培养他们勇敢、坚强、乐观、克服困难的品格；（4）教育子女必须热爱祖国。她的孩子都成为了对社会有用的人才，尤其是伊伦娜夫妇，不仅继承了居里夫妇的科学事业，也继承了他们的崇高品德。1940年，他们把建造原子反应堆的专利权捐赠给了国家科学研究中心。

分析：家庭教育对孩子的影响作用非常大。父母是孩子的第一任老师，父母良好的言传身教为幼儿一生的健康成长奠定基础，家庭生态系统是幼儿社会性形成的初始环境，是孩子获得早期生活经验，形成最初的道德认识和行为习惯的主要场所。

📄 小贴士

12种家庭常用亲子动脑游戏

1. 分类的游戏

这是创造力学者威尔斯提出的方法。家长可在平日给孩子提供一些具有共同特征的不同类物品，如小汽车、汤匙、钥匙、铁币、回形针等，让孩子发觉其共同特征，并鼓励其重复分类；也可以提供符号、颜色、食品、数字、形状、人物图片等材料，让孩子能依其特性分类。

2. 猜谜的游戏

猜谜对孩子来说不但能引起他们的兴趣，而且也能激发其推理及想象力，家长可以以"千条线、万条线，掉到水里就不见"猜"雨"这种方式；也可以用孩子喜欢的东西给一些线索，让孩子提出问题、推想答案；还可以以"比手画脚"的方式要孩子作答。

3. 扮演的游戏

例如，鼓励孩子应用想象力自由扮演所喜欢的"角色"。父母可以提供一些线索，如给他一架飞机，假想他在空中飞行；给他一个变形金刚，让他跟变形金刚对话；给他一些医生的用具，让他扮演医生看病的情形……

4. 想象的游戏

想象力可以使不可能的事变成可能。在想象的世界里，孩子的思考更自由奔放。家长可以"未来世界的交通工具或城市"为题，让孩子运用想象力描绘出未来的情景。

5. 接龙的游戏

许多游戏可以用"接龙"的方式，如"文字接龙"：上班—班长—长大……"绘画接龙"：一个主题大家接力画；"数字接龙"：1—3—5……"故事接龙"：从前有一个猎人……"动物接龙"：四只脚的如狮子—老虎—大象……空中的如老鹰—鸽子—海鸥……

6. 字词的游戏

让孩子说出同韵、音、部首、声调、笔画的字词，字头、尾相同的字词。

7. 手指的游戏

双手是我们的外脑，训练我们的双手，有助于脑力开发。设计一些运用手指的运动如"手语歌""甩手""捏泥巴""拼积木"等活动，让孩子能动脑、动手。

8. 躲藏的游戏

例如，跟孩子玩"躲猫猫"的游戏；把物品藏在家中一角，让孩子来找；在图案中藏着一些物品、数字等，让孩子把它们找出来；带孩子到郊外，亲子共玩"大地寻宝"的活动；或在报纸上找出自己需要的"形容词"或"物品"等活动。

9. 绘画的游戏

从涂鸦到能画出图形，孩子绘画的兴趣一直很浓厚，他们以画画表达其未能以言语形容的感受、情绪。父母可以和孩子一起画，采用各种不同的材料，画在纸上、布上、板上……让孩子喜爱自由创作的喜悦。

10. 组合的游戏

许多发明都是在原来的物品上加上一些功能，如笔加指示棒，变成"指示笔"。父母可先让孩子观察哪些物品是"组合"的，然后再让其思考还有哪些东西加以组合会更好用。

11. 观察的游戏

让孩子观察树苗的成长，以了解自然界的奥妙；由观察影子的变化，学习科学概念；由观察人类的表情，而能察言观色、善解人意；参观各种展览、表演、户外郊游等。这些都是很好的观察活动。

12. 知觉的游戏

知觉包括眼睛、鼻子、舌头、身体等感觉作用。人们可以让孩子分辨不同形状的物品，用触摸猜东西、用舌尝尝各种调味品、玩配对游戏、辨认方向及方位。

除上述 12 种游戏外，还有很多的游戏如黏土、雕刻等，都可以在平时使用，以激发孩子的智慧；在辅导孩子游戏时，宜注意个别与团体游戏的兼顾，以培养社交及合作遵守团体规范的行为。

三、幼儿园对幼儿社会性发展的影响

（一）有目的、有计划的教育活动对幼儿社会性发展的影响

幼儿园是教育者按照国家的教育目标和一定的社会价值取向，针对不同年龄幼儿的发展特点，实施有目的、有计划、有组织的教育的场所。根据幼儿的发展特点，幼儿园要运用各种社会教育的方法，有针对性地对幼儿进行系统、连贯的社会教育。作为继家庭之后幼儿进入的第二个稳定的社会组织，它引导着幼儿社会性发展的方向和水平，是幼儿社会性教育的重要场所。幼儿园在幼儿社会性发展的过程中发挥着重要的积极影响。

（二）教育环境对幼儿社会性发展的影响

环境对人的发展有着重要的作用。幼儿园的环境是幼儿每天都会接触到的，对幼儿的社会性发展有着潜移默化的影响。对于处在身心快速发展的，对一切都好奇、好问、好动手的幼儿来说，环境的影响就更大、更强，效果更明显。《纲要》指出：环境是重要的教育资源，应通过环境的创设和利用，有效地促进幼儿的发展。由此可见，环境是幼儿社会性发展的重要影响因素。

1. 物质环境

物质环境是一种自然静态的存在，美观、和谐、设计合理的环境有利于陶冶幼儿性情，培养幼儿品格。幼儿园的门、院子里的树木花草、墙上的画、楼道和班内的布置、安全的玩具、清新悦目的色彩等都是非常有益的教育因素，研究表明：整洁、优雅的环境，恰当的空间组织方式会使儿童情绪安定、亲社会行为增多，并有助于幼儿积极地认知和探索；而肮脏、无序的环境，则会使幼儿浮躁、违规行为、攻击行为增多。活动空间的大小会影响幼儿的人际交往，如果活动空间过小，则幼儿发生争执、打闹的机会增多；活动空间过大，则幼儿的交往机会就会减少，不利于相互合作与交流。

活动材料的性质和数量对幼儿的社会性行为也具有很大影响。例如，类似于枪、炮、棍状的玩具容易使幼儿的攻击行为增多，而积木、积塑等玩具则有利于幼儿的交流、合作、协商等行为的产生。

2. 心理环境

幼儿园的心理环境主要是指幼儿园的人际关系及良好的精神氛围等，体现在教师与幼儿、幼儿与幼儿、教师与教师间的相互作用和交往方式等方面。它虽然是无形的，却直接影响着幼儿的情感、交往和个性的发展。

（1）师幼互动对幼儿社会性发展的影响　师幼互动是指在幼儿园，贯穿于幼儿一日活动中，教师与幼儿之间的相互作用、相互影响的行为及过程。《纲要》社会领域教育的指

导要点中指出："幼儿与成人、同伴之间的共同活动、交往、探索、游戏等，是其社会学习的重要途径。应为幼儿提供人际相互交往和共同活动的机会和条件，并加以指导。"由此可见，师幼互动对促进幼儿健全人格的发展有着重要的作用。

良好的师幼互动，对于幼儿在与同伴交往、亲子交往等社会性发展过程中获得知识与技能有着积极的意义。主要表现在以下几个方面。

① 有利于增强幼儿的安全感、自信心及探索精神　按照心理学家埃里克森的理论，幼儿出生后第四年到第六年，是幼儿形成健康的独立意识的关键时期。在这一时期，良好和谐的精神环境，鼓励幼儿的自主性、创造性和想象力，有助于培养其健康心理，促进其社会性发展；反之，就会缺乏自信心，产生逆反心理，不愿与人交往。在幼儿园中，教师是幼儿的主要交往对象，教师的情感态度对其有着重要影响。教师对幼儿表现出温暖、关心、接纳等积极的情感态度，会使幼儿乐于接受教师的教导，有利于促进幼儿社会性发展。教师的爱应当是无条件的，要给每一个幼儿以安全感和亲近感。教师要与幼儿建立起和谐、平等、互相依赖的师幼关系，进而帮助幼儿建立起安全感、归属感，促进他们与他人、与同伴的正向交往。

② 有利于幼儿与同伴交往能力的发展　同伴关系是幼儿社会性发展的重要指标。良好的师幼互动可以促进幼儿间积极的互动与交往。在良好和谐的师幼互动过程中，幼儿通过观察、模仿、学习逐渐习得各种同伴交往的技巧，如分享、合作、协商等，从而为同伴之间的交往建立一种积极、良好的互动关系。这有利于幼儿形成学习和发展的合作性学习氛围，促进幼儿交往能力的发展。因此，教师应以平等的身份参与到幼儿交往中，并积极引导幼儿学会合作、互相帮助、助人为乐，创造适合幼儿全面发展的环境。幼儿活动交往的机会多，有利于其活泼开朗性格的形成。

③ 有利于加快幼儿对新环境的适应能力　国外相关研究表明：师幼互动关系对幼儿社会适应性的发展有着重要的影响，甚至会影响幼儿在入小学后前三年的适应能力和行为。对幼儿而言，幼儿园是一个陌生的环境，孩子一生中最大的分离焦虑是在幼儿园产生的。教师要给幼儿以亲切感和安全感，使幼儿尽快适应幼儿园环境，乐于与教师接触，并愉快地游戏，积极参与各项活动。

（2）同伴交往对幼儿社会性发展的影响　幼儿在与同伴的交往中可以学会责任，学会合作和分配，学会竞争，可以表现自我的才能。同伴由于身心特点的相似，具有交往的平等性和体验的共鸣性，在活动中相互模仿和支持可以促进幼儿社会行为的发展。具体表现为以下几个方面：

① 有利于幼儿摆脱以自我为中心　幼儿在与同伴的交往过程中，逐渐学会站在他人的角度思考问题，克服自私任性的弱点，掌握合作、交往、分享等方面的基本社会技能。在与同伴交往中，幼儿可以学习到有效的交往技能，会自觉控制攻击性行为，学会关心他人、与人合作和分享，这样可以促进其良好个性品质的形成。

② 有助于幼儿认识到自我的价值　同伴交往能使幼儿认识到自我的价值，满足心理上的需要。幼儿由于经验与能力相似，兴趣与情感相通，彼此处于平等、独立的地位，同伴之间的友谊关系不仅可以使他们获得一种归属感和安全感，而且在与同伴交往的过程中他们学会不断调整和修正自己的行为，学习和掌握基本的社会行为规则。

③ 有助于幼儿社会认知的发展　皮亚杰认为，同伴关系是影响幼儿社会认知发展的一个重要因素。同伴关系中的合作与情感共鸣，促进了幼儿社会认知能力的发展。在游戏

中，常出现由于对同一个玩具的争执而引起幼儿之间的冲突情况，为找到最佳的解决方法，促使他们尝试站在别人的角度，考虑别人的感受，进而找到恰当的解决方法，这样可以促使幼儿在交往中学会更多的交往技能，促进其社会认知的发展。

（3）教师之间的人际关系对幼儿社会性发展的影响　教师与教师之间的人际交往，也对幼儿的社会性培养具有多重的影响，教师的言谈举止、情感态度、人生观等都会作为直接的示范，对幼儿的行为、情感、态度产生潜移默化的影响，身教重于言教。

首先，教师间的交往是幼儿同伴交往的重要榜样。教师教育孩子要互相帮助，进行合作。如果教师自己做到了，孩子就容易产生这种行为方式并且长期稳定下来。

其次，教师间的交往涉及幼儿园、其他班级，在各年龄班之间开展合作、分享的活动，可以营造良好的园所氛围。教师间礼貌待人、相互关心，就会带来一种温情的气氛，容易激发出更多积极的社会性行为，幼儿耳濡目染，不仅能学会体察别人的情绪情感，也能学会正确、适宜的人际交往方式。

📚 案例与评析

静待花开

小班幼儿刚刚入园，哭闹是常有的事情，看着他们哭着找妈妈的时候，我的心也被触动着。但可儿小朋友入园，对我除了有触动，还很有挑战。每每看到孩子想妈妈，我便走过去把他们抱起来，摸摸他们的头，亲亲他们的小脸，让他们感受到妈妈一样的温暖，但是可儿对于我给予的抚摸和拥抱却无动于衷。伴着脸上的泪水，小嘴不停地嘟囔着"姥姥什么时候来呀？我要找姥姥"。开始，老师们都特别有耐心，可孩子嘴里还是不停地问着老师，一连几天都在重复这句话。

通过交流，我们得知，可儿父母工作忙，孩子从小是姥姥带大的。姥姥怕可儿和同伴玩有冲突，所以就让孩子自己在独立游戏中长大。这样，她难免一时难以适应跟同伴一起生活。班里有个小朋友是可儿家的邻居，我就从鼓励他们一起手拉手回家开始，逐渐培养可儿的交往兴趣，让她体验有"伴儿"的乐趣。

另外，我还鼓励孩子们轮流拉着可儿的手一起玩游戏、轮流抱抱可儿等。可儿就像一朵慢慢长的小花，与别的小朋友相比节奏就是要慢那么一点点，洗手慢慢、穿衣慢慢，所以适应集体生活比别的小朋友也慢。慢慢，慢慢地，日子一天天过去。

突然有一天，可儿高兴地来到幼儿园，问了声"杨老师，早上好！"听到这意外的问候，我的眼角泛出了泪花，因为我知道她终于喜欢上幼儿园了。此时，心里感到无比欣慰，我轻轻亲了一下她的小脸，真想对她说："孩子，你慢慢来到这个世界上，要慢慢地走。所有真正爱你的人，都会耐心等你！慢慢的小花，慢慢地开吧！"

分析：孩子是正在成长中的人，教师是幼儿在幼儿园的主要交往者，并且每天照顾和管理幼儿的生活，传授给他们知识、技能等，使得幼儿把教师当成心目中的权威。他们往往把教师当成自己学习的榜样，也最听老师的话。年龄越小的幼儿，受教师的影响越大。教师和儿童之间良好、和谐的关系是幼儿园精神环境的主要内容。良好的师幼关系能使幼儿精神愉快、积极、主动、大胆、自信，自我意识发展良好，而且具有较强的社会适应能力。教师要静下心来，等待孩子，倾听他们花开的声音。

四、社会环境对幼儿社会性发展的影响

（一）社区文化的影响

社区的共同信仰、价值观念、归属感、理性目标、生活方式及风俗习惯等对幼儿社会性的发展有着潜移默化的影响，社区人员素质、从业状况、教育资源、物质设施和教育水平对幼儿社会性发展的作用也不可忽视。

社区不仅是一个居住的区域，还是有着丰富物质环境和文化资源的集中地。社区中的自然环境可以成为幼儿探索自然、接触自然最好的环境，社区内的各种硬件设施也能够为幼儿提供良好的学习支持，如社区图书馆、社区游乐场等。居住在不同社区环境中的幼儿，身心发展状况也有所不同。比如，城市幼儿与农村幼儿在人际交往方面存在着很大的差异：农村孩子一般比较胆小、害羞、拘谨，与人交往时不够主动，而大部分城市的孩子则比较大胆，敢于表达自己。

小贴士

孟母三迁

孟子小时候很贪玩，模仿性很强。他家原来住在坟地附近，他常常玩筑坟墓或学别人哭拜的游戏。母亲认为这样不好，就把家搬到集市附近，孟子又模仿别人玩做生意和杀猪的游戏。孟母认为这个环境也不好，就把家搬到学堂旁边，孟子就跟着学生们学习礼节和知识。孟母认为这才是孩子应该学习的，心里很高兴，就不再搬了。这就是历史上著名的"孟母三迁"的故事。

（二）大众传媒的影响

随着传媒手段的不断丰富，大众传媒对幼儿社会性发展的影响越来越大，尤其是电视对幼儿社会性发展有着重要影响。现在的孩子一出生就处在大众传媒营造的环境中。作为一种社会文化的直接载体，电视的影响力是最大的。从有利的方面看，幼儿通过看电视开阔了视野，认识了社会的角色，并学习到相应的行为规范，和现代社会产生了更多的联系。健康的电视节目有助于培养幼儿合作、友好自制的行为，同时电视对增加孩子的词汇量、提升幼儿的语言表达能力也是有一定效果的。

但是必须注意的是，电视也会给幼儿的社会性发展带来一些负面的影响。这种负面影响主要体现在：

第一，电视有可能使幼儿在认知上与现实产生距离。电视内容虽然来自现实，但却以一种艺术化的方式表达出来，与真实的现实还是有差异的，如果孩子长期接触这样的节目，就很容易产生认知上的偏差和误解。

第二，电视会影响幼儿现实的交往关系，影响社会交往能力的发展。幼儿看电视的时间越多，相应的户外活动时间就会减少，亲子间、同龄人间的接触也会减少，这样可能影响到幼儿现实的社会性交往，进而影响交往能力的提升。

第三，一些不健康的电视节目可能导致幼儿学习模仿，对其社会性发展产生不良影响。有些节目内容并不适合幼儿观看，比如：暴力、恐怖等也会使幼儿产生模仿行为。

除电视以外，计算机和网络也日益成为影响幼儿社会性发展的重要因素，例如，孩子们经常玩网络游戏会对其造成不良影响。由此可见，大众传媒对幼儿产生的影响是双重的，要善于利用这些现代化媒体的长处，避免它们可能对幼儿的社会性发展产生负面的影响。

📄 小贴士

幼儿看电视"十忌"

一忌时间过长。幼儿每天看电视的时间最好控制在40分钟之内。

二忌距离过近。一般来说，看电视时，把孩子的座位安放在距离电视机2.5～4米处为宜。

三忌音量过高。长时间在较高音量的刺激下，不仅容易使听觉的感受性降低，而且容易导致视觉等感受性下降。

四忌光线过暗。晚上和孩子一起看电视时，不要把照明灯都关闭，在电视机后方安上一盏小红灯，可起到保护视力的作用。

五忌坐姿不正。看电视时坐姿不正容易使孩子未定型的脊柱发生变形与弯曲等，养成不良的坐姿习惯。

六忌饭后即看。饭后，让孩子轻微活动一会儿后，再看电视为宜。

七忌边吃边看。边看电视边吃东西，容易加重孩子的消化负担，影响消化功能。长期如此，还易养成吃零食的不良习惯。

八忌看武打凶杀内容的电视。常常看武打凶杀片，不仅容易使孩子长时间处于紧张恐惧的状态，影响身心健康，而且容易使孩子产生好奇心，进行模仿。

九忌患电视孤独症。幼儿如果迷恋上看电视，就会只对电视节目感兴趣，对周围事物都漠不关心，性格变得孤独，严重的还可能出现反常的心理状态。

十忌让孩子躺着看电视。躺着看电视易引起视觉模糊和视力下降，造成眼睛散光等眼病，还会引起失眠、神经衰弱和腰背酸痛等不良后果。

⚙ 拓展训练

一、简答

（1）幼儿社会性发展的含义及内容。

（2）幼儿社会性发展的意义。

二、论述

论述幼儿社会性发展的影响因素。

三、岗位对接

搜集并整理幼儿社会性发展的相关研究资料。

🎤 真题再现

梅梅和芳芳在"娃娃家"玩，俊俊走过来说我想吃点东西，芳芳说我们正忙呢，俊俊说，我来帮爸爸炒点菜吧，芳芳看了看梅梅，说好吧，你来吧，从俊俊的社会性发展来看下列哪一选项最贴近他的最近发展区？（　　　）

A.能够找到一个自己喜欢的玩伴

B.开始使用一定的策略成功加入游戏小组

C.在4~5名幼儿的角色游戏中进行合作性互动

D.能够在角色游戏中讨论装扮的角色行为

【答案】D

【解析】从俊俊的社会性发展来看，他已经做到了使用一定的策略成功加入游戏小组，所以最近发展区应该是更高水平的和幼儿同伴一起讨论角色行为。故本题选D。

第三章
幼儿自我意识教育的
设计与指导

🌱 导学

欢迎你开启本章的学习之旅，在本章中你将会了解幼儿自我意识的含义与结构、幼儿自我意识的产生与发展和自我意识对幼儿发展的重要意义，知道幼儿自我意识的培养方法与途径，能够设计并实施适合不同年龄段幼儿自我意识教育的活动。

📑 学习目标

了解幼儿自我意识的含义与结构、产生与发展，以及对幼儿发展的重要意义；

掌握幼儿自我意识的培养方法与途径；

能够设计并实施适合不同年龄段幼儿自我意识教育的活动。

❖ 思维导图

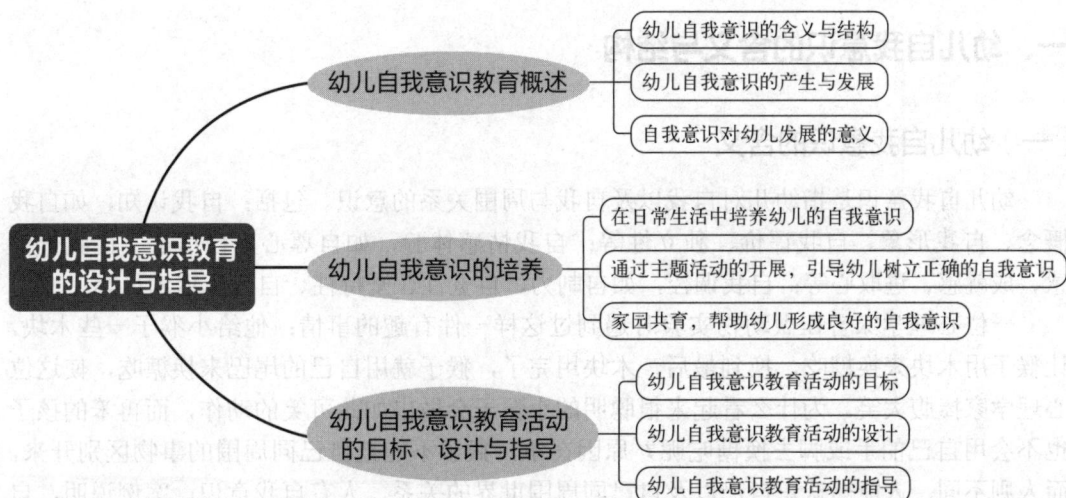

✈ 案例导入

这是我的

前不久，念念小朋友在活动室里拉了便便，就在老师去给她拿裤子的时候，她把自己的便便用纸包了起来，等老师回来时发现便便不在了，就以为是保育员阿姨来收拾了。在卫生间里，老师帮念念洗屁股，她告诉老师，便便已经被她扔了。拉完便便后，念念再也没有让任何人动过她的书包，包括平时可以动她书包的老师她也拒绝。幼儿园的老师们都知道她这段时间一直是这样，所以没有太留意。离园回家后，爸爸、妈妈打开书包一看，大吃一惊。原来，念念把她的便便带回了家。问念念原因时，念念的回答更是令人惊诧："不许动，这是我的。"

看完上述念念小朋友的故事请你思考：你觉得念念小朋友把便便带回家的故事可笑吗？她为什么把便便带回家，并说这是她的，不许别人动？什么是幼儿的自我意识？幼儿自我意识的形成和发展表现是什么样子的？让我们带着这些问题一起探究幼儿的自我意识。

幼儿自我意识教育概述

🧩 知识讲解

老子说：知人者智，自知者明。人的自我意识是物种心理演化进程中的一个飞跃，是人类所特有的意识。虽然心理学研究发现灵长类动物也有类似自我意识的表现，但人的自我意识已构成一个多维度、多层次的复杂的心理系统，在个体的成长中不可缺少。借助自我意识，人能够将自身与环境区分开，并将主体身心状况也纳入自己的认知范围。可以说，自我意识使个体深入理解了自身与客观世界的关系，也为主体积极适应环境、完善自我和改造世界提供了有力的支持。

一、幼儿自我意识的含义与结构

（一）幼儿自我意识的含义

幼儿自我意识是指幼儿对自我以及自我与周围关系的意识。包括：自我认知，如自我概念、自我形象、自我评价、独立性等；自我情感体验，如自尊心、自信心、自我价值感、成就感、进取心等；自我调控，如自制力、自觉性、坚持性、自我延迟满足等。

一位心理学家曾在做动物实验时遇到过这样一件有趣的事情：他给小猴子一些木块，让猴子用木块来换糖吃，换到最后，木块用完了，猴子就用自己的尾巴来换糖吃，使这位心理学家捧腹大笑。为什么看起来很聪明的小猴子会做出如此可笑的动作，而再笨的孩子也不会用自己的手或脚去换糖吃呢？原因在于，猴子不能把自己同周围的事物区别开来，而人则不同，人能够认识自己以及自己同周围世界的关系，人有自我意识。案例说明，自我意识是意识的一种表现形式，动物没有自我意识，只有人类才有自我意识，有无自我意识是动物和人在心理上的分界线。

（二）幼儿自我意识的结构

从形式上看，自我意识包括自我认知、自我体验和自我调控，即由知、情、意三方面构成。这三种成分相互联系、相互制约。

自我认知属于自我意识的认知成分，是指个体对自己身心特征和活动状态的认知和评价。回答的是"我是谁""我怎么是这样的人"等问题。自我认知的范畴包括自我观察、自我觉知、自我概念和自我评价等，其中自我概念和自我评价是自我认知最主要的方面，可以反映个体自我认知的发展水平。自我概念是指个体对自己的印象，包括对自己存在的认识，以及对个人身体能力、性格、态度、思想等方面的认识。自我评价是在对自己身心特征了解的基础上对自我做出的判断。个体的自我评价是在社会生活中通过实践和交往逐渐形成起来的。

自我体验属于自我意识的情感成分，是指个体对自己所持有的一种态度。主要涉及"我是否喜欢自己""我是否满意自己"等。自我体验包括自尊、自信、自卑、自豪感、内疚感和自我欣赏等。其中，自尊是自我体验的重要体现，也影响到了自我认知和自我调控两个方面；自豪感是个体意识到自己的行为与理想自我的标准相符合时产生的情绪体验；内疚感则是由于自己的行为违背了社会道德准则或是侵犯了他人利益时良心上的自我责备。

自我调控属于自我意识的意志成分，是指个体对自己思想、情感和行为的调节和控制。主要涉及"我如何成为自己理想中的那种人""我怎样才能成为一个更有自信的人"。自制、自立、自主、自我监督和自我控制等都属于自我调控的范畴。自我调控也可以理解为主观我对客观我的制约作用，它既体现在发动个体的某种行为，也体现在克制自我不去从事某些活动。

自我认知是自我体验和自我调控的基础，自我体验能强化（含正强化和负强化）自我调控，自我调控的结果又会强化、校正和丰富自我认知。以上三者互相联系、有机组合、完整统一，成为一个人个性的核心内容。

幼儿自我意识的年龄特征及表现如表 3-1 所示。

表3-1　幼儿自我意识的年龄特征及表现

年龄段	年龄特征及表现
3～4岁	表现出强烈的自我意识，强调以自我为中心，具有明显的独占意识，不愿意理解也无法理解别人的想法
4～5岁	自我意识大大丰富，从对自己身体特征的认知逐渐发展为对自己社会角色和心理活动的意识
5～6岁	具有了认识自我的能力，初步认识自己在集体中的位置，并形成独立的自我评价

二、幼儿自我意识的产生与发展

（一）幼儿自我意识的产生

自我意识的产生和发展是人和动物在心理上的最后分界线，动物不具有自我意识，猴子用木块换糖的实验就证明了这一点。猴子不能把主体与客体分开。而人则不同，人有高度发达的大脑，人有言语能力，所以人有可能区别"我"或"非我"。但必须指出，人的先天素质只是自我意识发展的前提，而起决定作用的是人的社会交往和社会活动。

幼儿自我意识是怎样产生的呢？苏联心理学家安南耶夫指出，在幼儿生活中，其心理上主观的最初现象，是同有目标的运动相联系着的。首先出现简单的、有结果的动作，然后出现有一定目的的动作。幼儿会说话以前，这种初步的实地动作是其意识形成的最初源泉。运动器官只有在实地活动中才能成为活动的手段。因此，最初"自我体验"的感觉源泉，不是任何的随意运动（如把手伸向物体），而是已具有一定对象的随意运动。当幼儿的本身运动在对象中反映出来时，幼儿就开始紧张地体验着，在情绪上已经发生联系。幼儿从实地动作的构造中主观地分出自己的动作，这种区别是以亲子互动为参照的。幼儿在评判这种共同动作的情境中，学会了区别动作与动作对象的差异。幼儿意识到自己本身与意识到外在世界，重复着同样的过程，即从感觉过渡到表象，又从表象过渡到思维。

幼儿自我意识产生的指标，安南耶夫认为包括一系列准备阶段。他把自我意识的出现同幼儿从动作对象中区分出自己动作的能力联系起来，这发生在生命的第一年之末。这种能力是在由成人组织和指导的初级游戏活动过程中形成的。成人指导幼儿游戏时创造了评价情境，这是培养幼儿从动作对象中分出自己动作能力的重要条件。

另外一个较为复杂的阶段，就是幼儿把自己同自己的动作分开，也就是他意识到他所做的动作是"他的动作"，这些动作的原因是他自己，他是活动的主体。

语言发展加快了幼儿自我意识的发展进程。幼儿在谈到自己时开始叫自己的名字。安南耶夫说："从发生学的观点看，使用自己的名字是幼儿自我意识发展中的巨大飞跃，可以把自己当作固定的整体从变化着的动作的连续进程中分出来，而且幼儿主动口述自己的名字不同于他对成人喊他名字时的感觉。"安南耶夫把幼儿叫自己的名字的技能看成是自我意识形成的最重要因素，他把这个因素跟以自己的愿望和动作表象为形式概括的"自我感觉"能力的出现联系起来。

幼儿从叫自己的名字转变到谈自己时使用代名词"我的""我有"，特别是有意识地使用第一人称代词"我"，这说明幼儿已完成从表象到思维的过渡。到此，幼儿的自我意识已然产生了。

（二）幼儿自我意识的发展

随着年龄的增长，幼儿的自我意识不断地发展变化，主要呈现出以下发展趋势：

一是幼儿自我认知的内容，从反映外部的、可以直接观察的、具体的、有明确参照系统的特点向与其相反的方向发展。如婴儿期儿童最初产生的是生理自我，儿童期逐渐形成行为自我和社会自我，青春期对心理自我的认知才获得充分发展。

二是幼儿自我的结构从简单结构发展到分化的、多重的结构，最后才逐渐出现层次性，形成复杂的、整合的自我结构系统。

三是幼儿的自我评价从以他人评价为标准发展到独立的自我评价，同时幼儿又在不断地脱离以自我为中心，自我评价的客观度逐步提高。

四是幼儿自我功能的社会适应性逐渐提高。幼儿区分外部自我和内部自我的能力不断增强，逐渐能够实际地判断社会交往情境，从而表现出复杂的社会自我。同时，自我结构日趋稳定。幼儿逐渐能够根据自己的内部价值标准、信念体系和外部情境的需要来调整自己的行为。

1. 幼儿自我认知的发展

自我认知的对象包括自己的身体、自己的动作和行动、自己的内心活动。

（1）对自己身体的意识。幼儿认识自己，需要经过一个比认识外界事物更为复杂、更为长久的过程。幼儿最初不能意识到自己，不能把自己作为主体去同周围的客体区分开来。几个月的婴儿甚至不能意识到自己身体的存在，不知道自己身体的各个部分是属于自己的，如生活中经常发生婴儿把自己的手或脚当作玩具而弄伤的现象。

随着认知能力的发展和成人的教育，1岁左右，婴儿逐渐认识自己身体的各个部分，但是，还不能明确区分自己身体的各种器官和别人身体的器官。例如，当妈妈问他的耳朵在哪里时，孩子用手摸摸自己的耳朵后，又立即去摸妈妈的耳朵。

幼儿对自己的面貌和整体形象的认识，也要经过一个较长的过程。最初婴儿在镜子里发现自己时，总是把镜中的形象当作别的孩子。2岁左右，幼儿逐渐认识自己的整体形象。至于对自己的影子，幼儿认识得更晚。有报告指出，2岁半到3岁，幼儿还难以理解自己的影子，常常指着自己的影子叫"小孩"，试图用脚去踩影子。

对自己身体的认识，既是幼儿认识自我存在的开始，也是幼儿认识物我关系（即物体和自己的关系）的开始。幼儿意识到自己对物的"所有权"，似乎是从这时开始的。

幼儿对于自己身体内部状态的意识，是到2岁左右才开始产生的，比如会说："宝宝渴了。"这是最初的表现。

婴幼儿很长时间不能把自己的名字和自己的身体相联系。八九个月时，当成人用他的名字问："××在哪儿呢？"孩子能用微笑或动作做出正确的回答。2岁后，幼儿能把名字与身体相联系。但直到3岁左右，幼儿还倾向于用名字称呼自己，而不用代名词"我"，似乎是把自己和自己以外的人或物同等对待。

（2）对自己动作和行动的意识。动作发展是幼儿产生对自己行动的意识的前提条件。1岁左右，婴儿通过偶然性动作逐渐能够把动作和动作的对象区分开来，并且体会到动作和物体的关系。培养幼儿对自己动作和行动的意识，是发展其自我调节和控制能力的基础。

（3）对自己内心活动的意识。对自己内心活动的意识，比对自己的身体和动作的意识更为困难。因为自己的身体是看得见、摸得着的，自己的行动也是具体可见的，而内心活动则是看不见的。幼儿对内心活动的意识依赖于较高一些的思维发展水平。

幼儿从3岁左右开始，出现对自己内心活动的意识。例如，幼儿开始意识到"愿意"和"应该"的区别。开始懂得什么是"应该的"，"愿意"要服从"应该"。

4岁以后，幼儿开始比较清楚地意识到自己的认识活动、语言、情感和行为，他们开始知道怎样去注意、观察、记忆和思维。

但是，幼儿往往只停留在意识内心活动的结果，而意识不到内心活动的过程。例如，他们能做出判断，却不知道判断是如何做出的。

幼儿会使用第一人称"我"是自我意识形成的主要标志。幼儿从知道自己的名字发展到知道"我"，意味着他已经从行动中实际地成为主体，他已经意识到了自己是各种行为和心理活动的主体。

2. 幼儿自我评价的发展

幼儿的自我评价在2～3岁时开始出现。自我评价的发展与认知和情感的发展密切联系，其发展趋势如下：

（1）从依赖成人的评价到自己独立的自我评价。幼儿尚未形成独立的自我评价。他们的自我评价常常依赖于成人对他的评价，特别是在学前期。幼儿往往不加考虑地轻信成人对自己的评价，自我评价只是成人评价的简单重复。

幼儿晚期，开始出现独立的自我评价。幼儿对成人的评价逐渐持有批判的态度。如果成人的评价不符合幼儿的实际情况，幼儿会提出疑问或申辩，甚至表示反感。

（2）从带有主观情绪性的自我评价到比较客观的自我评价。幼儿往往不从具体事实出发，而从情绪出发进行自我评价。在一个实验里，要求幼儿对自己的作品同别人的作品做比较性评价。当幼儿知道比较的对方是老师的作品时，尽管这些作品比自己的质量差（这是实验者故意设计的），但是幼儿总是评价自己的作品不如对方。而当幼儿对自己的作品和小朋友的作品相比较时，则总是评价自己的作品比别人的好。

这一实验结果充分说明了幼儿自我评价的主观性。幼儿一般都过高评价自己。随着年龄的增长，自我评价逐渐趋向于客观。

（3）从笼统的、局部的、表面的自我评价到具体细致的、整体的、内在的自我评价。幼儿的自我评价受整体思维、认知发展水平的影响很大，这突出表现在以下方面。

首先，幼儿的自我评价一般比较笼统，较多只从某个方面或局部对自己进行评价，而后逐渐向比较具体、细致的方向发展，做出比较全面的评价。其次，最初往往较多局限于对外部行动的评价，而后逐渐出现对内心品质的评价。另外，从只有评价，没有论据，发展到有论据的评价。

3. 幼儿自我调控的发展

自我意识的发展必须体现在自我调节或控制上。因为个性发展的核心问题是自觉调控自己的心理活动行为。

幼儿自我调控能力是逐渐产生和发展的，表现为幼儿开始完全不能自觉调控自己的心理与行为，心理活动在很大程度上受外界刺激与情境特点的直接制约；之后，随着生理的不断发育与成熟，在成人的指导教育下，幼儿逐渐能够按照成人的指示、要求调节自己的行为；最后，随着认知能力的发展及大脑皮质抑制机能的逐渐完善，幼儿能够自觉地调整自己的心理和行为。

总的来说，幼儿自我意识的发展，表现在能够意识到自己的外部行为和内心活动，并且能够恰当地评价和支配自己的认识活动、情感态度和动作行为，并由此逐渐形成自我满足、自尊心、自信心等性格特征。

📄 小贴士

帮孩子顺利度过第一个叛逆期

从2岁多开始，原本乖巧听话的童童就变了一个人，什么事都和大人对着干，问她什么话，扭头就来个"不"字；有时爸妈催急了，她还会抡起小拳头，凶巴巴地要打人。这让童童妈妈又着急又无奈，不知道该怎么办才好。事实上，几乎所有孩子都会经历这样一个难以管教的阶段，心理学上称之为孩子的"第一叛逆期"或"第一反抗期"，通常发生在孩子1岁半到3岁之间，持续时间为半年到一年。此时的孩子特别喜欢拒绝大人的要求、故意做大人禁止做的事。这种叛逆，是孩子生长发育中的一个必经阶段。

2岁左右的孩子，开始有了自主的愿望，不愿意别人干涉自己的行为。因此，一旦遭到父母的反对和制止或被大人强行要求做某件事，就容易产生对抗心理，出现说反话、顶嘴的现象。加上此时的孩子情绪控制能力还很弱，一旦没有满足，便会用吵嚷、哭闹等形式表现出来。

要帮助孩子平稳度过这个叛逆期，家长也要适当调整和孩子的沟通策略。首先，家长要细心观察、把握好提要求的时机，从孩子的角度去理解他的行为，而不是责骂、批评。比如孩子不吃饭，可能是因为他正在兴致勃勃地玩一个新玩具，那么下次吃饭之前，就不要把玩具放在他面前。其次，在可能发生矛盾之前，提前和孩子"约法三章"。比如，告诉孩子"可以下楼，但只能在院子里玩，如果跑出去，外面的汽车可能伤害你"。最后，对正确的行为及时肯定和鼓励，让孩子不断巩固良好行为。

三、自我意识对幼儿发展的意义

自我意识是自我教育的前提，是实现教育内化的关键。幼儿教育的最终目标是幼儿自我教育能力的形成。自我意识在个体身上的最明显表现，应该是自我选择和自我调控能力的形成。如果一个人能够对自己生活中的事情做出合理的选择，同时又具有调节自身行为来实现自己目标的能力，那么这个幼儿就会比较顺利地成长，即使遇到挫折也能够坚持下去。选择和坚持是人生中非常重要的两个方面，而只有自我意识得到健康发展的人才能具备这两方面素质。因为自我意识是人的思想行为的监督机制，它对幼儿的心理活动和行为能起调节作用。自我意识对幼儿发展的意义至少有以下三点：

（一）自我意识能帮助幼儿通过认识别人、评价别人来认识自己、评价自己

幼儿的自我意识是在和周围人们的相互作用下，特别是在成人的教育影响下产生和发展的。在日常生活中，当幼儿做出良好行为时，成人就有愉快的表情，并用"好""乖"等词加以正面的强化；当幼儿做出不良行为时，成人就有不愉快的表情，并用"不好""不乖"等词加以负面的强化。经过一段时间的实际训练之后，幼儿就能逐渐对自己和别人的社会行为做出判断和评价。例如，小班的幼儿看到别的小朋友有新奇玩具的时候，想起老师关于"别人不同意，强拿别人的东西不乖"的教诲，就不去抢别人的玩具了；自己有了好玩的玩具、好吃的东西，能与别人分享，还说："老师说的，有好东西能与人分享才是好孩子。"

（二）自我意识能对幼儿的心理活动和行为起调节作用，帮助形成各种道德行为

人们以往的行为和活动以及从事这些活动的心理活动，都能以记忆的形式保留在头脑中，并能在必要时重新回忆起来，与现时活动相比较，这就是人的自我意识的调节作用。在成人的不断教导下，2岁以后的幼儿能懂得谦让和表现出同情心。例如，让别人先上滑梯；把大的、多的食物让给弟弟、妹妹；别的小朋友生病了，会问："哪儿不舒服，疼吗？"还会学着成人的样子，用手去摸生病小朋友的额头，把自己最喜欢的玩具给他玩，表示安慰。

（三）自我意识能促进幼儿独立性的发展，提高幼儿的生活自理能力

独立性是自我意识的一种表现，两三岁的幼儿什么事情都想参与，而且越来越强烈地渴望独立进行各种活动。家长和老师千万不要忽视幼儿这种初步的独立性，正确的做法是积极为孩子创造有利于独立性发展的条件，使其不断增强信心，学会依靠自己的力量去生活、学习和劳动。

正是因为自我意识对幼儿发展的积极作用如此之大，所以在幼儿教育过程中，要加强对他们进行自我意识的培养，帮助他们形成正确的自我意识。

第二节
幼儿自我意识的培养

✖ 知识讲解

一、在日常生活中培养幼儿的自我意识

幼儿园的日常生活包括盥洗、进餐、喝水、午睡等环节，这些看起来很琐碎的事情，

而在幼儿的日常生活中占有相当多的时间，所以我们要抓住日常生活中的每一个教育契机，培养幼儿正确的自我意识。

（一）通过日常活动，培养幼儿生活自理能力和简单的劳动技能，增强其自信心

绝大多数幼儿在家中备受呵护和关爱，有的家长还会完全地包办代替，这在一定程度上造成了幼儿自理能力差、依赖性强。由于缺乏锻炼和培养，幼儿在集体生活中会遇到很多难题，他们害怕自己做不好某些事，经常有恐惧心理。针对这些情况，幼儿园可在日常生活中经常开展一些竞赛活动，或采用游戏的形式，锻炼幼儿的生活自理能力。例如，开展穿衣服、系鞋带、叠被子等竞赛游戏，让幼儿在轻松愉快的气氛中提高自理能力。或者建立值日生制度，培养幼儿一些简单的劳动技能，如扫地、拖地、擦桌椅、摆桌椅等，让幼儿在值日过程中有成就感，以增强其自信心。游戏活动前后教师也可以和幼儿共同准备教具、收拾物品，调动幼儿的兴趣，在积极、主动参与的过程中使幼儿感到自己长大了，增强幼儿的自我意识。

（二）创设良好的心理环境，帮助幼儿认识自己、了解自己

日常生活中教师要创设良好的心理环境，给幼儿营造一种轻松、和谐的氛围，以帮助幼儿正确认识自己、了解自己。对于缺乏自信、胆小、内向的幼儿，教师要多给予他们一些爱护和关心，用亲切的微笑、和蔼可亲的语言来引导他们，让他们从每一个眼神、每一个动作和每一句话中都能感受到教师对他们的关爱。

教师还要利用各种活动后的分享和总结，让幼儿认识自己、评价自己，并学习评价他人。例如，在区域活动、绘画课、做完操以后，教师可以问问幼儿："你在哪个活动区活动，玩得怎么样？""你画得画好吗，好在哪里？还有谁画得好，为什么？""你做操表现怎样？你觉得谁做的操好，好在哪里？"另外，教师在一日生活中注意时时用鼓励的、积极的语言来评价幼儿，让他们对自己有一种全新的认识。

二、通过主题活动的开展，引导幼儿树立正确的自我意识

创设专题活动，引导幼儿正确认识自我、评价自我，学习自我控制和正确评价他人。幼儿园要有计划地设计一些专题活动，作为培养幼儿自我意识的手段。在设计活动时，要根据幼儿的具体情况，针对不同个体，使每个幼儿的自我意识都得到有计划的发展。通过专题活动，那些胆小、怕困难、做事畏首畏尾、缺乏自信心的幼儿逐渐能正确认识自我、评价自我、评价他人，增强自信心，加强自我意识；而那些过分自信、目中无人、觉得自己什么都好、别人都比不上自己的幼儿，能看到别人的优点，正确地认识自己，正确地评价他人。

（一）帮助幼儿认识自我、了解自我，学会自我评价

通过"小小的我"活动，让幼儿观看有关婴儿出生及成长的录像，了解生命的诞生与成长。让幼儿把自己从小到大的照片带到幼儿园来，给小朋友和老师看，同时讲一讲自己小时候的趣事，告诉大家"我"喜欢什么，不喜欢什么……还可设计认识自我的系列活动"自画像""特殊的我""我的进步""我很棒""我的志愿""我的优点""我的不足"等，

让幼儿认识到"我"与他人既有相同之处，又有自己独特的与众不同的地方。使幼儿在认识"我"的同时，也修正了对"我"的认识的偏差，并尝试设想自己的将来。

（二）在评价自我的基础上，学习正确评价他人

一般来说，班上那些做事不积极主动，总是跟在别人后面的孩子往往容易被教师和小朋友所忽视。为了让别人了解他们的闪光点，教师可设计"他的专长"等活动，让孩子们互相说一说每个人有什么优点和专长。设计"他的画像"活动，让小朋友们在宽松和谐的气氛中学习尊重别人，同时也感受别人对自己的尊重。设计"看看谁能干"活动，可由孩子们带来自己做家务的照片、录像等，互相观看、讲解、讨论，评一评谁能干，大家要向哪些小朋友学习。设计"我的好朋友"活动，通过活动可使孩子们更加亲密、融洽，那些平时经常默默无闻、独来独往的孩子也可以此为桥梁，融入集体中来。通过组织这些活动，可使缺乏自信的幼儿自信心得到增强，让他们感到自己在同伴中很有地位，小朋友们愿意和他做朋友，同时过分自信的幼儿也能学会正确评价他人，发现别人的优点并虚心向他人学习，摆脱以自我为中心的思维方式。

（三）让幼儿尝试自我体验

教师可采用谈、听、画、讲的方式，开展各种活动。如"我很高兴""宝宝很难过"，让幼儿在活动中畅所欲言，表达自己的心情及造成这种心情的原因，并可用纸笔将这种心情画出来，讲给老师、家长听。教师也可通过游戏活动，让幼儿把自己的心情投射出来。值得注意的是，教师要善于捕捉和分析这些信息，以便提供及时有效的反馈和引导。

（四）让幼儿学会合作，懂得分享

幼儿帮助和关心别人时会体会到乐趣。教师可设计"分享"主题活动，让全班的孩子一起来协商：怎样分蛋糕、水果……让小朋友自己来分。通过引导，小朋友会懂得要先分给长辈、父母和老师，再分给其他小朋友，最后才分给自己，理解分享的重要性。通过"分享""合作"主题活动，幼儿之间形成彼此关心、互相友爱的关系，也学会了如何调整自己去适应他人和集体。

三、家园共育，帮助幼儿形成良好的自我意识

取得家长支持，家园共育，帮助幼儿形成良好的自我意识。家庭教育是幼儿教育的重要组成部分。成人的评价直接影响幼儿的自我认知和自我评价。一个经常得到父母积极评价的幼儿，会对自己持积极的态度，能比较有信心地去面对各种问题，敢于面对失败。家长的支持与配合对幼儿自我意识的培养具有十分重要的作用。

（1）通过开展讲座、书面交流、QQ聊天等方式，让家长更多地了解儿童心理发展的特征，认识幼儿自我意识培养的重要性，从而进一步形成正确的儿童教育观。

（2）帮助家长全面了解自己的孩子。孩子在家和在幼儿园的表现不一定完全一致，因此教师要经常和家长进行交流。教师可通过面谈、家长观摩活动、家长咨询活动、家园联系卡、家访等形式使家长了解孩子在幼儿园的表现，促进家园教育协作。

（3）指导家长正确地评价孩子。幼儿常常模仿成人的语气去评价自我和他人；许多孩

子说不出自己有什么优点和缺点，只是简单地重复成人对自己的评价。因此，家长一方面不要将孩子同别的孩子做横向比较，以免挫伤孩子的自尊心；另一方面，家长要注意发现孩子的优点，多给予支持和鼓励，帮助孩子正确地认识和评价自我。

📄 小贴士

自我控制的训练

关于自我控制水平的训练，可以运用以下几种训练方法：

1. 转移注意力

延迟满足是测定幼儿自我控制的一种有效方法。缺乏自制力的幼儿不能等待一段时间以得到更想得到的东西。训练幼儿延缓满足的一种行之有效的方法是让幼儿学会不去想所渴望得到的东西的特征，或者把这些东西的诱人之处想象为不能食、不能用的东西，如把味道甜美的奶酪想象为棉花、云彩，或者给幼儿呈现更具吸引力的新颖玩具，以使其注意力从诱惑物转移开。

2. 利用言语调节

研究发现，个体的自言自语及言语的内容对幼儿自我控制能力的发展具有重要的作用，幼儿的自言自语进行自我指导有利于分散幼儿对诱惑物的注意力，从而增强幼儿的自我控制能力。但是当这种自我指导的内容是提醒幼儿注意诱惑物的优点时，自我指导的效果就较差。而对于年龄稍大的幼儿，由于其内在价值观的形成，言语调节的作用显著减弱。

3. 自我暗示

自我暗示也能提高幼儿的自我控制水平。例如，让幼儿抄写枯燥无味的数字，并告诉他们抄完后能得到一个新颖的玩具。当这些幼儿抄写数字时会有"玩具"来干扰他们。实验者将幼儿分为实验组和对照组，事先告诉两组幼儿都不能看玩具，但教给实验组幼儿在抄写时不断提醒自己"我要工作，我不要看玩具"，而对照组幼儿则没有这种暗示训练。

结果发现，实验组幼儿完成任务的情况显著高于对照组。

4. 积极鼓励

在一项研究中，实验者让幼儿做一个玩糖果的游戏，游戏机每隔一分钟发一颗糖，累计的糖果全部归幼儿所有，但是不能自己去拿。若拿一颗糖果，机器就会自动停止发糖。实验前主试给予一半幼儿这样的指导语："你们这些孩子平时很有耐心，为了得到一件好东西愿意等待。"而对另一半孩子只是说一些与游戏无关的事。结果表明，被认为有耐心等待的幼儿比没有受到这种鼓励和表扬的幼儿在实验中的延缓时间要长得多。

5. 对工作难度的选择

一般来说，完成高难度作业往往需要更高的自我控制水平。在一项实验中，先测验幼儿愿意做难度较大工作的基线水平。幼儿可以选择做一项较难的作业，一分钟可以得到 10 美元；也可以选择做一项较为容易的工作，一分钟可以得到 5 美元。在重复做出几次选择后，把幼儿随机分成三组：一组幼儿训练做较难的作业，另一组幼儿训练做较容易的作业，但奖励是一样的，第三组幼儿未接受这两种做出努力的训练。在结束训练后，重测其基线水平，结果发现，经过努力训练做较难作业的幼儿选择做较难作业的比例显著高于低努力组的幼儿，这说明做较难作业的高努力组训练有利于促进幼儿选择高目标和高成就。

第三节
幼儿自我意识教育活动的目标、设计与指导

❖ 知识讲解

一、幼儿自我意识教育活动的目标

根据《纲要》《指南》精神，幼儿自我意识教育活动的目标为：

（1）了解自己的身体主要部位的基本特征和主要功能，初步了解自己和他人的心理活动，逐步正确认识自己和他人。

（2）初步懂得应该做自己力所能及的事，不依赖他人，具有初步的生活自理能力。

（3）初步具备客观评价自己和他人的能力，能初步体会到别人对自己的评价，逐步建立自尊心、自信心。

（4）能留意、关注自己和别人的情绪，具有初步的爱心，愿意主动帮助他人。

（5）遇到困难不害怕，尝试自己克服和解决困难。

（6）初步具有控制自己情绪和行为的能力，有初步的自我控制能力。

幼儿园各年龄段幼儿自我意识教育活动的目标见表3-2。

表3-2 幼儿园各年龄段幼儿自我意识教育活动的目标

类型		2～3岁	4～5岁	5～6岁
自我认识	自我概念	认识自己，知道自己的姓名、年龄、性别，能用语言表达自己的需要和情感。认识自己的家庭，知道父母和亲人的姓名、性别。认识自己的好朋友，知道他们的名字和性别	认识身体主要器官及功能。初步了解自己和他人的异同，初步意识到自己与他人的异同，初步意识到自己与他人有不同的兴趣、爱好和想法，并能大胆地用自己的语言表达自己的想法和感受	进一步认识身体的主要器官及其主要功能和保护方法。会对自己的身体进行适当的保护
	自我评价	初步学会评价自己行为的好坏	初步学会简单评价自己和他人的行为	体会成功的快乐，形成自尊、自信的性格
自我体验	自尊	能对自己的言行或者劳动成果感到由衷的高兴，喜欢或者愿意做一些力所能及的小事情	能够初步认识到自己的长处或者优点，并且对自己的优点或者长处比较满意	希望参与到做好事的活动中去，积极主动地做好事或者参加一些劳动获得收获时，对自己的劳动成果感到满意，并且愿意参加劳动
	自信	愿意做一些自己能够做的事情，喜欢完成一些能够完成的小任务	自己能够独立完成的事情尽量自己完成，能够参与具有挑战性的游戏和活动	自己的事情自己去完成，但是若有困难，会主动寻求帮助或者向他人学习
	自豪感	喜欢做某些事情，但没有强烈意识	做事有倾向性，初步具有自豪感，但不是十分明显	做事倾向性强，表现欲望强，自豪感强

类型		2~3岁	4~5岁	5~6岁
自我调控	自制力	知道自己情绪的好坏，并且能告诉他人	能够基本控制好自己的情绪，情绪波动时有表达的欲望	能够控制自己的情绪，当情绪波动时，能够主动与人沟通，表达出来
	自觉性	自己有遵守规则的意识，但是需要在他人的提醒下才能够做到	初步理解规则意识，有时不总需要他人提醒也能够做到	能够理解公共规则，没有他人的监督和提醒，也能够主动遵守
	坚持性	需要在成人的帮助或提醒下，自始至终做完一件事	能够在他人的提醒下完成些小任务	能够认识到活动的意义，并且主动完成活动任务，养成良好习惯
	延迟满足	如果家长和幼儿园没有系统训练，基本上没有这个概念	在成人的提醒下，基本能够控制个人欲望	自己能够控制欲望，想做的事情也会思考其利弊

二、幼儿自我意识教育活动的设计

幼儿园要通过一系列教育活动让幼儿认识自己的一切，可以创设行之有效的主题活动，让幼儿对个体自我和客体有所了解。对于不同年龄阶段幼儿进行的自我意识教育活动应有所不同。

（一）小班

小班幼儿正处于自我意识最强烈的时期，强调以自我为中心，具有非常强烈的独占意识，不愿理解也无法理解他人的想法。大多数小班幼儿的自我意识已经在日常生活中很明显地表现出来，许多幼儿以"自己"为中心理解周围的事情。其表现为：任性，把别人的东西占为己有，同伴之间抢东西、抢玩具，缺少同情心和集体主义思想等，这些都是属于小班幼儿自我意识的现有水平。因此，在了解小班幼儿自我意识水平的基础上怎样对幼儿的自我意识和外显行为施加影响，发展幼儿良好的自我意识使其合乎规范，对小班幼儿而言显得尤其重要。

例如，在小班开展"小小的我"系列主题活动（图3-1），让幼儿了解自己、认识自己，从而发展幼儿的自我意识。

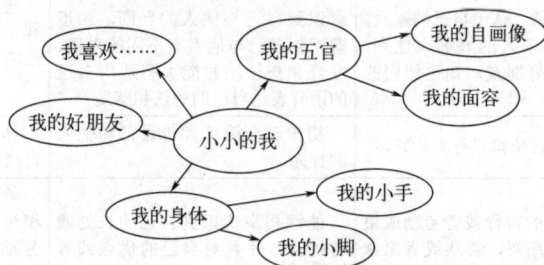

图3-1 "小小的我"系列主题活动网络图

（二）中班

中班幼儿的自我意识大大丰富，从主要是对自己生理特征的认知，逐渐发展为对自己的社会角色及心理活动的意识。经过小班一年的幼儿园集体生活，知道自己的言行与集体的关系。例如，在中班开展"不断长大的我"系列主题活动（图3-2），让幼儿通过了解自己的家庭、自己的生活物品、自己在幼儿园使用的物品、自己的朋友、认识幼儿园、我的老师、幼儿园的保健医等一系列主题活动使幼儿认识自己，对自己与幼儿园的人、事物的关系建立初步的概念。

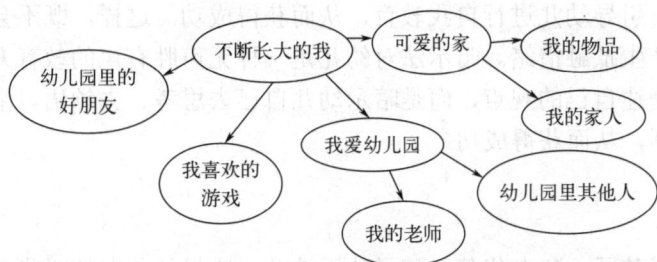

图3-2　"不断长大的我"系列主题活动网络图

（三）大班

大班幼儿已经具有了认识自我的能力，初步认识到自己在班级中的位置，有对自己的言行负责的意识，并形成独立的自我评价，自我控制能力和调节能力有较大的增长。

例如，在大班开展"我真棒"系列主题活动（图3-3），引导幼儿发现自己的优点、让幼儿逐渐感觉到自己是有价值的、受别人欢迎的人，让幼儿感觉到自己的存在对老师、同伴、父母来说都很重要，自己可以给身边的人带来快乐，可以帮助身边的人做一些力所能及的事情，因此自己是受欢迎、受重视的人，在心理上形成一个积极的自我概念。

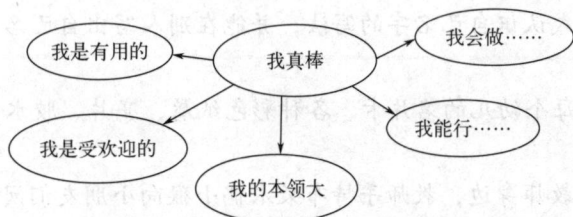

图3-3　"我真棒"系列主题活动网络图

三、幼儿自我意识教育活动的指导

教学方法运用得恰当与否对于实施幼儿自我意识教育活动是至关重要的，常用的教学方法有以下三种：

（一）奖赏和鼓励法

日常生活中我们常常听到有童心无遮的表述："我是好孩子，老师说我是好孩子。""老师喜欢我，她刚才摸我的头了。"幼儿的自我评价能力差，大多依靠他人对自己的态度来进行自我认识。教师的一个微笑、一朵红花、一句赞扬的话及正确的教育评价，都容易使幼儿体验到成功的乐趣。

（二）暗示法

只有理解、尊重孩子，真诚地爱每一位孩子，才可能帮助孩子树立良好的自我概念。孩子年龄小，自控能力差，作为教师切不可对他们动辄批评、指责，而是要和颜悦色，多运用暗示的方法，引导幼儿进行自我教育，从而获得成功。这样，既不会损害幼儿的自尊心，也不会使其产生抵触情绪。暗示法对幼儿是一种无声胜有声的教育方法，其魅力就在于教师不是直接阐述自己的观点，而是暗示幼儿自己去思考、去领悟。用暗示的手段引导幼儿说出自信的话，从而获得成功。

（三）引导法

有些家长溺爱孩子，包办代替，孩子处于被动，连最初萌发的"我会，我自己来"等一些自信心萌芽也在溺爱的环境中消失了，由此剥夺了孩子自主发展的机会，为他们日后表现消极、懒惰、无能、自卑等埋下祸根。因此，除了为幼儿有意创设成功的机会外，还应引导幼儿在积极主动的探索过程中体验到成功的喜悦，在努力寻求问题答案的过程中，体验自我的价值。

📚 案例

我有名片了（小班）

【活动目标】

（1）能主动、大胆地向同伴介绍自己的名字、年龄。

（2）掌握自我介绍的方法，学会自我介绍。

（3）运用美工形式认识自己名字的写法，并能在别人写出自己名字时有所反应。

【活动准备】

布袋木偶一只，每个幼儿的名片卡、各种彩色纸屑、亮片、胶水、棉签。

【活动过程】

（1）幼儿围坐在教师身边，教师手持布袋木偶小猴向小朋友们问好，介绍自己的名字叫小聪明猴。

（2）教师以小聪明猴的口吻告诉幼儿，它的脑袋特别灵，只要看一看，就能猜出小朋友叫什么名字。小聪明猴看看幼儿，猜出三个幼儿的名字，并请这三个幼儿大胆说出自己的名字。大家为小聪明猴拍拍手。小聪明猴看看幼儿故意说错两个幼儿名字，请两个幼儿响亮地说出自己的名字。小聪明猴请全体幼儿教它。

（3）小聪明猴夸小朋友真能干，谁知道自己好听的名字，小聪明猴就和谁握手。

（4）制作自己的"名片"：教师在白板上书写幼儿的名字，并让幼儿知道这个是自己的名字。

（5）说说可以怎么装饰自己的名字。

（6）教师出示装饰好的名字，进行示范。

（7）幼儿制作，在自己名字的轮廓内涂上一层薄薄的胶水，在上面撒上亮片和纸屑等，可以一个字一个字地做。

（8）班级幼儿名片展。

我上中班了（中班）

【设计意图】

中班幼儿应该具备一些自理能力，但我们班还是有部分小朋友在家吃饭、穿衣都要依赖父母。根据《指南》要求，我们应该教给中班幼儿生活自理的基本方法，鼓励他们做力所能及的事情，不论幼儿做得好坏都要给予适当的肯定，不因幼儿做不好或做得慢而包办代替，以免剥夺他们发展自理能力的机会。因此，我设计了本次活动。

【活动目标】

（1）具有初步的自我服务意识。

（2）学会自己的事情自己做。

（3）在生活实践中感受到成长的快乐。

【活动准备】

（1）知识经验：幼儿会朗诵《别说我小》的儿歌。

（2）物质材料：卡通娃娃——豆豆，小床，椅子，录音机（用于播放起床的音乐），豆豆婴儿时期和现在的照片。

（3）环境创设：中班午睡室。

【活动过程】

1. 照片导入

（1）观察豆豆婴儿时期的照片，让幼儿了解人在婴儿时期是不会走路的，需要爸爸妈妈的帮助。

（2）观察豆豆现在的照片，让幼儿了解现在的豆豆上中班了，会自己走、自己跑。

2. 创设午睡场景，让幼儿模仿

教师："这是什么地方？"（午睡室）

教师："谁来扮演豆豆？"（请多名幼儿扮演）

教师："豆豆正在干什么？"（自己解纽扣，脱衣服，脱鞋子）

教师："衣服脱下怎样放？鞋子脱下怎么放？"（引导幼儿说衣服脱下叠起来放在椅子上，鞋子脱在床边地上）

教师："豆豆午睡有没有讲话或者睁着眼睛？"（没有，豆豆闭着眼睛安静地午睡）

起床音乐响起时，教师提问："谁给豆豆穿衣、穿鞋？"（豆豆自己穿衣、穿鞋）

小结：豆豆上中班了，长大了，他能自己穿鞋子、穿衣服，豆豆真能干。

3. 鼓励幼儿自己的事情自己做

（1）教师和卡通娃娃豆豆对话："你在幼儿园自己的事情自己做，在家是不是也是自己的事情自己做呀？"

卡通娃娃回答："我在家也是自己的事情自己做。小朋友们，你们也要像我一样，自己的事情自己做，做个爱劳动的乖宝宝。"

（2）组织幼儿讨论：说说上中班了自己应该怎样做。

4. 朗诵儿歌，做游戏

（1）和幼儿一起朗诵《别说我小》的儿歌，教育幼儿自己的事情自己做。

（2）玩游戏"穿衣接力赛"。

别说我小

妈妈你别说我小，我会穿衣和洗脚；

爸爸你别说我小，我会擦桌把地扫；

奶奶你别说我小，我会给花把水浇；

现在我呀长大了，会做的事情真不少。

【活动延伸】

（1）本园教育活动延伸：鼓励幼儿帮助小班的弟弟妹妹扣纽扣、穿鞋子。

（2）家庭教育活动延伸：请幼儿和家长分享自己穿衣、扣纽扣成功的喜悦之情。

【专家评析】

根据《指南》要求，我们应该教给中班幼儿生活自理的基本方法，鼓励他们做力所能及的事情，不论幼儿做得好坏都要给予适当的肯定。我们身边的一些幼儿由于长辈的溺爱，失去了很多锻炼的机会，比如自己吃饭穿衣、整理房间等。本次活动目标明确，旨在让幼儿通过自己的劳动感受成长的快乐，增强幼儿的自我认同感。

卡通娃娃豆豆是个活泼可爱的形象，它的出现会让幼儿产生亲切感，活动通过豆豆一系列的表现，激发幼儿向豆豆学习的热情；让孩子们知道自己上中班了，长大了，应该学会自己的事情自己做，并以服务自己、帮助他人为乐，感受成长的快乐。

本次活动还有一大亮点，即教师引导幼儿不仅在幼儿园自己的事情要自己做，在家里也要自己的事情自己做。如果教育者能够及时将这些信息传递给家长，让幼儿在家里同样得到锻炼的机会，相信活动后孩子们会有很大的进步。

我长大了（大班）

【活动目标】

（1）通过图片展览，使幼儿了解自己在不断成长变化。

（2）鼓励幼儿找出自己的优点，并且愿意在集体面前大胆地讲述。

（3）引导幼儿对自身发展变化产生兴趣，并增强自我意识。

【活动准备】

（1）每位小朋友准备小时候的照片和现在的照片各1张。

（2）了解每位幼儿的特长，事先做一些准备和排练。

（3）收集幼儿照片，并制成视频相册。

【活动过程】

1. 通过看照片，使幼儿了解自己在渐渐地长大

（1）带领幼儿参观照片展览，边看边问照片上是谁，是什么时候的照片。

（2）组织活动讨论：小的时候你是什么样子？是谁把我们养大？现在你又是什么样子？你学会了哪项本领呢？

小结：小朋友们在渐渐地长大，学会了各种各样的本领，那么你觉得你的哪项本领学得最好呢？

2. 鼓励幼儿找找自己的优点，并且愿意在集体面前展示出来

（1）教师和幼儿共同找找老师的优点，引起幼儿兴趣，鼓励他们说出自己的优点。

（2）请幼儿说说自己的优点，并且勇敢地在集体面前展示出来。

（3）展示幼儿的绘画作品。

（4）请幼儿节选片段，现场表演排练好的童话剧。

（5）请幼儿上来唱一首歌曲，让大家感受各种歌曲的不同风格。

（6）请幼儿上来跳一段优美的舞蹈，让大家感受到舞蹈动作的优美。

（7）表扬幼儿平时关心集体的行为，引起其他幼儿对其行为的赞扬。

（8）进行系鞋带的比赛，通过竞赛的形式看到别人的优点。

（9）进行诗歌朗诵表演。在朗诵中体验诗歌的丰富内涵。

（10）现场表演做操，学习其他幼儿的认真精神。

（11）鼓励幼儿爱清洁，讲卫生。（让平时能力较弱的幼儿也有展示长处的机会，使幼儿懂得日常生活中的每一件事都要做好）

小结：每个小朋友都说了自己的优点，能勇敢地将自己的优点在集体面前展示出来。

3. 找找自己的不足，确定每个幼儿今后努力的方向

（1）请幼儿谈谈自己在关心集体、参与体育活动、绘画等方面要向哪些小朋友学习。

（2）确定幼儿今后努力的方向，争取不断进步。

【活动延伸】

请幼儿回去想象一下将来的自己会是怎么样的，会做些什么工作，用纸画下来，并将作品带到幼儿园与其他小朋友一起分享。

小结：幼儿探究的兴趣并不是通过一次活动就能培养起来的，一日生活中的各项活动对幼儿的发展都有重要的价值。在组织活动中不仅要注重活动的前期经验准备，还要注意活动后的延伸，以起到巩固强化的作用。

📁 说课案例

我长大了（中班）说课稿

说课要求：根据已设计的教案，就内容、目标、方法、过程设计几方面等进行说课，要说清楚"学什么、教什么、怎么学、怎么教"及"为什么这么设计"等问题，要求语言规范、条理清晰、逻辑性强、表达流畅。说课时间在7分钟内完成。

尊敬的各位领导、老师：

你们好！我叫×××，说课的题目是中班社会教育活动"我长大了"。我将从设计意图、活动目标、重点难点、活动准备、教法学法、活动过程、活动延伸、活动评价八个方面对本课题进行说明。

【说设计意图】

根据《纲要》的要求，幼儿社会领域的目标是培养幼儿的社会性，引导幼儿对周围的事物或现象感兴趣，并能利用多种形式积极探索。教育活动"我长大了"让幼儿从自身的变化来进行观察认知，体会长大的快乐。中班幼儿还处于直观形象思维阶段，抽象思维初步萌芽，聚合能力、发散思维、评价能力都较弱。根据《纲要》《指南》的精神和中班幼儿的认知特点，以布鲁姆的教育目标分类学理论为依据，将本次活动目标设置如下。

【说活动目标】

（1）认知目标：了解自己在身体、能力方面的变化，理解成长的粗浅意义。

（2）能力目标：能积极运用观察、比较等方法参与活动。

（3）情感目标：激发期盼长大愿意学习更多本领的情感。

【说重点难点】

根据中班幼儿的特点：认知目标为重点，情感目标为难点。

【说活动准备】

1. 环境上的创设

苏霍姆林斯基说过："无论是种植花草树木，还是悬挂图片、标语，或是利用墙报，我们都将从审美的高度深入规划，以便挖掘其潜移默化的育人功能，并最终连学校的墙壁也在说话。"因此，在主题墙的创设中，布置一些幼儿小时候使用的物品、衣物，小时候的照片，以及在小班参加一些活动的照片，帮助幼儿生活经验的回忆和积累。

2. 物质准备

（1）发挥家长资源，准备孩子小时候的衣物、鞋袜等。

（2）PPT，多媒体课件的运用可以更直观形象地让幼儿感知长大的过程。

（3）操作材料。

【说教法】

（1）游戏激趣法。游戏教学是幼儿园教学活动中最基本的形式，也是孩子们喜爱的活动形式，因此在活动中，通过"猜猜他是谁"让孩子乐学、愿学。

（2）直观演示法。具体形象思维是3～6岁幼儿的主要思维形式，夸美纽斯在《大教学论》中指出："一切知识都是从感官开始的。"采用PPT直观演示孩子从小到大的照片，将一个动态的成长过程以简明、可感知的方式展示出来。

（3）操作法。皮亚杰认为："活动是认识的基础，智慧从动作开始。"让幼儿在操作中，自己穿小时候的衣服，在亲身体验中感悟自己身体上的长大，在操作中进行排序等，让幼儿在操作中巩固新知。

（4）谈话交流法。中班孩子受认知水平和经验水平的限制，对于事物的认知所获得的经验往往是零散的，通过师幼交流、幼幼交流让幼儿对事物的认识更加全面，也便于老师了解孩子的真实意图，促进幼儿之间的相互了解、相互学习。

【说学法】

（1）观察学习法。幼儿在活动中观察自己、观察别人，促进知识的内化。

（2）分享式学习法。谈话交流的过程其实就是分享学习的过程。

（3）多感官学习法。教育心理学家认为："学习者同时开放多个感知通道，比只开放一个感知通道，能更准确有效地掌握学习对象。"在活动中，幼儿看看、穿穿、说说、做做，更能激发幼儿对长大的期盼。

【说活动过程】

在本次活动中，遵循教师是幼儿活动的引导者、合作者、支持者的原则，循序渐进、环环相扣，以游戏激趣－直观感知－交流讨论－操作实践的方式，让孩子在玩中学、做中学。

1. 游戏激趣"猜猜我是谁"

用照片导入，他是我们班的哪位小朋友？

先开始请幼儿辨别较容易的，再辨别变化较大的，请幼儿将照片与真人进行对比观察。

小结：我们现在长大了，和以前不一样了。

通过幼儿自己小时候的照片，激发孩子探究的兴趣，通过照片和真人的对比，引出"长大"一词，给幼儿以直观、可感的视觉感受。

2. 直观感知自身的长大

（1）感知身体上的长大。

出示幼儿小时候的衣服、鞋袜等，进行操作练习。

让幼儿拿出自己小时候穿过的衣服、用过的东西，在一起操作、观察、交流。

教师小结：请一名幼儿示范穿小时候的衣服，给大家展示。身体长大了，衣服穿不下了。

（2）感知能力上的长大。

播放一段幼儿小时候和长大后的录像，进行对比观察，让幼儿感知自己已经学会了很多的本领。

（3）教师进行总结，以一名幼儿从小到大的照片为例，以幻灯片的形式播放，教师用饱含感情的语言配背景音乐，讲述幼儿的成长过程，让孩子们在视听结合中，感受长大的快乐，体味生命的奇妙，运用情感上的渲染，调动孩子的激情，为孩子在下面的活动中萌发说一说的愿望。

3. 交流讨论：你们还会长大吗？长大了想干什么？

教师通过提问帮助幼儿建构表达的框架，让幼儿抓住表述的要点，进行交流讲述，教师要适时进行间接指导和个别指导，发挥幼儿主体、教师主导的作用，帮助幼儿用完整的语言清楚地表述。

4. 集体操作活动，根据幼儿的最近发展区原则，进行分组操作活动

（1）小宝宝排排队：将一位幼儿不同时期的典型照片进行排序。

（2）我需要的东西：将不同实物图片分别粘贴在婴儿和中班宝宝的旁边。

分组操作活动让幼儿在说说做做中，进一步感知长大，同时分组活动，让每个幼儿都能在原有的水平上有所发展提高。

5. 音乐活动"你别说我小"中，进行表演，结束活动

在动静结合的原则下，让幼儿在音乐中感受长大的自豪。幼儿与同伴之间的共同生活、交往、探索、游戏等是其社会学习的重要途径，通过表演让幼儿从情感上悦纳自我，享受成长的快乐。

【说活动延伸】

在区域活动中投放活动中的材料，让幼儿在区域活动中画一画长大后的自己，和同伴之间相互交流长大过程中的快乐瞬间。

社会领域的教育具有潜移默化的特点。幼儿社会态度和社会情感的培养尤应渗透在多种活动和一日生活的各个环节之中，要创设一个能使幼儿感受到被接纳、关爱和支持的良好环境。所以区域活动也是幼儿学习发展的重要平台。

本活动环节紧凑，主题突出。围绕幼儿对"长大了"的认知，从猜谜激趣到直观感知、交流讨论、集体操作，逐渐深入，难度逐渐增加，层次分明，能实现三维目标。

以上就是我的说课，是我对本次活动的一个预设，当然，教无定法、贵在得法，我会在活动的开展过程中根据幼儿的实际情况随机生成。

❀ 拓展训练

一、简答

简述幼儿自我意识的含义与结构。

二、论述

论述幼儿自我意识的培养方法及途径。

三、岗位对接

（1）设计一个《能干的小手》（小班）社会教育活动方案。
（2）设计一个《今天我值日》（中班）社会教育活动方案。
（3）设计一个《我不想生气》（大班）社会教育活动方案。

✐ 真题再现

让脸上抹有红点的婴儿站在镜子前，观察其行为表现，这个实验测试的是婴儿哪方面的发展？（   ）

A.自我意识　　　　B.防御意识　　　　C.性别意识　　　　D.道德意识

【答案】A

【解析】测试婴儿的自我意识是否出现的一个简单方法就是视觉再认测试。研究者使用"点红实验"的方法，巧妙地测量婴儿的自我意识。在该研究中，研究者选取了6个年龄组——9、12、15、18、21、24个月的婴儿，每组16个人。他们先让妈妈们把婴儿抱到一面镜子前，观察婴儿的行为90秒钟。然后再假装帮婴儿擦脸，偷偷把红点画在婴儿的脸上，随后再把婴儿抱到镜子面前观察90秒钟。

第四章
幼儿社会认知教育的设计与指导

🌱 导学

欢迎你开启本章的学习之旅，在本章中你将会知道幼儿社会认知的含义、主要内容和幼儿社会认知发展的特点，理解社会认知对幼儿社会性发展的意义，掌握社会认知的培养途径，熟知幼儿社会认知的目标，并能够设计幼儿社会认知教育活动方案。

📖 学习目标

理解幼儿社会认知的含义；
了解幼儿社会认知的主要内容和幼儿社会认知发展的特点；
掌握幼儿社会认知的培养途径；
熟悉幼儿社会认知的目标，能够设计幼儿社会认知教育活动方案。

🔗 思维导图

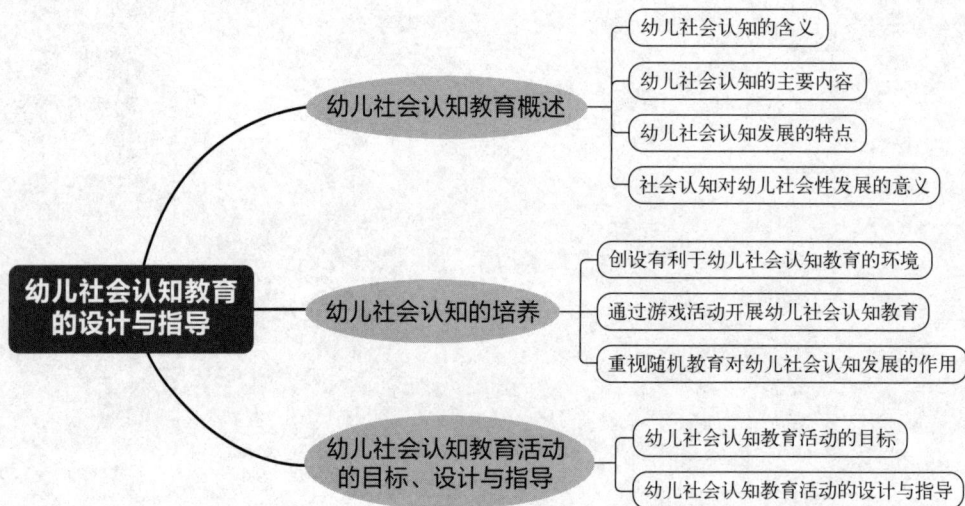

✈ 案例导入

因势利导

户外活动时孩子们正玩得起劲，"李老师快看，我抓到一个小毛毛。"随着喊声，孩子们都拥到安安面前。"什么东西？我看看。"孩子们像发现了奇宝，都争抢着看。李老师走到孩子们中间，安安把攥紧的小手松开了，原来是一颗蒲公英的种子。

李老师问小朋友："这是什么？""羽绒服里的小毛毛""迎春花""棉花""小鸟身上的羽毛"……孩子们你一言我一语。李老师告诉他们这是蒲公英的种子。同时引导孩子们仔细观察它的形状与颜色，孩子们认真地看着。安安说："它像小伞。"乐乐说："它是白色的。"李老师说"小朋友说得很好，它是由伞形的绒毛组成的，每一缕绒毛下都有一粒种子，容易被风吹散，随风飘落到陌生的地方生根发芽，长成新的蒲公英。"在孩子们的提议下，李老师将这颗蒲公英的种子放回空中，孩子们望着飞舞的小毛毛甭提有多高兴了。

第一节
幼儿社会认知教育概述

❋ 知识讲解

一、幼儿社会认知的含义

认知是人类个体对世界的认识过程。认知的对象包括物理世界、社会世界和精神世界三大部分。传统的认知发展理论主要建立在个体对物理世界的认知发展的研究之上，已相对成熟并自成体系。而对于同样广阔和重要的社会世界和精神世界的认知也是个体认知的重要内容，这方面的研究在最近几十年才得到重视。目前的发展心理学研究者大多把社会认知发展作为一个与认知发展相对独立的概念提出来，并对这一领域进行了相对独立的研究。

（一）社会认知的定义

社会认知是认知心理学、发展心理学、社会心理学共同研究的对象，由于各个学科研究者所站的角度不同，他们对社会认知的理解也不尽相同。

当你与朋友谈话时，你是否曾说过："我把他当作朋友，可是现在看来我并不真正信任她。""我竭力想弄清楚她是怎么回事，她有时非常害羞，可有时却是聚会中的焦点人物。""许多人认为我是一个值得信任的人，可他们只是看到了我的表面现象，其实我的朋友知道我不是令人感到安全的人。"所有这些话都反映了"怎样去看待一个人，他们做了什么和应该做什么，以及他们是如何去感受的"等许多方面的问题。这是社会学家所称的社会认知。

张文新等人认为，发展心理学对社会认知的考察应抓住两个本质特征：其一，认知对象的社会客体性，或者说社会认知是对人和社会性事件的认知；其二，人的社会认知对其社会行为的调节作用，社会认知的研究要把知和行结合起来。据此，可以认为，社会认知是指人对社会性客体及其之间的关系，如人（他人和自我）、人际关系、社会群体、社会角色、社会规范和社会生活事件的认知，以及对这种认知与人的社会行为之间的关系的理解和推断。儿童社会认知发展通常包括观点采择、心理理论和对权威与规则认知的发展。

《指南》对幼儿的社会认知发展提出了相应的要求，以下典型行为的描述就涉及幼儿社会认知的发展：关心尊重他人，能注意到别人的情绪，知道父母的职业；在遵守基本的行为规范中，感受规则的意义，并能基本遵守规则；在提醒下，能遵守游戏和公共场所的规则；等等。

（二）幼儿社会认知的年龄特征及其表现

幼儿的社会认知不是与生俱来的，而是个体在与周围社会环境的互动中形成的，是生物因素与社会因素共同作用的结果。3～6岁幼儿的生活范围进一步扩大，与成人和同伴互动的频率也进一步增加，社会认知的总体水平显著提高。幼儿社会认知的年龄特征及表现见表4-1。

表4-1　幼儿社会认知的年龄特征及表现

维度	年龄段	年龄特征及表现
对他人想法和观念的认知	3～4岁	不能站在他人的立场上理解对方的想法和观念，但知道别人的想法与自己不一样
	4～5岁	是转折期，开始理解不同的立场有不同的看法
	5～6岁	开始能够试图站在他人的立场上理解对方的观点
对社会环境和社会规则的认知	3～4岁	对社会规则已有初步的认知，能简单的道德判断，判断时往往依据后果的大小，而忽略事物背后的动机
	4～5岁	知道更多的社会规则和行为规范，并能够体会他人的情绪反应
	5～6岁	能够从事物背后的动机来进行道德判断，但是仍然相信权威
对社会角色的认知	3～4岁	知道有不同的社会角色，其中对职业开始有一个初步的认知，但受到其生活环境的影响
	4～5岁	知道更多的职业及其特征，并开始对不同社会角色形成基本观念
	5～6岁	对社会角色有了更为全面和客观的认知，并对自己将来所要承担的社会角色有了基本的期望

二、幼儿社会认知的主要内容

社会认知主要包括两个方面：一方面是对社会经验的认知过程本身，即观察、记忆、注意、推理、想象等过程；另一方面是经过认知过程获得的社会认知经验，如对自己、周围人和事以及自己与他们之间各种关系的认识，对不同社会行为、社会角色的理解，对处理、调整各种关系的行为规范的理解和掌握。现实中经常会有这样的情况，一名幼儿在多次观察老师讲故事的过程后，将老师的言行和班级的特点铭记于心，在回家后把这个过程模仿出来。在幼儿园里的观察，是幼儿认知教师行为的过程，回到家模仿教师角色的行为，是对教师角色的认知体现。

幼儿社会认知是在社会交往活动中发展的，认知所获得的经验反过来又会影响社会交往行为。另外，幼儿的社会认知受心理发展水平的限制，具有表现性、主观性，需要成人给予充分支持和引导，帮助他们获得正面的、积极的社会认知经验。

（一）对自己的认知

对自己的认知即自我意识，主要包括对自己表面特征的认识、对自己优缺点的认识、对自己情绪反应的认识，以及逐步学会比较客观地自我评价和形成对自己负责的意识。

（二）对周围人的认知

（1）了解父母和亲人的职业和工作场所，感受生活中父母和亲人对自己的爱；懂得爱父母和亲人，并懂得用一般的表达方法表达对亲人的感谢和爱；知道不打扰他们的工作或休息。

（2）关心、理解幼儿园的同伴和老师，愿意和他们共同友好地进行各种活动；了解幼儿园其他工作人员的工作，知道他们的工作是为幼儿服务的，懂得感谢和尊重他们的服务。

（3）了解其他公共服务场所人们的劳动，如社区、街道、公园里的清洁工人，知道他们的劳动给大家带来的方便和愉悦，懂得尊重这些劳动者和他们的劳动成果。

（三）对周围环境的认知

（1）了解并能说出自己家所居住的社区，如名称、所在市区，知道附近明显的建筑标志；认识社区附近的公共设施和服务机构，了解这些公共设施与人们生活的关系，以及提供给人们的帮助，如超市、医院、图书馆等；认识公共场所和公共服务常见的标志，如交通标志、安全标志、设施标志、消防器具标志等；知道通用的紧急呼救电话（110、120、119等）。

（2）初步了解自己的家乡，知道家乡的名胜古迹、风俗人情、标志性建筑、人物传说、特产等，并能为此感到自豪，产生爱家乡的情感。

（3）引导幼儿认识国旗、国徽、国歌、首都，懂得它们是祖国的标志；了解祖国的行政区划，知道祖国有辽阔的疆土，喜爱祖国的文化传统和风俗习惯。

（四）对同伴关系的认知

同伴是与幼儿相处的、具有相同社会认知能力的人。同伴关系是指年龄相同或相近的幼儿之间的一种共同活动并相互协作的关系，或指同龄人间或心理发展水平相当的个体在交往过程中建立和发展起来的人际关系。一般来说，幼儿通常喜欢与同龄伙伴交往，与年长幼儿交往多于与年幼幼儿交往。

在同伴关系的影响下，幼儿能够学习社会认可的、符合道德规范的行为模式。首先，在幼儿与成人的交往中，成人一般是具有权威性的，以说教的方式进行活动，双方的关系是领导与被领导的模式，两者之间缺乏相互影响。对于幼儿来说，这种交往缺乏吸引力。而在同伴关系中，幼儿处于相互平等、非权威的气氛中。幼儿之间具有极大的吸引力，他们互相模仿、学习对方的行为，并在共同的活动中，形成一定的行为模式。其次，同伴关系在幼儿社会角色的学习和确立过程中起着重要的作用。角色是个体在特定社会和团体中所处的位置，以及被该社会和团体规定了的行为模式。幼儿对自己社会角色的学习和确立需要一个过程，其中，同伴关系起着重要的作用。

（五）对社会规则的认知

人类社会发展需要规则，规则是社会秩序得以维持的必要条件。规则的遵守主要依靠社会成员内心对规则的尊重。尊重和遵守规则是一种教养、风度、文化，也是一个现代人必须具备的品格。

社会规则认知是幼儿社会发展的一个重要方面，也是幼儿社会化的主要任务之一。幼儿在不同的社会环境中会遇到各种各样的社会规则和社会期望，幼儿要成为未来的社会成员，就必须学习这些规则。具体包括：

（1）家庭生活规则：卫生要求（饭前便后洗手、早晚刷牙、睡前洗脚、勤换衣服等），饮食要求（定时定量定点、家庭成员聚齐再进餐、不暴饮暴食、不挑食偏食等），作息规律（按时睡眠起床、不无节制地看电视或玩游戏、学习和户外活动交替进行），待客与做客礼节（迎来送往热情打招呼、让座位、安静地参与成人交流、友好地与小朋友游戏、不乱翻别人的东西等），独自在家时的安全意识（不摸电源和插座、不给陌生人开门、接到电话告知父母等）。

（2）游戏规则：安全第一、轮流、谦让、合作、协商解决问题。

（3）学习活动规则：集中注意力，按时完成老师交代的任务，积极发言、能轮流发言，自己整理学习用具，有不理解的问题能主动提问。

（4）社会公共场所：公共休闲娱乐场所的文明礼貌（不大声喧哗、嬉笑打闹，不乱涂画、随地乱扔废弃物，遵守工作人员的提醒，不大声吵闹、来回跑动，不踩踏床具和座椅等）。

（5）乘车（船、地铁等交通工具）规则：上下车礼貌有序，不争抢座位，为老人让座，坐时安静端正，站时扶好把手原位站好，不把身体探出窗外，不大声吵闹、来回跑动。

（6）行路规则：遵守交通规则，按交通信号行动，过马路走人行横道或过街天桥，不独自过马路，要走便道，不在路上玩耍、打闹等。

（六）对社会环境和文化生活的认知

（1）社会文化和社会生活：了解我国的社会生活习俗、传统节日、法定节日等，初步了解现实生活中经常听闻的异域文化特点、风俗习惯和节日等。

（2）社会经济：初步了解有关劳动和利益关系、市场与买卖关系、货币与理财关系等有关社会经济生活的知识，初步学习处理不同社会关系的基本技能，发展适应不断变化的社会环境的能力，比如"开超市"要提供服务、盘点收益，买东西要付钱，自己的压岁钱可以买东西、储蓄、为需要的人捐款等。

（3）社会历史：对家庭和幼儿园所在社区及其历史变迁有所了解，初步了解代表生活城市发展变化的主要标志，进一步了解祖国历史发展中有影响力的人物、思想和事件等。

（4）社会地理：初步获得环境与人类生活、发展的关系，并初步形成保护自己周围小环境的意识；对人类生活的大环境有粗浅的了解，如地球、太阳和航天器等，发展幼儿热爱科学的情感和学习热情。

📚 案例与评析

清明节（小班）

【设计思想】

清明节是我国的传统节日，清明来到，万物凋零的寒冬就过去了，风和日丽的春天真正地开始了。在清明节期间，组织幼儿系列教育活动，目的是让幼儿通过向革命烈士致敬默哀或扫墓等活动追念革命烈士的高贵品质，树立继承先烈遗志、认真学习、长大建设祖国的理想；通过吃鸡蛋、画鸡蛋、玩鸡蛋、踏青春游、荡秋千、放风筝等活动，了解传统风俗，锻炼身体，充分感受春景的美好。

【活动目标】

（1）了解清明节的来历，知道清明节的日子及习俗，乐于参与清明节的活动。

（2）初步了解家族中人与人之间的亲属关系，怀念先祖、尊重长辈等。

（3）敬仰怀念革命烈士，懂得珍惜今天的幸福生活。

【活动准备】

（1）课前与家长联系好参与本活动，电脑课件。

（2）实物：各种图案的彩蛋、熟鸡蛋（每幼儿一个）、彩笔、贴纸、橡皮泥、剪刀、胶水等。

【活动过程】

（1）用古诗导入活动内容：清明时节雨纷纷，路上行人欲断魂。借问酒家何处有？牧童遥指杏花村。（清明）小朋友们，你们知道几月几日是清明节吗？（4月5日清明节）

（2）教师讲述清明节的由来。

（3）课件：边放课件教师边讲述，让幼儿了解革命烈士的先进光荣事迹。

运动习俗：踏青、荡秋千、打马球、放风筝、蹴鞠、插柳等。

饮食习俗：吃冷食、吃鸡蛋等。

（4）出示彩蛋，请幼儿观察其与自己带来的鸡蛋有什么不同？它是用什么制作的？

（5）放彩蛋图片引起幼儿的好奇心及制作兴趣。

（6）幼儿与家长共同制作彩蛋（方法形式不限，画画、涂色、剪纸粘贴、橡皮泥制作小动物等）。

（7）幼儿到台前展示自己的作品，并用完整的语言讲述自己的作品。

（8）玩鸡蛋：请幼儿发挥想象力用鸡蛋做出多种玩法（滚、转、抛、立、碰鸡蛋等），幼儿比赛看谁的玩法多。

【结束部分】

请幼儿把彩蛋给其他班的小朋友欣赏并与朋友们一起玩，在音乐伴奏下走出活动室。

小结：通过这次活动相信幼儿对清明节有了一定的认识，同时也让他们体验到了活动带来的乐趣，如果只通过单单讲解的话，孩子根本就没有多大的兴趣，可是经过实际操作的话，幼儿的兴趣以及印象都会加深，更能体现该活动的意义。

【活动反思】

在设计这次活动时，教师一直在考虑要不要告诉幼儿一些不文明的祭奠方式。但经过和大家的讨论研究，一致认为大多数小班幼儿都没经历过扫墓，并不知道那些不文明的行为，我们应当还给幼儿一个纯净的心灵，不该知道的就不要让他们知道。在整个活动中，以谈话法为主要活动方法，通过幼儿的讨论、已有的社会经验及观看视频，从而使幼儿了解清明节的习俗和表达对亲人思念的方法。每个环节环环相扣，幼儿兴趣很高，回答问题也很积极。但也有不足的地方，就是在播放清明节习俗课件的时候没有对一些习俗进行简单的讲述，只是一遍而过，效果不太明显，幼儿记忆不深刻。再来，如果时间充裕，可以自制简单的花朵、风筝等，既环保，又可以加深记忆，提高幼儿的动手能力。

（七）道德认知

幼儿的道德认知主要是指幼儿对是非善恶行为准则及其执行意义的认识。它包括道德概念的掌握、道德判断能力的发展以及道德信念的形成三个方面。皮亚杰是第一个系统地追踪研究儿童道德认知发展的心理学家。他在1932年出版的《儿童的道德判断》一书是发展心理学研究儿童道德发展的里程碑。他把儿童的道德认知发展划分为三个有序的阶段：

① 第一阶段，前道德阶段（出生至3岁）。这一年龄时期的儿童正处于前运算思维时期，他们考虑问题时以自我为中心，不能对行为做出道德判断。

② 第二阶段，他律道德阶段或道德实在论阶段（3～7岁）。儿童的道德判断遵守规范，只重视行为结果，而不考虑行为动机。

③ 第三阶段，自律道德阶段。该阶段儿童不再盲目服从权威，开始意识到道德规范的相对性，除了看行为结果外，还要看行为动机。

（八）幼儿的亲社会行为

社会性行为是人们在交往活动中对他人某一事件表现出的态度、言语和行为的反应，根据其动机和目的可以分为亲社会行为和反社会行为。亲社会行为是指人们在社会交往中对他人有益或有积极影响的行为，包括谦让、帮助、合作、分享、安慰和捐赠等。亲社会行为是人与人之间形成和维持良好关系的重要基础，是一种积极的社会行为，受到人类社会的积极肯定和鼓励。反社会行为是指违反法律、法规或为社会所不能接受的行为；在幼儿中最具代表性、最突出的是攻击性行为，如打人、骂人、破坏物品等。这些行为不利于形成良好的人际关系，往往造成人际矛盾，甚至犯罪、死亡，是一种消极的社会行为，因此被人类社会所反对和抵制。

幼儿的亲社会行为不是与生俱来的，而是通过后天的教养获得的。亲社会行为教育的方法主要有以下四种。

1. 移情训练

移情是指在人际交往中，人们彼此的感情相互作用。当一个人感知到对方的某种情绪时，他自己也能体验到相应的情绪，即因他人的情绪、情感而引起自己的与之相一致的情绪情感反应。

移情是幼儿亲社会行为产生、形成和发展的重要驱动力。具有良好移情能力的幼儿能更好、更经常地做出亲社会行为，对周围成人和同伴亲切、友好；移情能力较缺乏的幼儿，亲社会行为很少，而消极的、不友好的行为则较多。

移情训练的具体方法有：听故事、引导理解、续编故事、扮演角色等。实践证明，移情是一种十分重要的社会性情感培养方法，有助于人格完善和亲社会行为的养成。

2. 榜样示范

幼儿亲社会行为的学习和形成，主要是通过观察学习和模仿达到的。榜样在幼儿亲社会行为形成中占有相当重要的地位。幼儿置身于社会之中，无论是周围的人，还是电影、电视、小说中的主人公，都是他们学习模仿的对象。研究表明，成人的榜样行为对幼儿的影响远大于言语指导。父母、教师是孩子直接模仿学习的榜样，只有言行一致才能培养幼儿良好的亲社会行为。

3. 利用归因原理

幼儿对行为原因的归结直接影响着他的行为。研究表明，归因和强化都能增强幼儿的慷慨行为：被说成是慷慨的幼儿比受表扬的幼儿给出了更多的东西，而那些未加归因和强化的幼儿给出得最少。

4. 表扬奖励

无论是自觉的还是不自觉的幼儿亲社会行为，都需要得到群体的认可。幼儿一旦做出了利他行为，成人和教师就要及时强化，如表扬、奖励等，使幼儿获得积极反馈，达到逐渐巩固的目的。反之，习得的利他行为可能就会消退。恰当地运用表扬、奖励，能有效促进幼儿亲社会行为的发展，并在一定程度上抑制他们的反社会行为。

三、幼儿社会认知发展的特点

（一）幼儿社会认知发展是一个逐步区分认识社会性客体的过程

首先，婴儿的社会认知的发生是一个逐步区分认识社会性客体的过程，即区分认识人类客体与非人类客体、一个个体与另一个个体、自我与非我的过程。幼儿出生不久就逐渐在不同方面表现出社会认知的萌芽。新生儿对人脸的偏爱即反映了儿童最早对人类客体与非人类客体的区分。而婴儿约 4 个月时能对经常照顾者与生人做出不同的反应，6 个月时能进一步对特定抚养者形成依恋，标志着婴儿能将不同的个体区分开。幼儿在 9～10 个月时出现自我认知，则表明幼儿能把自己看作一个不同于其他人的个体，能和认识其他人一样认识自己。

其次，这一过程还表现在幼儿对不同情绪情感、行为意图及社会规则的认识上。研究表明，婴儿能对成人的不同表情做出不同的反应，出生 10 个星期的婴儿对母亲高兴、生气、悲伤的面部表情即有不同的反应。有关行为意图认知的研究表明，幼儿很早就能辨别有意导致和偶然发生的事件。

（二）幼儿社会认知各方面的发展是非同步、非等速的

幼儿对自我、他人、社会关系、社会规则，以及对人的情绪情感、行为意图、态度动机、个性品质等的认识并非同时开始，发展也是非等速的。其发生发展的总趋势是从认识他人到自我，再到相互关系；从认知情绪到行为，再到心理状态；从认知身体到心理，然后再到社会。同一年龄，幼儿各方面的发展水平也是不同的。

据研究表明，幼儿对他人的认知先于对自我的认知。婴儿 4 个月开始出现认生，能将照顾者与其他人分开，而对主体我的认知在 9～10 个月，客体我的认知在 15～24 个月。10 岁左右儿童对他人的描述已基本完整，而自我认知达到这一水平则要到 13～14 岁。虽然儿童对他人和自我的认知是在人与人的相互关系中进行的，但儿童能明确认识到这种相互关系则在二者之后。

研究发现，学前期儿童常常认识不到权威和友谊等社会关系的相互性特点，即使能认识到也是很具体、表面的。4 岁儿童认为应该服从权威，"因为他们是爸爸、妈妈或老师"，早期儿童多数把友谊看作是一种"单向制约关系"，5～7 岁儿童逐渐认识到朋友是玩伴，能互享物质上的东西，而要认识到朋友之间是"相互理解、相互支持、共享物质精神等各个方面"的关系，则要到 11 岁左右。

对人行为的认知比对情绪晚，对他人行为意图和原因的认识一般要到 3 岁后开始，4 岁儿童能够对行为归因，但一般在 5～6 岁才主动对他人的行为进行归因。同时，研究发现，4 岁半左右的儿童开始能摆脱自我中心，站在他人角度认识、理解他人的观点，8 岁

儿童开始能更多地对他人个性品质、心理特征进行描述。

（三）幼儿社会认知的发展具有认知发展的普遍规律，但不完全受认知发展的影响

社会认知是认知发展的一个方面，具有认知的普遍规律和特点。然而，幼儿社会认知发展与一般认知发展并非完全平行，也不完全受认知发展的影响。一些研究发现，幼儿智商与其观点采择能力之间的相关系数一般是中等或偏下。幼儿的社会认知受其一般认知的影响，年龄越小，这种影响越大。当幼儿的一般认知达到一定水平后，个体社会认知能力就更多地受社会、文化、教育等因素的影响和制约，如生活在不同国家、城市或农村的幼儿其社会认知的发展有差异，家庭经济状况、父母受教育程度、同伴关系、社区氛围等都会对幼儿的社会认知发展产生不同程度的影响。随着幼儿的发展，其社会交往范围的扩大，社会经验的不断丰富，这些社会因素的影响作用也会日益增大，变得更加复杂。虽然一般认知水平对幼儿的社会认知仍有影响，但其在社会认知发展中的作用在下降。

（四）幼儿社会认知的发展水平与社会交往密切相关

首先，幼儿同伴互动对社会认知有促进作用。皮亚杰认为，儿童的同伴交往和互动能够促进其去自我中心和观点采择能力的发展。因为同伴互动为他们更好地认识自己的观点与他人观点间的差异提供了机会，使他们能够了解自己和他人在活动过程中对活动内容和相关问题可能存在不同的观点。

其次，交往的需要和动机与幼儿社会认知的水平有密切关系。费尔德曼认为，儿童认识他人的经验少，不能意识到对他人形成整体印象的重要性，缺乏更深刻理解他人的动机，导致其对他人认知与描述的表面化。

四、社会认知对幼儿社会性发展的意义

社会认知对于幼儿社会性发展具有非常重要的作用。

（一）社会认知是幼儿建立最初人际关系的基础

研究表明，婴儿最初的社会关系——依恋的形成机制便是以社会认知为基础的。在其后的发展中，幼儿的人际交往都建立在对他人的认知之上，幼儿只有看懂他人的表情、行为，才能理解对方，才能发生有效的人际互动。

（二）社会认知是幼儿了解社会的基础

幼儿在社会领域的学习中，很重要的内容就是了解社会结构，理解不同社会角色的作用，并且认识到不同场合的社会规则，只有在此基础上，幼儿才会产生尊重他人、遵守社会规则的行为。

（三）社会认知是幼儿获得社会性行为的基础

幼儿的社会行为水平与其社会认知水平高度相关，行为水平有赖于社会认知的水平。一般而言，一个不能理解周围社会关系、不能对自己和他人的行为做出合理解释与评价的

幼儿，他在人际交往中的行为很难做到合理。反之，良好的社会认知能力能帮助幼儿获得正确的相关信息，并以此指导、协调自己的社会性行为。由此可见，社会认知对于幼儿社会性发展，尤其是社会性行为的获得具有非常重要的意义。

儿童社会认知发展研究的权威 J.Flavell 曾经这样写道：社会认知在个体发展中十分重要，它让我们建构起关于他人与我们自己的概念，将我们自己与他人联系在一起，又将彼此区分。学前期正是社会认知发展的重要阶段，系统地理解儿童社会认知及其发展特征，将有助于教师采取相应的教育策略，促进幼儿社会认知的发展。

第二节
幼儿社会认知的培养

❖ 知识讲解

一、创设有利于幼儿社会认知教育的环境

（1）认知是一种社会机制，是人际关系的反映，它能创设合作的情境，促进合作意识的形成。

第一，要利用多种形式，让幼儿学会认知，提高其认知的能力。

第二，根据幼儿好认知、有独立性和自信心，但还没有完全摆脱自我中心，为了达到目标会尽可能地取自己所需，容易与同伴发生冲突的年龄特点，设计相适应的认知活动。

第三，通过主题活动，鼓励幼儿自带玩具，让幼儿学会与同伴认知、分享。

第四，通过各种有益活动，增加幼儿的认知机会。

第五，利用区域活动、创造性游戏，积极鼓励认知能力强的幼儿与认知能力差的幼儿一起游戏。

（2）幼儿的情感认识是直观的，要让幼儿学会与人和谐相处。

要让幼儿自己体验处于他人境地的感受，理解他人的情感、欲望，从而激发和促进幼儿良好的社会行为的发展，有效地抑制攻击性行为。通过及时抓住偶发事件进行引导、讨论，让幼儿感受自己处于他人处境时的感受，大家对同伴的"犯错"都能以谅解的心态进行对待，懂得与人和睦相处的方式，促进良好行为的发展。

（3）从幼儿的心理发展规律来看，幼儿期的幼儿在言语情感、行为等方面，都已表现出一定的合作倾向。正确训练，幼儿就会在各方面表现出更强的合作性。

（4）幼儿的生活就是游戏。通过开展各种游戏活动来促进幼儿认知发展水平。

二、通过游戏活动开展幼儿社会认知教育

目前，有关如何在游戏活动中进行社会认知教育的实践性研究并不多见，有些学者甚至认为，由于幼儿是游戏的主体，他们在游戏中往往表现得比较自主，因此向他们传授社

会知识会显得不合时宜，十分困难。事实上，游戏作为幼儿学习的主要形式，在社会认知教育中也扮演着重要角色。教师可以从以下三点做起。

（一）重视在游戏活动中渗透社会认知教育

在游戏中，教师往往忽略社会认知教育，而是着重培养幼儿的行为习惯，具体表现在：着重观察幼儿能否遵守规则，忽略对规则具体内容的介绍；在幼儿进行角色扮演时往往关注角色的行为，而忘记对社会中的不同职业进行事先或事后的讲解。例如，很多幼儿园都有商店游戏，幼儿对收银员职业的理解往往局限在收钱的环节，其实收银员除了收钱，还要帮助顾客检查商品、解答顾客的疑问等，对这些有关社会角色的知识，教师很少会在角色游戏之前或者之后让幼儿进行讨论，幼儿并不知晓。

（二）拓宽视角，让幼儿在游戏中学习更多的社会知识

角色游戏是幼儿，尤其是小班和中班幼儿非常喜爱的游戏。最常见的角色游戏就是"娃娃家"，幼儿在游戏中往往自发地模仿父母的角色，获得最初的关于家庭成员职责的社会认知。现在幼儿在角色游戏中扮演的常常有警察、医生、消防员、商场工作人员、银行职员等职业角色。其实，角色扮演还可以让幼儿获得更多的社会知识。比如，有的幼儿园开展了"我是新闻播音员"的游戏，每天请一名幼儿扮演新闻节目主持人，播报前一天发生的社会事件。这种做法让幼儿既对播音员这一职业有所认识，又及时了解了社会事件。

（三）设计游戏环节时加入与社会规则一致的游戏规则

幼儿要顺利开展游戏，必须遵守游戏规则，要遵守规则，必须对规则有所认知。例如，在社会场所，我们经常要等候，等候的时候应该不靠近目标位置，要与目标位置保持适当的距离，以防在该位置上的人员产生不安全感。教师可以将这些社会规则引入游戏。当然，在游戏中幼儿之间的相互作用还有利于幼儿觉察他人的情绪，发现他人的行为，并由此推测他人的观点，从而更好地发展心理理论与观点采择能力。

皮亚杰在儿童道德发展的研究中发现，年龄较小、处于他律阶段的儿童的道德规则是由权威制定、存在于自身之外的。随着年龄的增长，儿童逐渐由他律转向自律。因此，在儿童游戏开始前，需要借助于权威（其中包括教师对游戏的规定、违反游戏规则的惩罚以及破坏游戏规则的隔离等）和儿童集体的力量（大家商议、个别提议、共同制定、共同同意、共同遵守、集体裁决等）来制定游戏规则。比如，在角色游戏、装扮游戏中，约定俗成的"母亲"戴花头巾抱孩子等一系列的习俗规则就不应该让男孩子来做；而在体育游戏和智力游戏中，宣布的输赢的奖励或惩罚都要执行。因此，通过制定游戏规则从道德、习俗和谨慎三个不同的范畴来形成幼儿的社会规则认知，从而提高和培养其社会规则意识，进而加深幼儿对不同角色的认知，游戏中的交流与交谈更加有助于幼儿清晰地了解他人的观点和看法。

三、重视随机教育对幼儿社会认知发展的作用

幼儿社会领域的学习本来就和幼儿的日常生活紧密联系，与生活情境、社会场所等密不可分，因此在幼儿园一日活动或外出参观活动中有许多可以用来进行随机教育的情境。

例如，带幼儿散步时，不仅可以引导幼儿观察动植物，还可以告诉幼儿帮助我们整理草坪、修剪树枝的是园林工人，让幼儿认识一个新的职业——园艺工。要做到这一点，教师应该具备社会认知的相关知识。除了要理解幼儿社会认知的发展规律以外，教师还应具备关于社会规则、社会角色和社会事件的知识。教师只有自己具备了这些知识，才能在没有准备的前提下发现教育时机，将相关的社会知识传递给幼儿。

第三节
幼儿社会认知教育活动的目标、设计与指导

🧩 知识讲解

一、幼儿社会认知教育活动的目标

《指南》中关于幼儿社会认知教育的相关规定如下：

① 知道父母的职业，能体会到父母为养育自己所付出的辛劳。

② 尊重为大家提供服务的人，珍惜他们的劳动成果。

③ 接纳、尊重与自己的生活方式或习惯不同的人。

④ 能说出自己家所在街道、小区（乡镇、村）的名称。

⑤ 认识国旗，知道国歌。

⑥ 能说出自己家所在地的省、市、县（区）名称，知道当地有代表性的物产或景观。

⑦ 知道自己是中国人。

⑧ 奏国歌、升国旗时能自动站好。

⑨ 知道自己的民族，知道中国是一个多民族的大家庭，各民族之间要互相尊重，团结友爱。

⑩ 知道国家一些重大成就，爱祖国，为自己是中国人感到自豪。

二、幼儿社会认知教育活动的设计与指导

人类行为的所有方面都是其认知发展的功能和结果。幼儿的社会行为水平是以其社会认知发展水平为基础的，当幼儿不能很好地理解他与周围的关系，不能对自己和他人的行为做出合适的预测和评价的时候，幼儿所做出的社会行为很难保证是合理的。

📄 小贴士

规　则

某幼儿园老师在组织的集体游戏中，将幼儿分成四队进行比赛。老师讲解了比赛规则：（1）每个队员一次只能拿一个学具；（2）不能超过起跑线；（3）最后一名小朋友做完

后报名次。第一轮比赛结束后，第二队的幼儿比赛速度最快。但老师却把小红花奖给了获得第二名的第四队。为什么要这样做呢？老师马上就此事组织幼儿进行讨论。有的说，第二队某某小朋友一次拿3个学具，没遵守规则；有的说，有一些小朋友超过了起跑线；还有的说，第四队小朋友遵守游戏规则，应该得第一名。通过讨论，幼儿明确了，比赛既要速度快又要遵守规则才能获取最后的胜利。经过一段时间的实践与讨论，幼儿通过实际感受增强了规则意识。

从心理学的角度看，幼儿行为的坚持性和自制力都处于发展时期，幼儿还不善于支配和控制自己的行为。这位老师在活动中强化了幼儿的规则意识，教会了幼儿控制自己的行为，其做法值得我们借鉴。

（一）小班幼儿社会认知教育活动的组织与指导

许多研究表明，幼儿社会认知的发展表现出如下趋势：第一，从表面到内部，即从对外部特征的注意到对内部品质特征的注意；第二，从简单到复杂，即从某个方面看问题到从多方面、多维度的角度看问题；第三，从对事物呆板的认识到灵活的认识；第四，从对个人即时事件的关心到对他人利益和长远利益的关心；第五，从对事物具体的思考到对事物抽象的思考；第六，从弥散性的、间断性的想法到系统的、有组织的综合性想法。

3～6岁幼儿处于未分化的或自我中心的观点采择水平，他们能认识到自己和别人可以有不同的看法和情感，但他们经常将这两者相混淆。特别是3～4岁幼儿的思维还带有直觉行动性特点，他们不太考虑行为的结果。关于"长大"的问题，大部分3岁幼儿不知道或不能正确说明原因，而只有很小部分幼儿能正确指出"人能吃饭，所以能长大""石头、洋娃娃不能吃饭，所以长不大"，或认为"洋娃娃是假的，长不大"。关于"头有什么用"的问题，三分之二的3岁幼儿仅把头与某一单一的外部活动联系起来，如"头是洗头用的""头是理发用的""头是睡觉用的"等。学龄前幼儿常表露出对朋友的喜欢、公平互惠、在陌生新奇的环境里彼此支持，但所交的朋友并不持久。到了学龄期，友谊在儿童的社会化过程中扮演相当重要的角色。3岁幼儿的朋友意识还很淡薄，而进入有组织、有规则的集体生活中后，需要培养幼儿正确领会他人的意识的能力。总体来讲，小班幼儿的社会认知水平经过适宜性教育后，能认识最熟悉的生活及学习环境，懂得基本的游戏、生活、学习常规，会区分明显的对与错等。

案例与评析

红灯、绿灯眨眼睛（小班）

【活动目标】

（1）知道汽车、行人在马路上要遵守交通规则，听从红灯、绿灯的指挥。

（2）能较灵敏地根据信号做动作。

（3）体验模仿游戏的快乐。

【活动过程】

小汽车出门：

（1）有辆小汽车刚从汽车制造厂里出来，对一切都觉得奇怪。他看到马路上、大街上这么热闹，开心地嘀嘀直叫。它一会开到东，一会开到西，可自由了。忽然，它看到大街上有样东西总是不停地眨眼睛，觉得非常奇怪。你们能告诉小汽车这是什么吗？

（2）红灯眨眼睛，是告诉我们什么？绿灯眨眼睛，又是告诉我们什么？

如果没有红绿灯会怎样？小汽车不认识红绿灯，这样在马路上行驶可以吗？（教小汽车学习交通规则）多谢小朋友帮助，小汽车现在懂得了红绿灯的作用。

（3）教师朗诵一遍儿歌。小汽车看到红灯、绿灯是怎么做的？看到行人是怎么做的？

（4）教师分别出示红灯、绿灯、行人的信号牌，请幼儿在座位上分别做出停车、开车、按喇叭的动作。

（5）幼儿学念儿歌，教师在相应的地方出示红灯、绿灯、行人的信号牌，以帮助幼儿记忆。

（6）小汽车继续行驶。幼儿做开车状，教师交替出示红灯、绿灯、行人的信号牌，幼儿据此做出相应的动作。

（7）幼儿根据教师发出的口令，做出相应的动作。

（8）幼儿边念儿歌边开车到户外，游戏结束。

【活动评析】

（1）活动名称"红灯、绿灯眨眼睛"俏皮、可爱，生动形象地体现出了红绿灯的工作状态，非常符合小班幼儿的心理特点，活动名称本身就会引发幼儿极大的关注。

（2）针对小班幼儿认知水平直接，注意力、自我控制力较差等心理特点，教师没有采用一般的交通规则教育，而是通过拟人化的小汽车的神奇出行经历，让幼儿在故事中很生动、新奇地完成了掌握交通规则的愉快体验。

（二）中班幼儿社会认知教育活动的组织与指导

4～5岁幼儿可以听懂成人向他提出的要求，可以接受成人交给他的一些任务；在游戏时，幼儿已经可以先想一想玩什么、拿什么，更愿意和小朋友们一同做游戏，有着简单的角色分配，还可以丰富游戏的情节；游戏中幼儿能控制自己不符合要求的行为，坚守游戏规则。4～5岁的幼儿已能够正确地判断许多基本情绪反应产生的原因，如"他很生气，别的小朋友抢了他的玩具""他哭了，他害怕打针"等；能正确判断损人行为是"不对的"。因此，经过教师的适宜性指导，中班幼儿能理解、接受和遵守各种规则。

📚 案例与评析

我们一起学规则（中班）

【活动目标】

（1）知道小朋友在比赛、游戏中都需要规则，共同制定比赛、游戏规则。

（2）理解规则是为了让集体活动更公平、更有序，有自觉遵守规则的意识。

【活动准备】

（1）人手一个塑料圈，自制羊羊棋和相应的标记，人手一个"表情"牌。

（2）课件：运动员刘翔比赛录像等。

（3）材料准备：相关图片。

（4）经验准备：认识运动员刘翔，跑步比赛、下棋比赛经验。

【活动过程】

（1）通过观看刘翔的比赛片段，初步了解运动员在比赛中的规则。教师：这个运动员是谁？他参加的是什么比赛？让我们来看看吧！

① 看第一段比赛：因为有人抢跑而取消。除了同时起跑，跨栏比赛还可能有什么规则呢？让我们仔细地找找看。

② 看第二次比赛：完整看完比赛。

小结：大家要同时起跑，跑自己的跑道，跨完所有的栏，第一个冲过终点的为冠军。只有运动员们都遵守了规则，才是一场公平的比赛。

（2）在套圈比赛中，幼儿亲历制定和遵守规则的过程，并懂得小朋友之间比赛也要遵守规则。

① 今天我们就来举行一次套圈比赛，怎么比赛才公平呢？让我们也制定一下规则。

② 鼓励幼儿讨论比赛规则。

③ 幼儿开始比赛套圈，教师观察幼儿比赛的过程后进行统计。

教师小结：大家都遵守了规则，所以才让我们的比赛很公平。

（3）制定"羊羊游戏棋"的规则，懂得游戏也要有规则。教师：今天老师还带来了一副棋，瞧，青青草原上的羊羊们也在举行比赛呢，看谁先从青青草原第一个回到羊村。

① 出示3个棋子，这副棋由几个人玩？幼儿观看视频。

② 大家争抢骰子，有什么办法解决？知道要3人轮流玩。

③ 幼儿不看点数随便走，教师问："应该怎么走？"

教师小结：原来这副棋是要3个人玩的，要轮流掷骰子；掷到几就走几步。

要是大家都能按规则来玩这副棋，一定会玩得更开心。

（4）游戏：小裁判——举牌评规则，拓展集体活动中需要遵守的规则。让幼儿当一回小裁判，看看图片中的小朋友在活动中有没有遵守规则。请幼儿举牌，并说明理由。图片的内容如下。

① 倒爬滑梯。

② 排队等候玩。

③ 两人合看一本书。

④ 看信号灯走斑马线过马路。

【活动延伸】

幼儿可以任选套圈、下棋、赛跑等活动参加，进一步巩固对规则的掌握。

【活动评析】

社会规则的学习不仅要求幼儿在认知上达标，还要求幼儿在行为上达标。教师帮助幼儿在认同教师所要求的行为规范的基础上，和自己的实际行动建立起联系，即社会规范的内化。案例中的教师通过让幼儿观看运动员刘翔的比赛片段，首先从认知上接受规则的客观存在。然后在此基础上，让幼儿在各种规则游戏中体验规则存在的作用，明白遵守比赛规则能让比赛更公平，玩得更愉快；不遵守规则，则很多游戏无法进行。活动进行到这个程度上，规则对于幼儿来说还是外在的约束，因为比赛都有输赢，双方都想让规则是有利于自身的。最后让幼儿体验裁判的角色，拓展集体活动中需要遵守的规则，让幼儿能从公平比赛的角度理解规则存在的合理性。规则不仅是客观存在的，而且是合理的。

（三）大班幼儿社会认知教育活动的组织与指导

大班幼儿开始意识到自己与他人有不同的观点，但还不能理解产生这种不同观点的原因。此阶段的幼儿有时仍将自己的观点投放到他人身上，但这仅限于幼儿自身与他人处在同一社会情境的情况下。在这个阶段的后期，幼儿已能认识到，每个人都有自己的主观世界。尽管在相同的社会情境下，自己的观点也可能与他人的观点不同。这一时期的幼儿表现出了对他人心理状态的关心。

大班幼儿对周围世界有着积极的求知探索态度，常常提出这样的问题："为什么月亮会跟着我走？""鱼儿为什么能在水里游？"等。他们的规则意识逐步形成，并开始学习控制自己的行为，遵守集体的一些共同规则，例如，游戏结束后要把玩具整理好放回原处、上课发言时要举手等。大班后期的幼儿特别喜欢有规则的游戏，如体育游戏、棋类游戏等。对在活动中违背规则的行为，他们常常会"群起而攻之"。但这一时期的幼儿对于规则的认识还没有达到自律。规则对幼儿来说是外在的，因此，在规则的实践方面还会表现出自我中心。这也说明了如何根据幼儿的年龄特点，引导幼儿主动地学习规则、遵守规则，积极参与制定规则，已经成为教育工作者要关注的重要内容之一。

📚 案例与评析

请少用塑料袋（大班）

【活动目标】

（1）通过宣传实践活动，巩固环保意识，提高交往能力。

（2）产生做"小小环保宣传员"的愿望。

【活动准备】

（1）做纸袋的材料，如牛皮纸、挂历纸、各种装饰纸、剪刀等。

（2）事先与超市取得联系，请他们配合、支持这一活动。

【活动过程】

1. 制作纸袋

（1）为了保护环境，我们自己来制作纸袋代替塑料袋吧！

（2）幼儿制作纸袋，教师巡回指导，要求幼儿设法把纸袋做得结实些。

2. 赠送纸袋

（1）你们想把纸袋送给谁？想跟他说些什么话？（如"爷爷奶奶，为了保护环境，请你们不要用塑料袋，多用纸袋""叔叔，请用我们的纸袋吧，我们一起来保护环境"等）

（2）带领幼儿到生活小区的几个主要路口向拿塑料袋的行人赠送纸袋，并进行相关的环保宣传，建议他们以后多用纸袋、布袋，不要每次购物都用新的塑料袋，也可以带旧的塑料袋去。

（3）带领幼儿到超市向售货员赠送纸袋，鼓励幼儿大胆交往。

（4）教师小结：今天我们做了一件非常有意义的事。商店的售货员阿姨已经把我们做的纸袋挂在了店门口，提醒顾客以后少用塑料袋；买菜的老奶奶也把菜放进了我们送的纸袋里。今后，我们要做一个"小小环保宣传员"，也可以建议爸爸妈妈少用塑料袋。

【活动延伸】

要求幼儿在日常生活中尽可能少用塑料制品，并妥善处理塑料垃圾。

【活动评析】

（1）这位教师的选题是一个富有意义的社会问题，活动的开展能有效地激发大班幼儿保护环境的责任意识。保护环境从幼儿开始，更何况我们成人呢？相信收到幼儿自制纸袋的每一个成人都会有所触动。

（2）"环保"在孩子的心中只是一个表象，教师教学充分结合了大班幼儿的思维特点，即通过具体、形象的活动来直观感知和认知事物，并可以在此基础上形成一些简单的逻辑思维和概念判断，使幼儿自然萌发保护自然及身边环境的责任意识。

⚙ 拓展训练

一、简答

（1）幼儿社会认知的含义及主要内容。

（2）幼儿社会认知发展的特点。

二、论述

论述幼儿社会认知的培养途径。

三、岗位对接

（1）设计一个《玩具大家玩》（小班）社会教育活动方案。

（2）设计一个《做个诚实的孩子》（中班）社会教育活动方案。

（3）设计一个《我来帮助你》（大班）社会教育活动方案。

✏ 真题再现

幼儿意识到自己和他人一样有情感、有动机、有想法。这反映了幼儿（　　）。

A.社会认知的发展

B.感觉的发展

C.情感的发展

D.个性的发展

【答案】A

【解析】社会认知指的是人对社会事件的认知，是一种通过感知生活，形成表征和观念的信息加工过程。学前儿童社会认知的发展，表明学前儿童在社会生活中能把自己的观点和他人的观点加以区分并协调，理解他人、情感、行为及人与人之间的关系。

第五章
幼儿社会情感教育的
设计与指导

🌱 导学

欢迎你开启本章的学习之旅，在本章中你将会了解幼儿社会情感的含义与特点、幼儿社会情感教育的重要意义，掌握幼儿社会情感的培养方法，能够设计并开展适合不同年龄段幼儿社会情感教育的活动。

📋 学习目标

了解幼儿社会情感的含义，理解幼儿社会情感的特点；
掌握幼儿社会情感培养的方法；
能够灵活运用幼儿社会情感培养的方法对幼儿进行社会情感教育。

✣ 思维导图

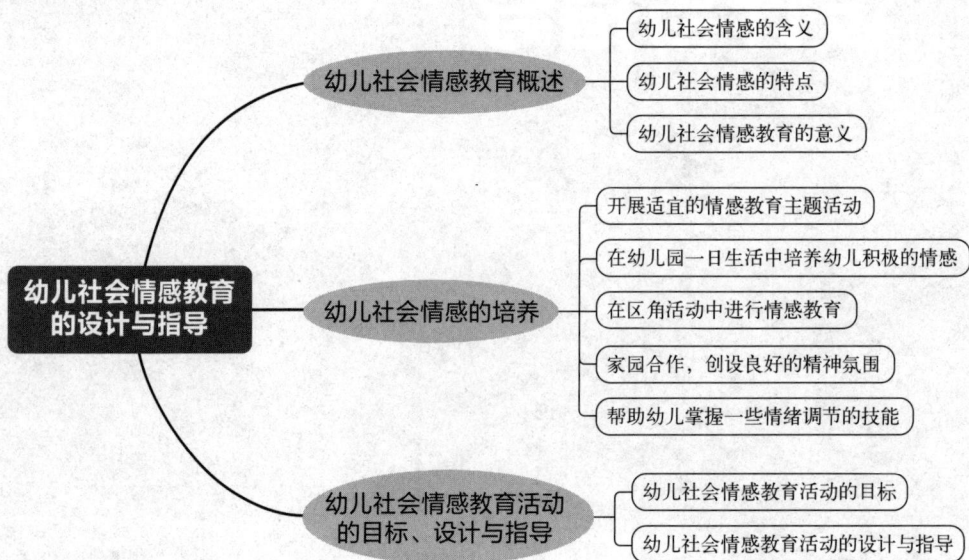

✈ 案例导入

与众不同的娃

幼儿园的第一天，言言就显示出他的与众不同来，别的孩子在因为父母的离开而哭闹时，他尤其活跃，一会跑到玩具角玩玩具，一会左冲右撞、跑来跑去，他特别高兴和兴奋。正当老师为他的出色表现和他那高兴劲而表扬他时，情况不妙了，言言高兴得忘了形，将坐在旁边的小朋友撞倒了，被撞的小朋友大哭起来，老师拉着他叫他给小朋友道歉，他挣脱了老师的手，跑到一边玩玩具去了，一副若无其事的样子。才短短的半天工夫，前后就有6个孩子告他的状，都是反映言言打到他了或是推倒他了。此后，言言经常无缘无故地打人，抢玩具，欺负同伴，搞破坏，对于老师的制止，他一点反应也没有。

亲子运动会进程中，当小朋友把自己带来的好吃的零食拿出来，分享给其他小朋友尝一尝时，孩子们的表现更是千姿百态，耐人寻味。乐乐小朋友，心急手快，打开自己的食品袋，抓起好吃的食物就往嘴巴里塞，不一会儿就把带来的零食吃完了。然后他就费尽心机想办法去吃其他小朋友带来的零食，别人见他没有好吃的与自己互换，都不愿意给他吃，这时他就动手去抢，毫无商量的余地，嘴里还义正词严地说，先让我尝尝。

我国著名的文学家郭沫若先生曾经这样说："人的根本改造应当从儿童的情感教育、美的教育入手。一个人对父母、对同伴、对周围的人有了深厚的感情，才能服务于社会，立足于社会。"从中不难看出，情感教育在学前儿童期是一项重要的教育内容。从心理学角度来说，社会情感是指伴随整个社会心理过程产生的心理体验和心理感受，是一种特殊的社会心理过程，它是人类心理活动重要的组成部分。幼儿的社会情感教育是社会领域教育内容中的重要组成部分，社会情感教育的好坏很大程度上影响着幼儿的健康发展。

《指南》中指出社会领域的教育内容主要是人际交往和社会适应。而在发展幼儿人际交往和社会适应能力的过程中，幼儿健康的社会情感是不可或缺的，没有健康的社会情感，很难发展幼儿的人际交往和社会适应能力。幼儿社会情感教育能够有效提高自己的人际交往和社会适应能力，同时对幼儿未来的情感发展、个性的发展和社会性的发展都有积极的影响。

第一节
幼儿社会情感教育概述

🧩 知识讲解

一、幼儿社会情感的含义

幼儿的社会情感是指伴随着整个社会心理过程产生的心理体验和心理感受，是一种特殊的社会心理过程，包括道德感、恐惧感、喜悦感、同情感、责任感、依恋感等。社会情感更多是对外在客观事物的一种情绪、态度体验，是幼儿与其面对的客观事物关系的反映。比如，刚刚踏入幼儿园的小朋友面对新的环境、新的伙伴和从未见过的老师会产生陌生和恐惧感，我们也通常称为入园焦虑；在幼儿园幼儿可以自己穿衣服鞋袜，被老师表扬后产生喜悦感、自豪感；对于生病的小动物会产生同情感；等等。这些都说明客观事物是幼儿产生不同情感的来源。但是并不是所有的客观事物都能让幼儿产生社会情感，只有当客观出现的事物能够引起幼儿注意时，才会引起他们的情感，这种情感可能是积极的，也可能是消极的。例如，幼儿对于成人看的电视剧不会产生太大的反应，但是对于电视里播放的动画片会目不转睛地观看，当看到喜洋洋帮助羊村村民做好事时会产生自己也要帮助他人的积极情感体验，当看到光头强砍伐森林里的大树时会产生愤怒的情感的体验，当面对自己也不知道怎么办的事情时会产生纠结的情感体验。

二、幼儿社会情感的特点

幼儿社会情感的特点主要有以下三个方面：

（一）幼儿情感表达的善变性

情感是一种心理体验和心理感受。幼儿的情感表达变化得比较快，前一秒还开心地大笑，转眼可能就泪如雨下，当需要被满足时开心得手舞足蹈，没得到满足就闷闷不乐。这首先与幼儿个性不成熟有关。幼儿的情绪情感受环境影响比较大，幼儿所处的情境对情感有很大的支配作用，而情境是变化的，这就很容易引起幼儿情感的变化。其次，幼儿的认知能力有限。幼儿对客观事物的认识停留在表面，常以自我为中心去思考问题，去判断客观事物的价值，不能透过事物的现象看到事物的本质，因而对客观事物的认识也说变就变。例如孩子昨天晚上还和你聊得很好，愉快地说第二天要去幼儿园，但是等第二天早上起来时却把昨天晚上答应你的事情忘得一干二净，哭闹着说让你陪，不去幼儿园；再如两个小朋友会因为一本故事书大打出手，但是过一会儿，你会发现他俩还会快乐地玩在一起。

（二）幼儿情感中人际交往的比重随年龄增长不断增加

随着年龄的不断增长，幼儿与他人交往、交流的内容不断增加。一项关于幼儿的微笑分类研究如表 5-1 所示。

表5-1　幼儿三类微笑类型比较

年龄	自己笑		对教师笑		对小朋友笑		总数	
	次数	占比 /%	次数	占比 /%	次数	占比 /%	次数	占比 /%
1 岁半	67	55.37	47	38.84	7	5.79	121	100
3 岁	117	15.62	334	44.59	298	39.79	749	100

从表 5-1 中我们能够看到，这项研究将幼儿的微笑分成三类：自己笑、对教师笑和对小朋友笑。自己对自己笑不是人际交往的体现，而对教师笑和对小朋友笑是人际交往的体现。年龄小的幼儿自己对自己笑的比例较高，主动对其他人笑的比例较低。相反，年龄大的幼儿对自己笑的比例在不断降低，而对教师、小朋友等其他人笑的比例明显加大。这种现象充分说明了情感中人际交往的比重随年龄的增长而不断增加。

（三）幼儿情感表达更趋向社会化

幼儿的情感表达随年龄的变化逐渐发生变化。笔者在幼儿园的实地观察中发现，小托班的孩子会直接表达出自己的情感态度，不会有太多顾虑。例如，我在小班观察时，想和一位男孩打招呼问好，但是他直接拒绝了我，还说我才不和你说话呢，这让我感觉到很"尴尬"。但是到了中大班时，我和他们打招呼时，明显能感到他们对我有所戒备，但是还会礼貌性地和我问好；在不同的场合他们也会表达出不同的反应，例如，在家里自己的要求没有得到满足会用哭闹的方式表达，然而在幼儿园自己的需求得不到满足时，则能控制住自己的情绪。这些都说明孩子的年龄越大，情感表达更加社会化，展现出更多的沟通技巧。

三、幼儿社会情感教育的意义

幼儿社会情感教育是社会领域教育中的一项重要内容，也是培养幼儿具有健全人格的重要组成部分。学前期是健康社会情感形成的关键期，也是对学前儿童实施情感教育的最好阶段。《规程》中强调，幼儿园教育应注重情感教育，注重潜移默化的影响，并贯穿于幼儿生活以及各项活动之中。2001年发布的《幼儿园教育指导纲要（试行）》在健康、语言、社会、科学、艺术五大领域中的教育目标和教育内容与要求中都提到了幼儿的情感教育的重要性。

（一）幼儿社会情感教育有利于幼儿健康全面发展

当今幼儿所处的社会环境正在快速变化，学业的竞争已由原来的学龄期提前到了学龄前期，幼儿的压力在不断增加。为了适应新的形势、新的环境，学前教育工作者应该把培养幼儿的身心健康发展放到一个重要的位置。如今所说的身心健康，既包括身体健康也包括心理健康，而良好的情绪、情感是其中不可缺少的一部分。

1. 幼儿情感教育对幼儿身体健康发育的价值

无论是古时的《黄帝内经》还是当今医学研究成果都足以证实，良好的情绪、情感状态对于一个人的身体健康非常有帮助。巴甫洛夫也曾提出，愉快的情绪可以促进身体发展，让身体更加健康。对幼儿进行积极的情感教育，让幼儿获得积极、愉快的情感体验对幼儿的身体健康发展有非常大的好处。在过去传统的教育中比较忽视情感教育，没有明确的情感教育目标，因此我们会发现无论在日常生活中还是在幼儿园的教育中，总会有一些小朋友的情绪非常难以控制，出现强迫症、神经衰弱等问题。

2. 幼儿情感教育对心理健康发育的价值

（1）幼儿情感教育有利于幼儿社会化的发展　幼儿的社会化是指幼儿从一个自然人，逐渐掌握社会的道德行为规范与社会行为技能，成长为一个社会人，逐渐步入社会的过程，它是在个体与社会群体、儿童集体以及同伴的相互作用、相互影响的过程中实现的。幼儿社会化的过程就是与外界环境接触过程中不断适应外部环境，适应人类社会的生活过程。幼儿积极健康的情感有利于适应自身、他人和外部社会环境，最终促进幼儿的社会交往能力的发展。相反，如果幼儿在学龄前期有较多的消极情绪情感，如对父母不能经常陪自己玩的抱怨、对幼儿园老师的不信任、没有能和自己玩到一起的小伙伴、对自己一些想改却又改不掉的毛病等，这些消极的情绪情感会严重阻碍幼儿与外部环境、社会交往能力的发展。

科学的幼儿情感教育，通过培养幼儿与外部环境的适应，包括家庭、幼儿园、幼儿能接触到的其他环境，培养幼儿与周围接触到的人的交往能力，学会礼让、互助、感恩、仁爱，学会尊重他人、理解他人、宽容他人，体会到与他人交往带给自己的快乐，从而产生了愉快的情绪情感。这样幼儿能够更好地适应外部环境的变化，具体表现为：喜欢上幼儿园，不再把去幼儿园当成自己的负担；乐于与其他小朋友接触，且在接触的过程中有礼貌、懂分享，与他人交往的能力显著提高。

（2）幼儿情感教育有利于幼儿社会认知的发展　社会认知是指个体对社会性客体之间的关系的认知，其中人际关系是社会认知的一项重要内容。情感与认知之间有着密切的联系，积极的情绪情感是认知发展的动力，积极的情绪情感对幼儿社会认知活动有着积极的促进作用。相反，消极的情绪情感则对社会认知活动产生阻碍作用，例如幼儿在情绪失控的情况下，很难听进去父母、老师或者其他人说的话，很难对事物做出正确的认知。社会认知发展中最重要的就是观点采择的能力，即幼儿能够从他人的角度看待问题的能力。观点采择能力需要幼儿能够正确地感知事物，而如果幼儿没有健康的情绪情感，则很难准确地感知外部事物。在幼儿时期培养幼儿积极、健康的情绪情感，改善幼儿的情感状态，对幼儿的认知包括感知、想象、记忆、创造、思维、言语和操作能力等的发展具有重要推动作用，为幼儿未来的学习打下坚实的基础。

（3）幼儿情感教育有利于幼儿个性的发展　个性一般是指个体在先天与后天各种因素相互作用下形成的相对稳定和独特的心理行为模式。我们知道健康情感的发展开始于良好的情绪的产生，因此培养幼儿良好的情感应该从培养良好的情绪开始。无论心理学家埃里克森，还是普拉切克，在他们的研究中都十分重视情绪对个性形成的重要作用。情绪情感是个体性格结构中不可缺少的一部分。

学前期是幼儿个性形成的关键期，是幼儿个性发展最重要的阶段，古时的"三岁看大，七岁看老"说的就是这个道理。人际交往对个性形成起着至关重要的作用，而除了语言是人际交往的媒介外，情绪情感也是人际交往的重要媒介。刚出生的幼儿还不能进行语言表达，但是他们会用自己的情绪情感向成人传递自己的需求，他们运用情绪情感作为交往的手段。幼儿中班以后，他们的情绪发展也日渐稳定，对情绪的自我调控能力也逐渐提高，在与教师、同伴、父母或者其他人的交往中，逐渐形成不同的情感态度。长此以往，幼儿的这种情绪情感会趋于稳定。例如，幼儿在刚上幼儿园时会对教师因为不熟悉、陌生而产生恐惧感，但是如果教师对幼儿呵护有加，经常照顾、爱抚幼儿，使幼儿的紧张、恐惧感消除，对教师的信任感会不断加强，安全感也会随之而生。因此，我们要十分重视幼儿的情感教育，培养幼儿积极的、愉快的、健康的情感，促进学前儿童良好个性的形成。

（二）幼儿社会情感教育有利于社会的和谐发展

虽然我国已经开放了生育二孩政策，但是很多家庭还是选择只生一胎，所以短时期内独生子女的人数还是居多。大多数的独生子女都会体现一个"独"字，具有强烈的自我中心感。也会有部分独生子女情感淡漠，缺乏同情心，不懂得尊重他人，无法理解他人等。例如，报纸上曾报道过这样一个案例，四名年龄相仿的好朋友，平日里经常在一起玩耍，有一天几个人相约去河里游泳，突然有一名伙伴不慎溺水，危急时刻其他三个孩子既没有救助，也没有求救，更没有报警，竟然将伙伴的遗物掩埋，就当什么事儿都没发生一样各自回家。虽然是个案，但我们不难看出孩子们缺乏处理紧急情况的能力，而且更加说明的是他们情感的冷漠，对生命的不尊重。也许这件事不一定具有大多数独生子女的行为的代表性，但是冷漠、缺乏爱心却是很多孩子身上都有的，问题的大小有不同，但是本质上暴露的问题却是一样的。我们要十分注重学前儿童高级情感的培养，包括道德感、理智感和美感。

这些问题的出现正是由于我们的情感教育没有做好，孩子们缺乏健康的情感远比无知更可怕。我们不想听到总有家长和老师抱怨"现在的孩子怎么这么自私""孩子竟然跟我对着干"等不良现象。为了下一代能够健康成长，家长、幼儿园和社会都应肩负起自己的责任，从小对孩子进行健康情绪情感教育。促进社会和谐健康地发展，首先必须促进人的健康发展，而情感教育的顺利开展则是这一切能够实现的保障，只有这样才有利于我们社会的和谐发展。

📁 案例

小乌龟上幼儿园（小班）

【活动目标】

（1）幼儿愿意听故事，乐于结交新朋友。

（2）能够在日常生活中主动与他人交往。

（3）初步懂得结交新朋友的方法，理解所讲故事的内容。

【活动准备】

（1）故事大书《小乌龟上幼儿园》。

（2）小乌龟图片。

【活动安排】

（1）出示新朋友——小乌龟，导入活动。

① 今天老师请来一位新朋友，小朋友们认识它吗？（出示图片）我们来看看乌龟是长什么样子的？（有四条腿，圆圆的脑袋，硬硬的龟壳）

② 你们知道吗，小乌龟也上幼儿园，我们一起来看看小乌龟是怎么上幼儿园的。故事的名字叫《小乌龟上幼儿园》。

（2）完整欣赏故事，理解故事内容。

① 故事的名字叫什么？小乌龟第一天上幼儿园遇到谁了呢？

② 小青蛙在乌龟壳上面做什么呢？

（3）出示图书分段讲解故事，引导幼儿观察小乌龟的表情，理解小乌龟找到好朋友前后心情的变化。

① 观察图片，描述小乌龟上幼儿园的表情。小乌龟刚上幼儿园心情是开心还是难过呢？你是怎么看出来的？（小乌龟躲进龟壳里面，眼泪都流出来了）

② 接下来小乌龟遇到了谁呢？（小鸡，小鸭，小青蛙），他们在小乌龟的龟壳上做什么呢？你们说这样做，对不对呀？

③ 小乌龟怎么哭了呢？（因为他们在小乌龟的龟壳上跳来跳去）

④（观察最后一张图片）咦，他们在干什么呢？小乌龟的心情怎么样？

（4）观看图书再次完整讲述故事。

【活动延伸】

你们喜欢小乌龟吗？现在小乌龟都是开开心心地上幼儿园，小朋友们也要学习小乌龟，每天开心地来幼儿园。

鸟是人类的朋友（中班）

【活动目标】

（1）初步了解鸟的特征以及鸟的生长过程。

（2）了解鸟与人类的关系，产生喜爱鸟和乐于保护鸟的情感。

【活动准备】

（1）视频播放器。

（2）各种鸟的图片。

（3）录像《鸟的生长过程》。

（4）收集各种有关鸟与人类关系的信息。

【活动安排】

（1）在视频播放器上展示各种鸟的图片（或者视频），引导幼儿感知鸟的多种多样。

提问：

① 你认识哪种鸟？它叫什么名字？它长什么样？

② 为什么它们都叫鸟？引导幼儿发现这些鸟有哪些相同的地方。

小结：鸟的身上长满了羽毛，大多有圆圆的头、硬硬的嘴，有两只翅膀和两条腿，鸟都没有牙齿。大多数鸟会飞，脚上有爪，能抓住树枝，有很多鸟把家安在树上。生活在水边的鸟脚上有蹼，会划水。

（2）看录像了解鸟从卵到成鸟的成长过程。

① 让幼儿观看录像。

② 交流讨论：小鸟是从哪儿来的？小鸟是怎样长大的？

小结：小鸟是鸟妈妈生出的蛋孵出来的。鸟爸爸、鸟妈妈捉来小虫喂自己的鸟宝宝，小鸟跟着爸爸妈妈学习飞行、啄食、搭窝的本领。我们应该爱护鸟。

（3）讨论：鸟与人类的关系。

① 教师：鸟能为人类做很多事，你知道哪些鸟对人类有哪些帮助？

② 师幼一起讨论：与人类关系密切的鸟。

如：信鸽可以帮人送信；喜鹊被人当作吉祥的象征；麻雀、燕子、八哥、喜鹊、乌鸦专门吃田间庄稼地里的害虫，帮助人们粮食丰收；人们还根据孔雀、天鹅的优美姿态编排舞蹈等。

③ 我们应该怎样保护、爱护鸟。

如：在生活中不捕捉鸟、不使用杀虫剂、善待受伤的鸟等。

【活动延伸】

可以在家里或者在幼儿园画一幅自己喜欢的鸟的作品。

第二节
幼儿社会情感的培养

❖ 知识讲解

幼儿的社会情感极为丰富，并且具有不稳定性，容易外露，所有的真实情感都会直接呈现在人们的面前，为此，在幼儿园的日常教学中，教师应该加以正确的引导，积极利用各种资源和条件为幼儿创造良好的班级环境和教学氛围，让幼儿能够在愉快的环境中获得良好情感的体验，并且促进认知能力和个性特征的发展。

一、开展适宜的情感教育主题活动

幼儿园的主题活动在当前的幼儿园课程教育体系中有着重要的地位，它将幼儿相对零散的经验有效整合，将要教给孩子们的知识组合为他们更易于接受的主题活动的方式。我国的幼儿园教育多采用综合主题的课程组织方式，这种方式对幼儿的教育有着很好的效果。

主题活动的开展可以是幼儿教师的提前预设，即教师是主题活动设计的主体；可以是根据幼儿在日常生活中表现出的兴趣点作为主题活动的发起点；也可以是教师在预设主题过程中，发现了幼儿的一些其他兴趣点，根据幼儿的这些兴趣点再重新组合主题活动。情感教育作为主题活动中的一项重要内容，可以从以下几方面进行主题活动的创设：

（一）情绪体验、表达类的情感教育主题活动

情绪体验、表达类的主题活动，首先让幼儿能分辨自己的基本情绪。例如，高兴、生气、害怕、难过、伤心等。其次，能够分辨自己的情绪，然后学会用正确的方式来表达自己的情感，并能根据他人的情绪做出适当的反应，不随便乱发脾气等。例如，自己身体不舒服能够及时向父母或者老师表达自己的感受；看到其他小朋友伤心哭泣时能够主动安慰；在家里不能向长辈发脾气，要正确地表达自己的需求。

（二）社会交往类的情感教育主题活动

幼儿的情感通常都是在与人交往的过程中表达出来的，在交往中学会正确认识自己和其他人的关系。交往类的主题活动主要是让幼儿在与同伴交往的过程中学会团队合作、互助、理解、宽容，能从与他人的交往过程中感受到快乐和满足。例如，通过"我的好朋友""分享食物""团结力量大"等与交往相关的主题活动对幼儿进行情感教育。

（三）爱国主义的情感教育主题活动

热爱自己的父母长辈、幼儿园、所在社区和城市，有初步的爱国主义情感也是情感教育中的一项重要内容。幼儿年龄越小、可塑性越强，生动、鲜明的形象对于他们的幼小心灵的影响就越强烈。根据幼儿的这些特点，我们可以这样进行爱国主义的教育，例如，升国旗、唱国歌活动；重大历史节日、纪念日（国庆节、建党节、建军节、抗日战争胜利纪念日等）的主题活动周；选取祖国的大好河山、风景等作为爱国主义主题素材等。

二、在幼儿园的一日生活中培养幼儿积极的情感

幼儿的情感教育不仅在正式的幼儿园教学活动中进行，一日生活中也是进行情感教育的最佳时机。幼儿园的一日活动包括：入园、晨检及晨间活动、三餐两点、如厕及洗手、教育教学活动、游戏活动、午睡、户外活动、离园活动。幼儿在幼儿园每天重复这些活动，在这些一日活动中我们可以安排如下情感教育：

（一）在日常的生活细节中对幼儿进行情感教育

《规程》指出："幼儿园的品德教育应当以情感教育和培养良好行为习惯为主，注重潜移默化的影响，并贯穿于幼儿生活以及各项活动之中。"这表明，幼儿的良好品德需要靠科学的情感教育实现，注重幼儿在日常生活中的实践，最终将幼儿培养成为有良好行为习惯的人。

在幼儿园一日生活中，孩子们每天都在重复着简单的活动，例如如厕、洗手、吃饭、喝水、午睡、穿衣服等等，就是这些看似简单的一日活动，其中蕴藏着很大的教育价值。如厕时，按顺序排队，礼让小朋友，不推、不挤；洗手时能节约用水，爱护香皂，擦手时注意不要把水洒在地上；吃饭时能懂得保持餐桌的整洁，不掉饭粒，珍惜、爱护粮食；午睡时，能够按老师的要求午睡，不打闹影响其他小朋友休息；等等。在日常生活中蕴藏着大量的情感教育，孩子们有了这些按规则办事的意愿，逐渐培养出了良好行为习惯，必然能达到幼儿园品德教育的目标。

（二）在游戏中对幼儿进行情感教育

《规程》中指出："幼儿园应当根据幼儿的年龄特点指导游戏，鼓励和支持幼儿根据自身兴趣、需要和经验水平，自主选择游戏内容、游戏材料和伙伴，使幼儿在游戏过程中获得积极的情绪情感，促进幼儿能力和个性的全面发展。"幼儿最喜欢游戏，因此游戏是幼儿园教育的基本形式。幼儿积极的情绪情感在游戏中能够很好地培养，应该抓住幼儿的游戏时间对其进行良好的情感熏陶。

例如，当孩子们认识了"我的社区"以后，我们可以在幼儿自主性游戏中加入"走进社区医院"。孩子们平时最怕打针、吃药，让孩子们大胆地自己去扮演医生、护士和病人。孩子们努力地回想自己去医院时医生和护士是怎么做的，并模仿他们的样子给病人看病。孩子们遇到困难时还会主动地商量，思考解决办法。老师则在一旁观察，适当时给予一定的指导。在这个活动中孩子深刻地认知了医生的角色，平日里看着可怕的医生原来工作很辛苦，他们为了病人的康复付出了许多的劳动。去医院打针时我们要勇敢、坚强，同时也增进了对医护人员的尊敬与感激之情。

三、在区角活动中进行情感教育

区角活动也称为区域活动或活动区活动，是指"教师利用游戏特征创设环境，让幼儿以个别或小组的方式，自主选择、操作、探索、学习，从而在和环境的相互作用中，利用和积累、修正和表达自己的经验与感受，在获得游戏般体验的同时，获得身体、情感、认知及社会性等各方面发展的一种教育组织形式"。幼儿园里通常有建构区、语言区、美工区、数学区、科学区、益智区、图书角等区域角落。

《规程》中指出："幼儿园教育应以游戏为基本活动，寓教育于各项活动之中"，区角活动不但以游戏为基础，还集中了教育内容。实际上，区角活动中还蕴含着很多情感教育的内容。区角活动是幼儿自主学习的一种方式，每个区角里同时会有几名小朋友一起活动，教师在区角里投放的材料很多时候不一定够孩子们选择，这就需要幼儿之间协商、讨论解决，幼儿在活动期间的沟通、分享、理解、互助有利于幼儿情感的发展。教师在区角活动中扮演着观察者、指导者的角色，教师观察幼儿在活动中的表现，孩子们出现问题并能很好地协商解决时，教师要及时表扬他们的团队合作精神，当出现矛盾解决不了时，教师要帮助幼儿解决问题，适时地进行情感教育，防止幼儿间的互相指责，帮助他们正确表达自己的情绪情感。

四、家园合作，创造良好的精神氛围

家园合作主要是指幼儿家长与幼儿园之间为了孩子得到全方位的发展，进而相互配合、相互合作的一个动态过程。孩子的发展离不开家长的教育，也离不开幼儿园的培养，而如果两者形成合力将会对教育幼儿起着 1+1>2 的作用。双方的共同合作，将会对幼儿情感教育起着决定性的影响。

（一）家庭中幼儿情感教育的培养

培养幼儿良好的情绪情感，家庭中的情感培养是必不可少的，为此应做到：

1. 创建良好的家庭情感氛围

父母是孩子的第一任老师，家庭是幼儿成长的第一个重要环境，家庭内部情感氛围的好坏直接影响着幼儿情感的发展。为了孩子的发展，家长有责任为孩子提供一个温馨、融洽的家庭氛围，帮助幼儿树立有安全感的、健康快乐的心境。家庭成员之间互敬互爱、民主平等、积极乐观、和睦相处，会给幼儿提供一个温馨、祥和的家庭环境，为其情感的健康发展提供保障。相反，家庭间矛盾不断、夫妻双方经常大打出手，晚辈与长辈之间无法和睦相处，这样的环境必然会对幼儿产生不良的影响。长期在这种环境中幼儿的性格胆小、害怕，情感压抑、心情黯淡，缺乏安全感。

2. 创建良好的亲子关系

亲子关系主要指的是父母和子女之间的关系。温馨和谐的亲子关系是培养幼儿健康情感的基础。当今社会父母工作压力都比较大，陪伴孩子的时间少，大部分时间孩子都是由长辈带，这对亲子关系的形成是极其不好的。陪伴是亲子关系形成的基础条件，无论父母工作多忙，都应该尽可能地抽出时间陪伴孩子，与孩子沟通、交流、分享，发现孩子情绪情感的变化，解答他们的困惑，帮助孩子化解一些不良情绪，多给孩子积极、正面的情绪引导和情感体验，使幼儿对家庭有归属感，对父母有依恋感。父母要从心底接纳自己的孩子，不能只对孩子说别人家的孩子好，应该多正面鼓励、欣赏、肯定孩子，不足的地方你可以帮助他慢慢改变。孩子是父母身上的影子，你在说孩子不好的时候，实际上就是在说自己，与其抱怨、批评不如理解、接纳和陪伴，这是对幼儿最好的爱。

（二）幼儿园中情感教育的培养

1. 深挖幼儿园情感教育的课程资源

社会领域教育要特别关注幼儿情感的发展，幼儿园在日常教学活动中要将幼儿情感教育放到一个重要的位置，要有目的、有计划地构建目标详尽、内容清晰完整的情感教育体系。情感教育不应与普通的智力、认知教育分割开，它应该贯穿于幼儿园一日的教学活动中，课程体系中尽可能为幼儿提供情感学习与体验的机会，情感体验要贴近幼儿的实际生活，不可脱离幼儿的生活实践。例如，通过举办亲子运动会、节日晚会、生日会等形式，有目的、有主题、有针对性地对幼儿实施情感教育，将我们想让幼儿感受的情感，通过各种积极、有趣的活动，自然而然地传递给幼儿，促进良好的情感体验的形成。

2.建立良好的师幼关系

《纲要》中指出，教师在教育过程中应成为幼儿学习活动的支持者、合作者、引导者。幼儿园老师相当于幼儿的第二位"妈妈"，她是除了孩子的父母外与孩子交往最多的成人。交往过程中孩子们会模仿教师的一言一行，教师是孩子们的榜样，是他们最信任的对象之一，因此幼儿与教师之间的关系影响着孩子社会情感的形成。教师不但要关注孩子智力的发展，还要关注孩子的情感教育，包括在日常幼儿园生活中向幼儿传递友善、理解、包容、仁爱等情感，及时发现孩子成长过程中的问题，允许孩子犯错误，但不责骂、体罚幼儿，而是善于鼓励幼儿，让他们从中发现自己的问题，并帮助他们解决问题，让他们体会到集体的温暖，树立孩子们面对挫折的自信心。形成了这种良好的师幼关系，幼儿的情感教育必然会取得良好的效果。

（三）家园共育的幼儿情感教育培养

孩子的成长，绝对不是单一靠家庭或者幼儿园某一方能做到的，需要将两者的力量连在一起，形成合力，这样才能使幼儿的情感得到最佳的发展。幼儿家长和幼儿园不是对立的关系，而是合作的关系，家庭和幼儿园应在教育孩子的问题上达成共识。对于情感教育而言，双方应该理念一致、目标一致，运用科学的教育方法提高幼儿情感教育的效果。首先，幼儿园可以多举办一些亲子活动，多让家长参与进来，既可以让家长与幼儿增进亲子关系，也可以增加家长对幼儿园教育理念的了解，以此获得家长对幼儿园教育的支持和配合。其次，完善幼儿园与家长的沟通渠道，通过家长会、家长开放日、家园联系卡、家委会、家园联系栏等方式加强幼儿园与家长的沟通，将先进的情感教育理念传递给家长，提高情感教育的质量。最后，开辟家长教师制度，即让家长直接参与到幼儿园情感教育中来，让家长客串教师的角色。幼儿园将先进的情感教育理念传递给家长，家长在先进理念的指导下根据自己的实际情况组织情感教育内容，然后给孩子们上课。这种方式既可以让家长学习很多的情感教育理念，也可以让孩子们体验到别样的教学感受，使情感教育真正达到最优效果。

五、帮助幼儿掌握一些情绪调节的技能

针对幼儿年龄小、情绪调节能力差的特点，我们可以有针对性地对幼儿进行情绪调节能力训练。

（一）学会宣泄消极情绪，转移注意力

幼儿由于年龄小，语言表达能力不是很强，当遇到不高兴的事情时很多时候都以哭闹、摔东西去发泄自己的情绪，而不会像成人一样把问题表达出来。教师在这个时候应该首先控制住自己的情绪，想办法帮助幼儿以一种正确的方式将自己的消极情绪发泄出去。心理学研究发现绘画是可以舒缓人的情绪的，教师可以引导幼儿将自己的心情画出来，引导幼儿用绘画或者其他方式表达自己的情绪。绘画也转移了孩子的注意力，有助于把不

良的情绪转移到高兴的事情上来。当幼儿学会这种方法后，对于他调控自己的情绪很有帮助。

（二）行为练习、强化实践，为幼儿提供解决问题的机会

让幼儿自己解决情绪问题是自我调节情绪最好的方法。教师可以在一日生活中或者教学活动中为幼儿创设更多的情绪问题情境，通过与幼儿之间的倾听、讨论，体验他人的不良情绪，帮助幼儿找到调节情绪的方法，让幼儿逐渐形成情绪的调控能力。例如，晓伟向自己的妈妈大喊大叫，他这样做对吗？再如，小兔子生起气来不停地摔东西，换作是你，你会怎么做呢？可以通过这些实际问题引导幼儿回答。教师还可以创设不同的主题活动或者区域活动，让幼儿真正体验每个情绪。例如可以创设"心情大放送"为主题的教学活动，将喜、怒、哀、乐的情绪赋予生命，让幼儿亲自模仿出这些情绪。区域活动中可以配合主题教学活动开展"快乐商场""消气屋"等引导幼儿正确选择情绪的表达方式，使幼儿始终保持着健康、快乐的情绪，逐渐提高幼儿自己的情绪调控能力。

🗃 实战演练

案例：上午的学习活动结束后，老师安排大班的小朋友去喝水，果果突然跑来向老师告状："豆豆把水倒在我身上了。"老师一看，果果的裤子上有一大片水印，然后她向豆豆的方向走去。豆豆一看老师过来了，马上低下脑袋，一副灰头土脸的样子！

训练要求：尝试用所学知识分析案例中果果和豆豆的情感发展情况，并设想一下假如你是老师将如何教育两个孩子。

教师提示：

（1）学生分组进行讨论，并小结讨论结果。

（2）派代表分享讨论结果。

（3）师生总结。

📄 小贴士

为什么过去的孩子挨骂、挨打，却很少有心理问题？答案值得无数家长深思！

《中国新闻周刊》有报道提到，儿童抑郁症已经成为一种时代病，儿童精神科挤满了抑郁症小患者。

这几年，关于孩子抑郁、跳楼、诱导"自杀"的新闻也有点多。很多家长不解：我们小时候也挨打、挨骂，为什么没有心理问题？

现在的孩子也太难养了！

那么问题来了，以前的孩子真的没有心理问题吗？

答案是否定的。

那我们为什么会有这种错觉呢？

一是那个时候还没有这种概念或意识。

对于孩子的一些极端或异常行为，统一归结为"不听话""想不开"。

二是那个时候信息不发达，人们的生活圈子有限，对外面的人和事知之甚少。

虽然没有数据对比，但现在的孩子确实比以前的孩子更容易有心理问题。

为什么呢？

以前的孩子，被打骂是家常便饭，是普遍现象，没有对比，就没有伤害。

而且，物质的普遍匮乏，使以前的孩子的需求重点还停留在马斯洛心理需求的最低层次——生理需求：吃饱穿暖。

再者，以前的家庭，兄弟姐妹比较多，父母又忙于生计，根本没多少精力照顾孩子，更别提关注其心理问题了。

即便有点心理问题，也会在与伙伴的尽情玩耍和在做农活的过程中得到舒缓与释放。

现在的孩子，大多是独生子女，衣食无忧。一家两代五六个人围着一个孩子转，孩子稍有风吹草动，全家草木皆兵，这无形中会给孩子带来一定的心理负担与窒息感。

况且，信息化的普及拓宽了孩子获取知识的渠道，开发了孩子的心智。他们更看重自我个性、价值是否被认同与尊重。

与以前的孩子相比，他们的需求点已上升至马斯洛心理需求的中高级层次——归属需求、尊重需求、自我需求。

可悲的是，父母及长辈爱孩子的方式，还停留在满足其物质需求和照顾其生活起居上。

美国教育家约翰·杜威说："如果我们用过去的方式教育现在的孩子，就是在剥夺他们的未来。"

所以，当家长的思维跟不上孩子成长的脚步时，他们会有不被理解的孤独，也会有无法实现自我价值的无奈。

其实，孩子需要的爱很简单，我不要你觉得，我要我觉得，请你看到我，听到我。

李玫瑾教授说过："会玩的小孩往往更优秀，学习成绩更好。"

可现实生活中，多少孩子的一天，不是在学校上课，就是在家里小课桌前的方寸之地刷题，几乎没有放松的时间。

有一次，四川攀枝花一个小男孩打110，只为求得几句安慰。他哭泣着倾诉：妈妈只要一看到他不在学习，就打他。哪怕作业他全部完成了，妈妈还要逼着他看书，无时无刻不在逼着他学习。他苦闷、委屈、压抑，终于情绪崩溃，只好找110求助，称"我想永远离开我妈妈"。

被学习裹挟得密不透风的孩子，丝毫没有自己的喘息之地，很容易出现心理问题。

综艺《亲爱的小课桌》里的凯凯，才上一年级，就出现了专注力差、不合群、自卑等各种问题。

直到看了凯凯的日常生活才知道，他的课外活动全部被学习挤满了，没时间跟小伙伴们玩，也没机会跟同龄人打交道。

短短一个假期里，妈妈给他布置了376套卷子、报了三个兴趣班，并且以亲戚家孩子暑假全部用来学习为例，鼓励凯凯向别人家孩子看齐。

过去的孩子虽然挨骂、挨打，但他们有很多情绪出口，他们的生活除了学习，还有洗衣、做饭、照顾弟弟妹妹、在外面疯跑……

是啊，孩子们的童年，需要玩耍、运动，需要蓬勃的生命力。

只有生命力越旺盛的孩子，内心才越阳光。

美国医学博士斯图尔特·布朗用了 42 年时间，跟踪采访了 6000 人，结果发现：小时候没有无拘无束玩耍过的孩子，长大后更难适应新的环境。而那些自由畅玩的孩子，长大后无论社交能力、抗压能力，还是解决问题的能力，都比较强。会玩的孩子，无论性格还是行为举止，都更为松弛、开放。他们不至于把自己搞得紧张兮兮的，或者陷入刷题、考试、青春期苦闷里，不会动不动就钻牛角尖，更能适应生活的复杂性。

所以，如果你的孩子爱玩、爱闹，只要不是原则性问题，就由着他去吧！

一个会跳、会笑、会闹的孩子，比一个内心脆弱不堪的孩子，更让父母省心。

要知道，每个孩子的花期不同，接纳孩子的不完美，以欣赏的心态鼓励孩子前行，才是父母毕生的修行。

晚清四大名臣之首曾国藩，小时候能笨到什么程度呢？一篇课文，他没背两句就卡壳，反反复复一直背到了后半夜。结果，趴在他家房梁上的小偷都被迫背熟了，他还没背过。这样的孩子，要是放到现在，不知道会把父母气成什么样。庆幸的是，他父母没有那么强势，否则，可能会将一代名臣扼杀在摇篮里。

孩子的出生是被动的，他们长大的方式也是被动的。因为他们没有经济能力，没有独自长大的能力，所以他们就要被动地接受父母对自己的一切操控，无论自己是多么不情愿，甚至是恐惧。

孩子一旦有这种错觉，内心就会很压抑、很痛苦，甚至很绝望。无论何种情况，孩子都不会停止爱父母，但他们会停止爱自己，甚至伤害自己。

一个好的家长，应把重心由教育孩子转移到自我提升上来。当你把自己提升好了，才能带给孩子安全、幸福、健全的人生。

第三节
幼儿社会情感教育活动的目标、设计与指导

❖ 知识讲解

一、幼儿社会情感教育活动的目标

《纲要》中指出，社会领域的教育具有潜移默化的特点。幼儿社会态度和社会情感的培养尤应渗透在多种活动和一日生活的各个环节之中，要创设一个能使幼儿感受到接纳、关爱和支持的良好环境，避免单一呆板的言语说教。结合《指南》和《纲要》中的要求，可将幼儿社会情感教育的目标概括为：

（1）创造良好的活动环境，建立合理的生活制度，丰富幼儿生活，使幼儿经常保持朝气蓬勃、积极愉快的情感。

（2）逐步发展情感的社会性、稳定性、深刻性，在各项活动中，促进幼儿对教师的尊敬、对同伴的友爱感和对班集体的荣誉感等，提高幼儿控制、调节情感的能力，自觉克服

胆小、自卑、恐惧、妒忌、骄傲等消极情感的影响。

（3）经常让幼儿欣赏富有感染力的文学、音乐、美术作品，陶冶幼儿的高级情感。

（4）幼儿园与家庭密切配合，培养幼儿对周围事物的健康情感和鲜明的爱憎态度。

（5）扩展幼儿对社会生活环境的认识，激发爱家乡、爱祖国的情感。

二、幼儿社会情感教育活动的设计与指导

生活中的许多事例表明，健康的情感能有力地促进一个人的个性得到和谐、健康的发展；相反，情感一旦受挫，出现病态的话，往往会导致气质不佳、性格异常、行动偏激、能力受挫等，严重的还会造成人的心理不健康。因为人的情感是在后天的不同环境和不同教育下形成的，而幼儿期的情感培养又是至关重要的。那么，如何培养幼儿的健康情感呢？

班上有位小朋友在给大家讲自己小时候的故事时，说："我小时候在托儿所，有一天爸爸下班后到托儿所接我回家，半路上下起了大雨，爸爸把他的衣服脱下来披在我身上，到了家，爸爸身上透湿，冻得瑟瑟发抖。爸爸妈妈对我这样好，等我长大了要买许多好东西给爸爸妈妈。"孩子的话虽然充满了童真童趣，惹人发笑，但我们又不得不被这真情所感动。当孩子们萌发出了爱父母、长辈的情感，并急切地需要表达时，我们应给予怎样及时的指导，升华孩子的情感呢？

（一）小班幼儿积极社会情感教育活动的组织与指导

人都有一种先天性的行为倾向——趋向积极的情感体验，回避消极的情感体验。幼儿尤其如此，当他们对教师教学的内容不感兴趣时，就很容易出现注意力分散、坐立不安等情况。自制力差的幼儿还可能发出怪叫，或做些调皮动作。相反，如果是幼儿喜欢的活动，他们会乐此不疲，能够自发地进行行为调适，协商解决矛盾，想办法克服困难，甚至活动结束时还恋恋不舍。

小班幼儿的行为多受情绪支配，对周围世界充满浓厚的兴趣，对新鲜事物具有强烈的好奇心。这个年龄段的幼儿移情能力有了很大的发展，他们开始能站在他人的立场上感受、理解他人的情感，如看见生病的同伴、摔跤的弟弟妹妹会表示出同情。在教师的启发下，他们会做出安慰、关心、帮助等关切行为。模仿是这一时期幼儿的主要学习方式，他们通过模仿来学习别人的经验和行为习惯。这个年龄段的幼儿正处在一个更多地依赖情感而不是依赖理智的时期，他们对世界的认识是以热爱大自然为基础的，爱得越强烈认识就越深刻。在他们的眼中，自然界的一草一木都具有和人一样的生命和情感，一块石头、一只昆虫、一棵小草都能成为他们游戏的伙伴。教师可以通过区角活动、角色扮演、职业体验等来培养幼儿的社会情感体验，例如：爱家庭、父母及亲人；喜欢上幼儿园，喜欢老师和小朋友；情绪稳定，有安全感等。

📚 案例与评析

幼儿园里真快乐（小班）

【活动目标】
引导幼儿发现、体验幼儿园中的快乐的事情。

【活动准备】

幼儿照片每人一张，幼儿家庭生活照片数张，幼儿园一角布置成"快乐城堡"（投放玩沙工具、沙包、海洋球、泥巴等），《快乐舞》音频。

【活动重点】

能讲出幼儿园中快乐的事情。

【活动难点】

找出身边快乐的事情。

【活动过程】

1. 导入

（1）幼儿听《快乐舞》的旋律跳着来到"快乐城堡"。

（2）（做完这个律动，老师问幼儿觉得心情怎么样，引导幼儿说出一些表示心情愉快的词，如开心、高兴、快乐等）教师向幼儿介绍"快乐城堡"。

2. 展开

（1）体验快乐。

① 幼儿从由气球组成的大门进入。

② 幼儿在"快乐城堡"中玩耍。幼儿任意选择自己喜欢的器械、材料，或自己玩，或找朋友一起玩。教师要与幼儿一同玩耍，特别是对性格内向的幼儿，注意观察他们的情绪，尽量让他们玩得高兴。

③ 询问幼儿的感觉。教师带幼儿坐在草地上，互相说说自己的体验："你喜欢玩吗？高兴吗？你最喜欢玩的是什么？为什么？"

（2）讲述快乐。

① 根据图片内容讲述。教师：图中有谁？在哪里？他们在干什么？他们快乐吗？你是怎么知道的？教师提醒幼儿注意观察人物的表情，鼓励幼儿大胆发言。

② 启发幼儿讲述幼儿园里快乐的事。例如，认识了一位新朋友；学会了一首歌；发现植物角里的小苗发芽了；春天到了，和老师、小朋友一起去放风筝、春游……

（3）寻找快乐。

① 引导幼儿发现身边快乐的事。通过观看幼儿的家庭生活照片能体验到：有一个幸福的家感到很快乐，过生日时很快乐，和爸爸妈妈一起游戏很快乐等。

② 扩展话题的内容。例如，帮助别人是一种快乐；遇到困难不退缩，成功了是一种快乐。

③ 再次带幼儿来到"快乐城堡"，寻找新的快乐。

【活动结束】

教师让幼儿知道：只要你天天快乐，你就会成为"快乐小天使"。

【活动延伸】

（1）幼儿每天讲出令自己快乐的事，由家长代笔，写在纸条上，然后由教师贴在幼儿园墙上。

（2）每个幼儿和小朋友一起分享自己快乐的事。

【环境创设】

主题为"争做快乐小天使，天天有个好心情"。由手状的图形组成3～4棵快乐树布置于墙壁周围，每个小手的手心贴上孩子的照片，每个手指贴上 5 张纸条，供其写幼儿快乐事之用，树干上写上"我快乐"。

【活动评析】

（1）激发兴趣是培养幼儿积极情感的前提，只有当一个人对他从事的活动产生兴趣时，他才会全身心地投入活动中。案例中《快乐舞》的乐曲和"快乐城堡"的布置都是能触发幼儿快乐情绪并引发幼儿参与活动的刺激源。

（2）《纲要》要求，要注重让幼儿"体验并理解基本的社会行为规则"。案例中教师自始至终把体验贯穿在整个活动过程中，对体验的内容很明确并安排有序。

（3）案例中的教师非常有心地设计了主题为"争做快乐小天使，天天有个好心情"的墙饰。主题墙饰与幼儿之间的互动有力支持了幼儿的课堂学习活动，很好地体现了幼儿教育要遵循潜移默化的原则。在积极情感教育的培养上，课堂活动教学与主题墙饰的结合不失为一种全面有效的感染教育方式。

（二）中班幼儿积极社会情感教育活动的组织与指导

中班幼儿经过小班一年的教育，情绪较小班幼儿更稳定，他们的行为受情绪支配的比例在逐渐下降，开始学着控制自己的情绪。在商场，当他们看到自己喜爱的玩具时，已不像 2～3 岁时那样吵着要买，能听从成人的要求，并用语言安慰自己："家里已有许多玩具了，我不买了。"在幼儿园里，同伴间发生争执时，有时也能控制自己的情绪和行为。当然，他们并非对所有的事都能适应，对特别感兴趣的事物仍然受情绪支配，甚至还会出现情绪"失控"现象，不顺心时仍会大发脾气。因此，教师应引导中班幼儿关心他人的情感反应，关心同伴，能用适当的方式表达自己的感情和需要；体验父母及亲人对自己的爱，知道父母和亲人的兴趣、爱好，愿意表达对父母和亲人的爱。

案例与评析

让"爱"从这里出发（中班）

【活动目标】

体验"爱"，表达"爱"。

【活动过程】

（1）课堂讨论问题："说说父母在家干些什么？哪些事情是为你做的？"（54% 的幼儿只能说出父母在家烧饭、洗衣，表现出对身边人不关心的倾向；绝大多数幼儿想不出长辈为自己做了什么，甚至有的幼儿只能说出"妈妈喂我吃饭"。这反映了在幼儿的潜意识里，几乎不知道长辈为自己做了什么）

（2）在"娃娃家"区角活动中，幼儿自主表演："我给爷爷奶奶捶捶背""妈妈辛苦了""到超市帮妈妈买东西"。

（3）幼儿将对身边熟悉的人的"爱"的体验迁移到动植物方面。在自然区角活动中，幼儿每人带来了自己喜欢的蔬菜种子，如青菜、萝卜、刀豆等，每天来幼儿园里的第一件事就是给自己的蔬菜朋友浇水，看看它们长大了没有，并尝试用画日记的方法记录自己的蔬菜朋友的成长过程。

【活动延伸】

活动结束后，教师要求幼儿回到家中帮父母做一件事，并要求他们讲述具体的过程。

【活动评析】

对于"爱"的情感，中班幼儿已经可以理解并能表达，但要落实在具体的行动中，还需要成人的指导与启发。但在实际教学活动中，"爱"这一主题活动非常抽象，因此找准教学活动的切入点非常关键。案例中的教师从幼儿对父母的爱入手，尝试让幼儿感受爱、表达爱，在此深刻体验的基础上，使幼儿迁移到对大自然的爱，培养幼儿对万物的敬畏和尊重之情。

（三）大班幼儿积极社会情感教育活动的组织与指导

大班幼儿虽然其情绪情感得到了较稳定的发展，但因其神经系统抑制和兴奋不平衡，兴奋仍占优势，易冲动，这些特点在幼儿同伴间的交往中表现得尤为明显。在学习、游戏和生活中，很多男孩儿不能很好地控制自己的情绪，同伴之间经常会发生争执甚至攻击性行为。如何帮助幼儿抑制情感冲动，学习调节自己的情绪，同时从同伴交往的角度出发，创设良好的交往氛围，学习适当的交往技能，并在与同伴交往中体验到快乐，提高幼儿自我控制的能力等都是需要教师帮助幼儿完成的内容。

另外，大多数幼儿有了相对稳定的好朋友，他们开始有意识地控制自己情感的外部表现，如离开亲人时能忍着不哭。同时，他们的社会情感也开始发展，如当自己的良好表现被忽视时会失望、不安，而让他们照顾比自己小的孩子时会表现得很有责任感等。因此，对大班幼儿积极的社会情感的培养已成为教师引导帮助提升的内容之一。

📚 案例与评析

帮助残疾人（大班）

【活动目标】

（1）增强幼儿对残疾人的同情心，培养幼儿乐于助人的品质，学习残疾人坚强勇敢、克服困难的精神。

（2）进一步增强安全意识和自我保护意识。

（3）从身边做起，关心、帮助残疾儿童。

【活动准备】

（1）带领幼儿参观社会福利院，并拍摄参观活动录像片。

（2）为残疾儿童做一件好事。

（3）《爱的奉献》音频。

【活动过程】

（1）导入活动，引起幼儿兴趣。教师：前几天，我们参观了社会福利院，你们在那里看到了什么？

（2）观看参观活动的录像片（选段1），对幼儿进行安全教育。

教师：

① 老师把那天的活动录了下来，你们看哥哥、姐姐和小弟弟怎么了？他们的眼睛为什么看不见了？他们对小朋友说了些什么？

② 小朋友，在我们的成长过程中会遇到许多危险。你们一定要记住，当爸爸妈妈不在时，千万不要做危险的事情！你们知道哪些事儿是危险的吗？

幼儿回答（略）。（评：教师通过残疾人的现身说法和幼儿自身充分的讨论，以及震撼幼儿自身心灵的严酷事实，使幼儿进一步明确不注意安全的严重危害性，从而对此留下深刻的印象）

（3）观看参观活动的录像片（选段2），继续对幼儿进行安全教育。

教师：

① 明明在干什么？他为什么挂着拐杖？

② 明明告诉了我们什么？

③ 听了明明讲的话，你们会怎么做呢？教师：马路上车辆很多，一不小心就会发生危险，我们必须时时刻刻注意安全。幼儿回答（略）。（评：教师从交通事故等方面进一步拓宽安全教育的范围，丰富教育内容）

（4）观看录像片（选段3），引导幼儿感受残疾人自强不息的精神。

① 张海迪阿姨身残志坚，坐在轮椅上看书、读报、写文章，自学成才。

② 歌手郑智化自强不息，成为家喻户晓和深受大家喜欢的歌唱家。

③ 残运会上，我国运动员在比赛项目中勇夺冠军，走上领奖台。

教师：小朋友，看了这三段录像，你想说些什么呢？

我们要向他们学习，不怕困难，通过自己的努力做好身边的事。

（5）观看录像片（选段4），社会各界都在关心、帮助残疾人。

① 警察叔叔搀扶盲人阿姨过马路。

② 几名小学生为手拿地图的听障夫妇指路。

教师：现在社会上的人们都很关心、帮助残疾人。假如你碰到一个有智力障碍的小朋友，你想怎样帮助他呢？

幼儿A：和他一起玩儿，帮他上下楼梯。幼儿B：帮他上厕所，和他一起画画、游戏。（评：教师通过启发幼儿讨论、交流，引导他们增强关心、帮助残疾人的意识）

（6）让我们来听听大家喜欢的歌曲《爱的奉献》，想想自己以后准备怎样对待残疾人，自己能为他们做些什么？

【活动评析】

这个案例教学的成功之处在于充分考虑了幼儿园教育的有效性问题，很全面地把对幼儿的认知、情感、意志、行动的培养结合起来，并以情感统领整个活动过程，细致地把教育理论和实践统整了起来。理性的认识是形成积极高尚情感的基础，坚定的意志监督情感的持久，行动检验着情感的存在。教师将幼儿园的安全工作和尊重、愿意帮助残疾人的社会情感以一种互相支撑的方式有效结合起来。因此，针对每一种情绪教育活动，教师不仅要明确其中蕴含的情感价值，还要挖掘其在幼儿认知、社会性发展方面的内容，将情知行三维目标整合在一起。

❀ 拓展训练

一、简答

（1）幼儿社会情感的含义。

（2）幼儿社会情感的特点。

二、论述

结合幼儿园中情感教育的培养，试论述幼儿教师如何对幼儿进行社会情感教育。

三、岗位对接

（1）设计一份《幼儿园真好》（小班）社会教育活动教案。

（2）设计一份《让爱从这里出发》（中班）社会教育活动教案。

（3）设计一份《找朋友》（大班）社会教育活动教案。

（4）以"×××的社会情感发展分析报告"为题，深入幼儿园实地，调查某一幼儿的社会情感发展情况及其教育建议，并尝试运用所学知识进行分析和解释。

真题再现

一、选择题

幼儿园社会情感教育内容是从幼儿的社会生活出发的，是紧密结合幼儿的社会生活经验去选择一些幼儿亲身去体验、去想象的内容，这一点是（　　　）。

A.基础性特点　　　　B.全面性特点　　　　C.生活性特点　　　　D.时代性特点

【答案】C

【解析】源于生活的活动内容让幼儿感到真实，易于理解，更能激发他们的情绪情感。

二、活动设计题

感恩是中华民族传承五千年的传统美德。知恩图报是一个人的基本素质。让孩子学习体会理解父母，从小心怀感恩之情，有助于他们长大后能懂得体谅，懂得处理人际关系，促进社会和谐。请以感恩为主题，设计一个幼儿园大班社会活动，对幼儿进行情感和健康人格的培养。

【参考教案】

大班社会活动：感恩

【活动目标】

（1）认知目标：在生活中发现和理解周围的人对自己的关心、爱护，知道感恩。

（2）能力目标：能联系自己的日常生活经验参与交流，有表达感恩的想法。

（3）情感目标：有感恩的心，愿意用积极的情感和行动表达自己对他人的感激之情。

【活动准备】

物质材料准备：视频《卖烧烤的小女孩》，教师与幼儿一起学习、生活、游戏的图片，幼儿游戏、活动的图片，社会各行各业人员工作的图片。

【活动过程】

1.创设情境，激发情感

（1）播放视频《卖烧烤的小女孩》，引起情感共鸣。

（2）帮助幼儿理解故事，融入卖烧烤的小女孩的精神世界。

提问：

① 刚才的视频里说了什么事情？

② 除了卖烧烤，小雨欣还做了一些什么事？（小雨欣每天放学后都要帮妈妈卖烧烤，回家后还要做很多的家务）

③ 小雨欣为什么要帮妈妈做那么多事呢？（妈妈生病了，找不到工作又不能干重活，为了照顾家人，她每天都要去卖烧烤）

④ 你觉得小雨欣是一个什么样的孩子？（小雨欣是一个非容懂事的好孩子，她有一颗感恩的心，她每天帮助妈妈做那么多事，她在用自己小小的双手来感恩回报妈妈）

小结：虽然每天都很辛苦，但是她还是以全校第一名的成绩来感恩回报妈妈。她的故事感动了很多人，她还被评为了"最美孝心少年"。

2. 引发联想，情绪追忆

唤起幼儿对妈妈及家人对自己的养育之苦的记忆，激发他们感恩父母家人的情感。

（1）对妈妈感恩。

① 讨论交流，激发对妈妈的爱。

小雨欣的妈妈辛苦地照顾着家人，那你觉得你自己的妈妈辛苦吗？

那你的妈妈每天都忙些什么？

妈妈平时是怎样关心我们小朋友的？

小结：我们的妈妈把可爱的小朋友带到了这个世界上，又含辛茹苦地把我们养育大，很辛苦很累的。妈妈为了我们的健康成长付出了许多的爱，我们也要爱妈妈。

② 积极思考，表达对妈妈的爱。

我们应该怎样来谢谢妈妈呢？

你想对妈妈说句什么话？

你想为妈妈做点什么事？

小结：小朋友们说得真好，我们应该感恩妈妈为我们所做的一切。我们可以给妈妈送一句祝福，还可以学着自己的事情自己做，帮妈妈减轻一点负担，做一个懂事的好孩子，不让妈妈操心，就是对妈妈最好的感恩。

（2）对家人感恩。

① 提问：在家里除了妈妈爱我们还有谁也爱着我们？他们是怎么爱我们的呢？我们应该如何感恩家人呢？

② 小结：小朋友们长大了，要学会自己的事情自己做，有的时候还要帮助家人做一些事，做懂事的好孩子。

3. 联系实际，迁移情感

借助图片，感受来自生活中的关爱，了解我们要感恩的人，迁移感恩情感。

（1）感恩老师：了解老师每天的辛苦工作，以及如何感恩老师。

① 出示图片：老师与幼儿一起学习、生活、游戏。

提问：我们每天从来园到离园，都做些什么啊？老师都教了我们什么？

② 小结：我们在幼儿园时时处处都离不开老师的辛勤教育，我们应该感谢老师。我们每天都表现好了，在一日活动中健康地成长，就是对老师最好的感谢。

（2）感恩伙伴，体验友情之乐。

① 出示图片：幼儿一起游戏、活动。

提问：你和你的小伙伴在一起开心吗？有哪些开心的事？

② 小结：小朋友是每天陪伴我们一起学习、游戏的伙伴，我们要友好地对待他们。

（3）感恩社会：了解各行各业的人，感恩身边的人。

我们身边还有很多人也值得我们用一颗感恩的心去尊重他们。

① 出示图片：社会各行各业人员工作的图片，如农民锄地的图片、建筑工人盖房子的图片、医生给病人看病的图片等。

② 小结：在我们身边有太多要感谢的人，感谢父母把我们养大，感谢老师教给我们本领，感谢小朋友带来的欢乐、帮助，感谢农民伯伯种出的粮食……我们可以向帮助过自己的人说一声谢谢、回报妈妈一个吻、让爸爸省心、听老师的话、尊重别人的劳动。

4.实际行动，表达体验

（1）制作感恩卡片。

教师：我们应该常常拥有一颗感恩的心，感恩身边一切爱我们的人。这样生活会变得更快乐、更幸福！那我们一起来制作一张感恩卡片送给你最想感恩的人吧！

（2）展示感恩卡片。

你在感恩卡片上画了什么？你想把感恩卡片送给谁？

【活动延伸】

（1）进一步讨论感恩的方式。

（2）在区角投放感恩材料，加深情感体验。

第六章
幼儿社会交往教育的
设计与指导

导学

欢迎你开启本章的学习之旅，在本章中你将了解幼儿社会交往的含义、类型和意义，掌握幼儿社会交往能力的培养方法，能够设计幼儿社会交往教育活动的方案。

学习目标

理解幼儿社会交往的含义；
了解幼儿社会交往的类型和意义；
掌握幼儿社会交往的培养方法；
能够设计培养幼儿社会交往能力的相关教育活动。

思维导图

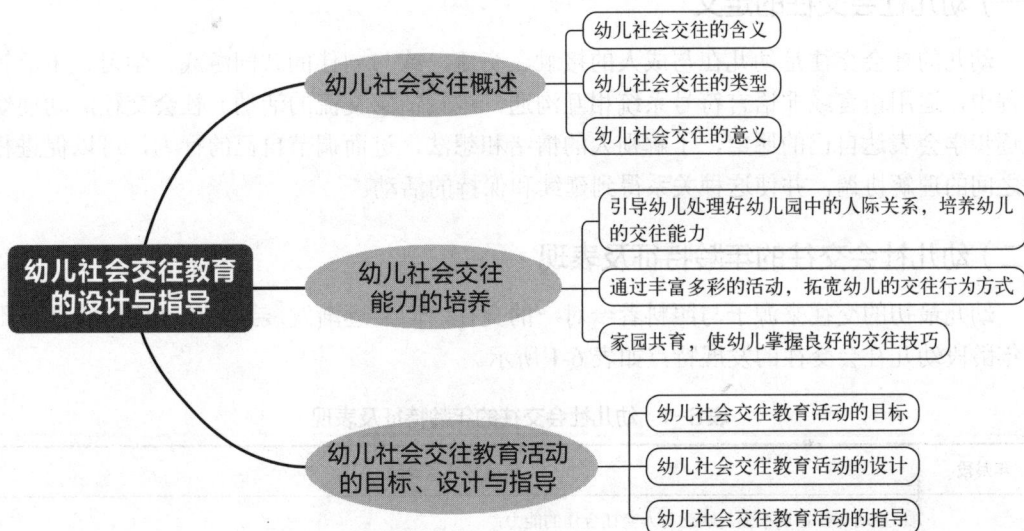

案例导入

我喜欢

建构区域活动中，浩浩和言言在一起合作搭一座动物乐园。过了一会儿就搭成了一座房子。林泽小朋友在旁边一人搭积木，他看了看周围，突然捡起一块积木扔到动物乐园里，把浩浩和言言好不容易搭好的房子打翻了。浩浩和言言很生气，指着林泽喊："你赔！你赔！"林泽不但不道歉，反而哈哈大笑起来。小李老师连忙走过去："林泽，你为什么要这样做？"林泽一脸不在乎地说："我就是喜欢！"

假如你是小李老师，你如何看待这一现象？怎样解决孩子的这种交往问题？

第一节

幼儿社会交往概述

✖ 知识讲解

社会的快速发展和形势的不断变化，要求人们必须具备较强的社会交往和活动能力，而这种能力要从娃娃抓起。而今，幼儿的交往能力受到了一定因素的影响，其中包括功利性社会背景下幼儿交往的剥夺、社会竞争状态下幼儿的孤立、城市化进程中幼儿交往的丧失以及独生子女的交往问题等。

一、幼儿社会交往的含义

（一）幼儿社会交往的定义

幼儿的社会交往是幼儿在与成人的接触、交流，或与同伴的共同游戏、学习、生活等过程中，运用语言或非语言符号系统相互沟通，进行情感交流的活动。社会交往活动使幼儿逐步学会表达自己的愿望，了解别人的情绪和想法，进而调节自己的行为，可以促进相互之间的理解协调，并使这种关系得到延续和保持的活动。

（二）幼儿社会交往的年龄特征及表现

幼儿最初的交往来源于与照料者一对一的交往，而后逐渐发展到同伴之间的交往。不同年龄段幼儿社会交往的发展特点如表 6-1 所示。

表6-1　幼儿社会交往的年龄特征及表现

年龄段	年龄特征及表现
3～4 岁	1. 主动交往意识不强，缺乏与人交往合作的能力； 2. 不善于主动与人交谈，不善于用语言表达自己的态度和想法； 3. 不善于根据不同的情境运用恰当的词句向对方做出应答，解决矛盾
4～5 岁	1. 问题解决意识和是非观念增强； 2. 是"友谊"发展的关键期，由于缺乏适宜的交往策略，经常导致不愉快的交往事件和冲突的发生； 3. 萌发了对同伴群体力量和荣誉的感知和关注
5～6 岁	1. 喜欢和同龄幼儿一起游戏，人际交往能力有了很大提高； 2. 需要教师帮助形成理解、移情等深层次的人际交往技能； 3. 对规则非常感兴趣

二、幼儿社会交往的类型

（一）幼儿社会交往的分类

幼儿的社会交往主要分为以下三类：

1. 亲子交往

亲子交往是指父母和子女之间在观念想法、情感态度、行为技能等方面通过言语或非言语方式进行相互交流、沟通的过程。

亲子教育活动对孩子的性格、学习等都有很重要的影响，亲子关系直接影响幼儿的生理健康、态度行为、价值观念及未来成就。良好的亲子关系可使幼儿感受到被爱、被需要、被欣赏、被接受，奠定幼儿与他人之间良好的适应基础。家庭冷淡、无爱的幼儿长大后不易相信别人，不善于建立良好的人际关系。

2. 师幼交往

师幼交往是指教师与幼儿的交往，包括教师与幼儿之间的交流、互动、情感沟通、教师的引导等。师幼交往贯穿于幼儿园一日生活的各个环节，是幼儿园教育教学目标得以实现的重要保证。师幼交往对幼儿早期的学习和发展有关键作用，也是高质量学前教育至关重要的方面。

3. 同伴交往

同伴交往是指幼儿与同龄幼儿或年龄相近幼儿的交往，包括共同游戏、相互学习等。

幼儿社会交往能力的培养虽然离不开成人的教导，但是主要还是幼儿平时自身的体验和实践经验积累的结果。成功的同伴交往能促进幼儿的正确行为，从而进一步提高幼儿交往的技能。良好的同伴交往有利于促进幼儿身心健康发展，有利于幼儿的社会性交往的发展，是幼儿社会化的重要途径。

（二）幼儿社会交往的类型

幼儿社会交往的类型有以下三种：

1. 受欢迎型

受欢迎型的孩子人际关系很好，人缘不错，常常表现出友好、积极的交往行为，班级里有好多孩子说，这些孩子是他们最好的朋友，或者最愿意和这些孩子玩，很少有孩子说不愿意和他们玩，或者讨厌他们，这些孩子是"受欢迎儿童"。

2. 受排斥型

受排斥型的孩子在班级里的人际关系很差，在交往中常常采用不友好的交往方式，例如，强行加入其他小朋友的游戏、抢夺玩具、推打小朋友等。攻击性行为较多，友好行为较少，同伴都不乐意跟他在一起游戏、交往，这些孩子就是"受排斥儿童"，也是"被拒绝儿童"。

3. 不受关注型

不受关注型的孩子名字很少被大家提到，他们既不受欢迎，也不受排斥，往往被大多数的同伴所忽视和冷落，也叫"受忽略儿童"。这样的孩子在同伴交往中的行为是笨拙的，他们逃避双向交往，但由于害羞，他们中大多数都只知道自己一个人玩，很少见到他们表现自己或显示攻击性行为，导致同伴和教师对他们的行为视而不见，这常常是孩子不愿意上幼儿园的原因之一。

三、幼儿社会交往的意义

欧洲著名的心理学家 A.阿德勒认为，假如一个幼儿未曾学会交往合作之道，他必定会走上孤僻之途，并产生牢固的自卑情绪，严重影响他一生的发展。卡纳基曾对许多成功人士进行了调查统计，其中百分之十五取决于学识和能力，剩下的百分之八十五取决于和谐的人际关系。新时代对人的要求不再是单纯的知识型，而是以合作互惠、协调和宽容为第一要求的。社会交往能力是人才社会性的核心，幼儿期正是进入社会性发展的关键期，切实提高幼儿的社会交往能力是生存和发展的切实需要。

（一）幼儿社会交往是幼儿社会化的基本途径

社会交往是人类社会性技能的重要组成部分，也是个体社会化的起点和必经之路。如果没有其他个体的合作，个人是无法完成这个过程的。良好的交往能力是良好人际关系的基础和前提，孩子出生以后，只有在与成人、同伴交往的过程中，逐渐掌握交往的技能、技巧，增长见识，了解和认识社会的各个方面，才能使自己在今后的生活、学习以及工作中逐步适应社会的要求，建立不同的人际网络关系，形成自己的社会支持系统。

（二）幼儿社会交往有助于幼儿宣泄消极情绪，促进身心健康

每个人都有快乐和忧愁，快乐与朋友分享会更快乐，忧愁向朋友倾诉就会减轻，倾诉的过程就是减轻心理压力、缓解心理紧张的过程。如果缺乏必要的交往就会导致心理负荷过重。我国著名的医学心理学专家丁瓒教授曾指出："人类的心理适应，最主要的就是对人际关系的适应。"现代心理学研究也表明，人类的心理病态大多是人际关系失调所致。因为社交冲突会使人心灵蒙上阴影，导致精神紧张、抑郁，不仅可致心理障碍，而且会刺激下丘脑，使内分泌功能紊乱，从而进一步引起一系列复杂的生理变化。大量的研究进一步证实，离群索居会使人产生孤独忧虑，可导致心理障碍，愉快、广泛和深刻的心理交往有助于个性发展与健康。

幼儿与幼儿之间的社会交往为其学习技能、交流经验、宣泄情绪、习得社会规则、完善人格提供了充分的机会。良好的交往能力是建立良好人际关系的基础和前提。通过交往，幼儿结交了好朋友，形成了自己的交往群体，遇到不开心的事情，可以向伙伴倾诉，可以获得好朋友的安慰和鼓励。友谊的主要效用之一，就是使人心中的愤怨和抑郁、委屈之气得以宣泄释放。幼儿只有生活在社会群体中，不断地进行感情的交流与联络，才能变得活泼、开朗、乐观、自信，充满活力，其智力与精力才能得到充分发挥。从心理发展的角度讲，交朋友也是幼儿心理健康发展必不可少的一环。因此，给幼儿提供交往机会，帮他们找到可倾诉的朋友，宣泄负面情绪，有利于其身心健康。

（三）社会交往可以促进幼儿思维和语言方面能力的发展

语言是人们进行交往的工具，思维是人们认识人与事物内在本质的能力。思维、语言与社会交往是相互影响、相互促进、密不可分的关系。

首先，幼儿语言和思维的发生与发展，直接促进了交往能力的提高，扩大了他们社会交往的范围。我们常常看到，语言发展比较好的孩子，往往也比较善于通过协商、说服等比较"文明"的方式与同伴交往，向同伴提出请求或化解双方的矛盾，这些孩子比较容易

受到同伴的接纳和喜欢。相反，一些语言能力发展不太好的幼儿，在社会交往中有的因不知如何发表自己的意见而退缩，有的则通过动作尤其是"武力"方式表达自己的情感和态度，试图强迫同伴接受自己的意见。后两类孩子往往比较难以被同伴接纳，常处于被排斥和被忽视的地位，很难建立起良好的人际关系。

其次，幼儿和周围其他孩子的交往活动，直接影响着幼儿心理各方面的发展。皮亚杰指出：交往能促进儿童思维的发展、语言能力的提高。他强调儿童是学习的主体，应给儿童充分的时间思考和探索，注重培养其自主研究性的学习能力。幼儿在日常社会交往中学会说本民族语言，是由于交往激发了幼儿说话的积极性，也为幼儿提供了丰富的语言材料和模仿榜样。在倾听他人的语言和想法以后，幼儿能有意或无意地模仿他人，或自己做出比较恰当的反应，形成对他人的印象和情感态度。同时，他们在交往中逐渐分清语言、积累词汇、掌握表达自己愿望的方式。社会交往使儿童的语言、思维得到更多的运用机会和条件，面对不同的交往对象和情境，各种语言和思考会增多，表达能力和认识问题的能力得到提升。随着年龄的增长，幼儿的语言也因在交往中受到锻炼而日益发展完善，形成了自己独特的语言风格和思维特点。

（四）社会交往使幼儿逐步完善自我，产生集体荣誉感

在与同伴或成人的交往中，幼儿不断学习知识和经验，评价自我，从一个人自我意识发生的那一天起，就开始用一定的价值观来进行自我评判。正是在与他人的相互作用中幼儿才能根据自己与父母、老师、伙伴的交往经验，确立他们的自我，从而促进人格的健康发展。人难免遇到种种困难与挫折，通过社会交往，幼儿可以在遇到困难时寻求帮助，获得朋友的支持和克服困难的力量，同时也学会关心和帮助别人的生活。在幼儿的世界，交朋友是件令人激动的事。幼儿的世界只有在其同龄人那里才会得到完整的展现，家长可以成为幼儿的伙伴，但代替不了幼儿的同龄伙伴。就此来说，让幼儿学会交友，不仅是一个交际问题，也是幼儿成长不可缺少的学习方式。在集体中，幼儿需要考虑与集体的关系、与集体成员的相互关系，逐步学会合作、分享、谦让，使自己在集体中的地位得到稳固和加强，产生集体荣誉感。

第二节
幼儿社会交往能力的培养

✈ 案例导入

姐妹团中的"老大"

姐姐是个大班女孩，她长得比班上其他女孩子都要高。即便姐姐有时会大声吼她的同伴，但是同伴依然跟着姐姐玩。一天下午，姐姐、丁丁和涵涵围坐在地面上玩起了石头剪刀布的游戏，游戏的规则是：谁输了，谁就把一只手放在地上，另一只手继续玩，直至三

个人的五只手都叠放在地面上；获胜人的那只手则可以拍打叠放在地上的手，同时叠放在地上的手可以迅速撤离、躲开。

在第一回合中，妞妞获胜了。当她要拍打时，涵涵非常迅速地抽离，而且也为自己的"迅速"感到高兴。妞妞不高兴，大声说着："我还没有打呢，你就躲开了，重来。"涵涵把手重新放在上面，又迅速地离开。妞妞不高兴，抓住涵涵逃离的手，放在地上，"啪"的一声打下去了。妞妞开心了，涵涵却不高兴了，默默低下了头。妞妞、丁丁和涵涵继续玩游戏。悦悦看到她们玩得很融洽，也想加入。妞妞说："我们现在人刚刚好。"悦悦就在旁边看着。妞妞在每次游戏中都是如此，一切由她说了算，但是其他幼儿依然愿意和她一起玩。

案例中妞妞与同伴相处的方式，你认同吗？为什么妞妞在同伴交往中会有这些表现？如果你是妞妞的老师，你会怎么做呢？

🧩 知识讲解

一、引导幼儿处理好幼儿园中的人际关系，培养幼儿的交往能力

首先，为幼儿营造一个师生、同伴友爱的氛围。在生活中，可以利用一些自然发生的情境，帮助幼儿寻找游戏伙伴，鼓励幼儿多结交新朋友。例如组织分享玩具、分享快乐活动，在活动中，教师要及时表扬那些主动与同伴一起玩玩具的幼儿，促进幼儿之间建立起平等友好的关系，培养幼儿人际交往的积极情感。让幼儿讨论"怎样和同伴合作玩""别人想玩你的玩具时应该怎么办""你拿到同伴的玩具时该怎么说""你想玩别人的玩具时该怎么说"等话题，让幼儿说出自己的想法，交流各种交往方法，体验交往的乐趣。

其次，教师要有一颗博大的爱心，由衷地把爱洒向每一个幼儿。要站在幼儿角度去思考，设身处地地体察幼儿的内心世界，让幼儿感受到教师的体贴、关注与温情，使幼儿愿意靠近、信任教师，从而向教师敞开心扉。

再次，教师应以民主的态度来对待幼儿，善于疏导而不是压制，不以权威的命令去要求幼儿。这种自由而不放纵、指导而不支配的民主教养态度能使幼儿具有较强的社会适应能力，使幼儿能积极、主动、大胆、自信，对幼儿的自我接纳和自我控制能力发展都很好，为幼儿的社会交往提供了前提。

二、通过丰富多彩的活动，拓宽幼儿的交往行为方式

交往行为方式包括语言和非语言两种，合适的交往行为方式是幼儿有效交往的重要保障，也是深入广泛地进行社交活动的前提条件。

首先，利用一切机会，鼓励幼儿大胆用语言与别人交往。幼儿之间的交往活动直接影响着幼儿心理各方面的发展。交往激发了幼儿说话的积极性，也为幼儿提供了丰富的语言材料和模仿榜样。幼儿在交往的同时逐渐分清语言、积累词汇、掌握表达自己愿望的方式。随着年龄的增长，幼儿的言语也因在交往中受到锻炼而日益发展完善。所以，在日常活动中要注重从幼儿感兴趣的事情入手，鼓励幼儿去办事传话，鼓励幼儿主动说话，和周围的人交谈。一句话事小，却从此培养了孩子大胆用语言交往的能力。

其次，充分利用游戏活动，帮助幼儿加深体验，进行交往语言的迁移。游戏是幼儿最乐于参与的活动，在游戏活动中培养幼儿交往的兴趣与能力是社会教育的一条重要途径之一。在游戏中，幼儿以愉快的心情，兴趣盎然地再现着现实生活，对老师的启发、诱导很容易接受。

结构游戏、角色游戏等创造性游戏具有群体性，是幼儿对社会生活的一种再现，幼儿通过自己的或与同伴的活动，把最感兴趣的事情反映出来，从中学会共处，学会合作。例如可以利用午睡室、走廊等有限的空间，开辟符合幼儿特点和需要的游戏区角，并在每个区角提供有利于交往的材料，如电话机、小乐器等，以及需要相互合作的半成品和废旧材料等，让幼儿在与这些材料的相互作用中增加交往的机会，提高交往的技能。

再次，利用日常生活中的随机教育，培养和锻炼幼儿的交往能力。教育家陈鹤琴认为，需要鼓励和提高孩子与人交往的勇气和兴趣。在日常生活的多环节中，都蕴藏着锻炼及增强幼儿交往能力的契机。

在日常交往中，我们还经常有意识地运用常用的交往语言与幼儿打交道，使幼儿在无意识中受到潜移默化的影响，在幼儿与同伴的交往中，及时根据情况，引导幼儿使用合适的交往行为方式，提高幼儿的社交能力。

三、家园共育，使幼儿掌握良好的交往技巧

苏霍姆林斯基说过："没有家庭教育的学校教育和没有学校教育的家庭教育都不可能完成培养人这一极其细致而复杂的任务。"社会行为的学习、交往合作技能的培养是一个长时间的连续过程，家长和教师只有要求一致、共同培养，才能取得较好的效果。

首先，教师与家长要经常沟通，让家长了解交往合作技能在幼儿成长过程中起着非常重要的作用，使家长自觉地参与到教育中。

其次，指导家长的教育方式，让家长在家庭中有意识地教育培养幼儿。如邀请朋友来家里做客，注意观察幼儿是如何与别人交往的，交往技能如何，再采取相应的教育措施。由于家长平时很少有机会了解自己的孩子在群体中交往与合作等方面的能力，家长委员会组织家庭春游或秋游，一方面陶冶情操，感受大自然的美，另一方面让家长观察自己的孩子在群体中交往与合作的能力表现如何。

再次，指导家长当孩子表现出良好的交往技能和合作行为时，要用抚摸、拥抱、奖励等形式对孩子进行肯定，使孩子的交往与合作行为得到强化，既培养了幼儿的独立性，也增强了与人交往的能力。

总之，人际交往能力是在与人交往的过程中培养的，幼儿正是在与各种不同的人打交道的过程中，渐渐形成了待人处世应有的态度，由此他们获得了社会交往技能，促进其社会性行为的发展。幼儿的世界是单纯的，交多少个朋友并不是目的，最重要的是让幼儿拥有良好的心态，乐于与人交往，这对幼儿才是终身受益的。我们可以用一二十年的时间教孩子学习知识技能，而要教孩子做品德优良、人格健康的人，却不是一二十年可以做到的，只有拥有健康的身体和人格，才是人一生最大的幸福，而作为教育者或父母，正是这种幸福的创造者之一。只有通过长期不懈的努力，才能使孩子拥有这种幸福。

幼儿社会交往教育活动的目标、设计与指导

💠 知识讲解

培养幼儿交往能力，不仅是幼儿智力、心理健康发展的重要保证，同时也为他们今后的生存发展奠定了一定的基础。

一、幼儿社会交往教育活动的目标

（一）幼儿社会交往教育总目标

（1）初步了解有关自己成长的最基本的知识，能逐步正确认识自己。

（2）初步具有自信心、自尊心、独立性及最基本的自我控制和应变能力。

（3）逐渐了解父母、老师、同伴及其他社会成员，逐渐学会同情、关心他人并乐于帮助他人，初步具有爱父母、爱老师、善待他人的情感。

（4）能积极地同他人交往，有合作、分享、谦让、主动大方、自信、助人等基本的社会交往技能。

（5）初步了解自己所在的集体，逐步适应并喜欢集体生活，初步产生对身体的关心喜爱之情，并初步具有集体荣誉感和自豪感。

（6）初步具有诚实、勇敢、守纪等个性品质，性格活泼开朗。

（二）幼儿社会交往教育年龄阶段目标

幼儿社会交往教育年龄阶段目标见表6-2。

表6-2　幼儿社会交往教育年龄阶段目标

交往类型	3～4岁	4～5岁	5～6岁
同伴交往	能够友好地提出请求加入同伴的游戏；在家长和老师的指导下，能够和平玩耍；与同伴发生冲突，听从他人规劝	能够使用自己认为合理的方式参加同伴游戏，如主动自我介绍、交换玩具等；学会与同伴分享；在他人帮助下能够和平解决个人冲突；有与其他小朋友合作的意识，会和平共处	有主动参与游戏的办法；能够与他人合作解决困难，会协商解决争端；能够听取不同意见和建议，有自己的看法；不欺负他人，也不允许别人欺负自己
亲子交往	刚刚走出家庭，没有完全摆脱对家庭的依恋，愿意与父母等长者一起参与活动	愿意与父母等长辈交流谈话，有事情就告诉长辈	充满好奇心，每天都有问不完的问题，愿意与他人分享快乐
师幼交往	愿意和老师一起参与活动、游戏，体验快乐	愿意与老师交流，有事情就告诉老师	有问题愿意向老师请教，愿意与他人分享快乐
与其他人员交往	在家长的提示下，能够与他人打招呼和问好	在特定的公共场所，能够与其他人员进行简单交流	在特定公共场所，愿意与其他人员交流，并且能够表达自己的愿望

二、幼儿社会交往教育活动的设计

（一）同伴交往教育内容设计要点

幼儿在同伴交往过程中，交往的双方都处于同龄交往水平，大多采用直接和平行交往的方式。同伴交往有利于幼儿学习各种社会交往技能和策略，促进其社会能力的发展及社会行为向友好、积极的方向发展。

在同伴交往活动中，主要培养幼儿与同伴之间的社会交往能力及交往技能，引导幼儿积极参与同伴之间的合作、协商、助人、分享等活动。同时，在同伴交往过程中，幼儿逐步学会换位思考、移情，体验他人的情绪情感。如在"我是大班的大哥哥、大姐姐"活动中，幼儿体验做大班大哥哥、大姐姐不仅要在生活上照顾小班的小弟弟、小妹妹，而且要以身作则，给小班幼儿树立良好的榜样作用。

📄 小贴士

"和你在一起"主题活动

教师通过设计"夸夸好朋友"这个活动，引导幼儿在了解自己好朋友的优点的基础上学习其优点；在"快乐分享"活动中把快乐的事情与好朋友一起分享；在"关爱多一点"活动中体验被人关心的快乐与幸福，提倡好朋友之间互相关爱。

同时设计者还通过区域活动、游戏活动和生活活动进一步延伸主题，让幼儿进一步学习与同伴学习、交往的技能及快乐。

（二）与成人交往教育内容设计要点

幼儿在与成人交往过程中，了解与自己关系最为密切的父母的姓名、职业，以及父母为自己做的事情。随着年龄的增长，由对父母的了解扩展到熟悉教师与保育员的工作内容，体验教师对自己的关心和爱护。在此基础上建立良好的亲子关系、师幼关系，对家长、教师形成积极的依恋和信任。同时，可以引导幼儿与其他社会成员交往，如公交车上的售票员、超市里的导购员和营业员等各行各业的工作人员。幼儿参加外出、参观等活动时，就有机会与不同职业的人接触，养成良好的社会交往态度。如重阳节组织幼儿去敬老院慰问爷爷、奶奶，可以从中学习与长辈交往。也可以将从事不同职业的父母请到幼儿园来，在此过程中指导幼儿用正确的方式与人交往。例如，在五一劳动节，可以让不同职业的家长穿着自己的职业服装来幼儿园与幼儿一起开展"爸爸妈妈的职业"活动，让幼儿尝试与不同职业的家长交往。在教师节，教师可以组织一系列活动让幼儿了解幼儿园中的教师、保育员、保健教师、厨房阿姨等的工作的辛苦并与其交往。

（三）集体生活中交往教育内容设计要点

幼儿进入幼儿园，就开始了集体生活。集体生活通常是幼儿在成人引导和协调下，在共同生活和共同感受中形成的。幼儿在集体交往中，就需要有集体观念，能意识到自己是集体的一部分，关心集体利益，为集体成就而骄傲自豪。

幼儿的生活环境从家庭过渡到幼儿园，幼儿喜欢并逐渐习惯幼儿园集体生活，在幼儿园集体中，和小朋友之间能相互关心和帮助；教育幼儿爱护公共财物，知道集体的物品是大家共享的，需要大家一起爱惜；能对别人损害集体物品的行为指责、愤慨，对自己损害物品的行为感到内疚并尝试弥补；同时能关心集体，体验为集体做事的乐趣；认识到自己是集体中的一员，树立集体的荣誉感和责任感，而且能够遵守在集体中交往的集体规则，养成守纪律的习惯。

（四）交往技能培养设计要点

观察发现好多幼儿在家里能说会道，但到了外面却胆小、自卑、孤独，社会交往能力较弱。

1. 交往活动技能

人与人之间交往的技能有轮流、合作、谦让、协商、寻求帮助、公平游戏等。同伴之间能否友好、顺利地交往，有很多影响因素。

📄 小贴士

小明的烦恼

一天，妈妈带着小明来到幼儿园。他"噔、噔、噔"地从外面猛跑进来，一下子把一个小朋友撞倒在地，小朋友手都擦破了皮，疼得直流眼泪。小明却大声说："哭什么哭？我又不是故意的，谁让你见了我还不躲开！"接着转身就走。被小明撞倒在地的小朋友难过极了，心想："小明一点礼貌都没有，也不关心小朋友，我可不要和小明做好朋友！我再也不理他了！"

那边有两个小朋友正在看书，书是从家里带来的，特别好看。他们两个人一页页地翻，边看边讲着。小明也特想看，于是，就走过去，也没跟小朋友商量，一下就把书抢走了，由于太用力，书被小明撕破了，两个小朋友十分生气，嘴里喊着："还给我们！还给我们！"可小明装作没听见，随便看了两眼，就把书扔到了地上。

建构区有三个小朋友，正在搭积木。他们互相帮助，一个人找积木，另外两个小朋友搭积木，合作得特别好，一会儿就搭出了一座高高的楼房，漂亮极了。小明也想搭积木，还没等人家答应，就用手把小朋友搭的楼房推倒了，得意扬扬地说："看看，我给你们搭一个，比你们搭得都好！"三个小朋友站起身来，很不高兴地躲开了他。

游戏场上，小朋友们三个一群、两个一伙地在玩耍，大家看小明来了，互相挤挤眼，吓得藏了起来。小明孤零零地站在那儿，阳光照着他那壮实的身体和乌黑的头发，他四下张望，一个小朋友的影子都看不见，觉得特别奇怪。刘老师来到他的身边，亲切地问："你怎么一个人站在这儿呀？"小明嘟囔着说："他们都不跟我玩……"

这是为什么呢？你知道吗？

分析：小明因为不会同伴之间的交往技能，在与同伴之间有矛盾冲突时会抢别人的玩具、推倒别人等。其实，小明的烦恼就是多数小朋友的烦恼，幼儿渴望在同伴中找到自己的游戏伙伴、好朋友，但由于交往经验不足，很容易出现同伴间的矛盾冲突。可以通过"小明的烦恼"这一活动，引导幼儿聆听故事（图文结合的形式）-提问思考-角色体验-帮助小明，这几个环节可以帮助幼儿学习正确的同伴交往技能。

（1）幼儿本身的特点　那些有着积极快乐的性情、外表吸引人、擅长双向交往、愿意分享、能坚持交往、不攻击别人、被看作"好领导"的幼儿，以及能在高水平的合作游戏中表现自我的幼儿，容易成为受别人欢迎的幼儿。反之，那些有许多破坏行为、好争论、嫉妒、活跃、说话过多、合作游戏少、不愿意分享、独来独往，有时还出现不当行为的幼儿常常受排斥。

（2）外部环境的作用　良好的亲子关系不仅给幼儿提供了强大的情感后盾，而且也提高了幼儿与同伴交往的预期与主动性。教师的价值判断，常常影响着幼儿的判断，玩具的数量种类、媒体的榜样都在影响着幼儿。

2. 解决与人冲突的技能

（1）正确对待幼儿之间的争吵　幼儿在交往中的自我中心倾向和不良情绪表现是导致矛盾的原因。作为教师，应当通过现象细心地分析幼儿心理，了解发生争吵和纠纷的原因，正确评判幼儿的行为，注意给予适时正确的引导，帮助幼儿尽可能地掌握与伙伴友好相处的方法，促进幼儿人际交往能力的发展。

（2）不要单纯采用口头说教　一项实验证实：幼儿与成人的交往策略主要表现为顺从和逆反，较少使用支配和协商两个策略，可见幼儿与成人交往带有服从的倾向。老师一味地口头说教，告诉孩子们相互谦让、相互合作，效果不会很明显。幼儿需要在交往中慢慢实践交往策略，只有在真实交往中，才能帮助他们去自我中心。

（3）多种策略培养社会交往　第一，教师对幼儿交往活动给予充分的观察、关注；第二，对幼儿具体的交往行为进行策略层面的概括；第三，能通过课程的形式，让幼儿了解自己采用的策略，学习和练习交往的策略，将有利于提高其交往活动的有效性，从而为幼儿社会化的发展奠定基础。

3. 交往技能的种类

交往技能与解决冲突的技能是人际交往的最初阶段。交往技能主要包括交友技能、情绪调节技能、压力应对技能。

（1）交友技能　幼儿与同伴交往的活动中会出现与某一幼儿玩得时间更长、关系也更密切的状态，这就是同伴友谊的关系。同伴之间要建立友谊，前提条件就是幼儿需要有良好的交友技能。

在交往中，幼儿会表现出亲社会行为，如分享、合作、助人、安慰等，也会表现出反社会行为，如攻击性行为、撒谎等。社会交往中幼儿所用的策略包括发起、协调、帮助等。已有研究证实：

① 小、中、大班幼儿总体的"发起行为"水平有限，发起行为有年龄差异，中班幼儿和小班幼儿之间存在着明显差异，而中班和大班之间没有显著差异。

② 协调比发起更为困难。

③ 交换是一种基本模式。幼儿从小班开始便能理解"又给又拿"的交往策略；一些幼儿的行为中也会表现出"只给不拿"和"只拿不给"，这是幼儿交往中的自我中心的表现。有趣的是"不给不拿"这种没有进行交换的行为在小班最多，中班递减，大班则为零。幼儿的交往多带有互惠性的倾向。

（2）情绪调节技能　幼儿有高兴或悲伤的情绪情感时，除了自我消化，还可以与别人分享。碰到这种不快乐的情境，如何调整心情；碰到非常高兴的事情，又如何把快乐与别人分享；等等。这些情绪调节的技能也是幼儿的交往技能之一。

（3）压力应对技能　适当地教给幼儿一些应对压力的技能是必要的，如面对挫折与失败的技能、应对拒绝与被拒绝的技能、对待别人的嘲笑和攻击行为的技能。

三、幼儿社会交往教育活动的指导

（一）重视直接学习

在直接学习中，幼儿的某种行为所产生的积极或消极的结果决定着幼儿是否重复这些行为。所以在活动组织中，教师应该是实践环节的组织者，通过提供真实的场景让幼儿直接操作和练习。如要让幼儿了解合作的方法，就应该提供一些必须要合作才能完成的任务或游戏，比如"两人三足"游戏，或在规定时间内两人共同完成一个作品等，让幼儿在直接操作中通过尝试失败或成功来学习合作的方法。

（二）提供正面模仿的榜样

模仿是幼儿行为习得的另外一个重要途径，而且对幼儿来说模仿是潜移默化的。当某个事物引起幼儿注意时，就会给幼儿带来很强的影响力，所以模仿常常会在无意识中进行。因此，在教学活动中，教师可以通过图片、录像或现实对象给幼儿树立模范的榜样，使其学习正确的行为。如在活动中分析、点评个别幼儿的正面行为，或通过媒体播放一些正面行为等。应注意的是，在提供榜样时教师应该尽量提供正面的榜样，因为负面的样板同样会引起幼儿的注意，使幼儿因为好奇也去模仿。

（三）合理运用强化

强化是催化剂，可以有效地促进幼儿良好的社会性行为的再次发生。因此，在幼儿社会交往学习活动的组织中，教师可以通过组织一些奖励的措施来强化幼儿的行为，如一些小奖品、小红旗或口头奖励等。当然，成功的体验对幼儿来说是最好的强化。

📚 案例与评析

一起玩更快乐（小班）

【活动目标】

（1）萌生与同伴分享玩具的意识，并乐意分享。

（2）学习各种与同伴合作分享的方法，在尝试中体验一起玩的快乐。

【活动准备】

（1）幼儿围坐在一起，呈半圆形。

（2）幼儿自带的各种各样的玩具。

（3）人数安排：没带玩具的幼儿占总人数的1/3。

（4）合作分享方法图例：A.一起玩；B.交换玩；C.等待着玩。

【活动过程】

（1）在自由玩耍中重温玩具带来的快乐。

互动问题：

① 小朋友，今天你们带玩具来了吗？是什么玩具？怎么玩？能告诉大家吗？（引导幼儿介绍玩具的名称和玩法）

② 你们的玩具都很好玩，现在我们都来玩玩吧。（幼儿自主玩自带的玩具）

教学反思：在这个环节，玩玩具的幼儿特高兴，都兴致勃勃地玩自己的玩具，充分体验玩具带来的快乐。

（2）在同伴的不悦中萌生一起玩的意识。

互动问题：

①（提问玩玩具的幼儿）小朋友，你们玩得开心吗？（引导幼儿表达自己的快乐心情）

②（提问没有玩具的幼儿）小朋友，你们开心吗？为什么呢？（引导幼儿表达因没有玩具玩而产生的不悦心情）

③ 原来是没有玩具玩，怪不得不开心呢。小朋友，有什么办法让他们也高兴起来呢？（通过提问及同伴不开心的表情，引发幼儿萌生与同伴一起玩玩具的意识，并表达出自己的分享愿望）

（3）在与同伴的玩乐中探究一起玩的方法。

互动问题：

① 小朋友，现在你玩得快乐吗？你愿意和他一起玩吗？

② 呀，现在有那么多的小朋友愿意和大家一起玩，老师真开心，现在快去找个朋友一起玩吧。

③ 真奇怪，一个玩具两个人玩，能告诉我你们是怎么一起玩的吗？（引导幼儿用简单的语句讲述自己和同伴的玩乐过程）

④ 原来你们是这么玩的，那怎样一起玩更快乐呢？让我们来看看小动物们是怎么做的吧。（出示一起玩的图例，让幼儿在看看说说中了解一起玩的各种方法）

（4）在再次的尝试中体验一起玩的快乐。

互动问题：原来一起玩有这么多好方法，那就请小朋友再来试一试，和你的好朋友玩得更快乐些，好吗？

指导幼儿再次合作玩耍，在尝试中体验一起玩的快乐。

（5）在总结中让快乐延伸。

教师：小朋友，一个人玩很开心，大家一起玩会更快乐。现在，让我们找更多的朋友一起玩，好吗？（带领幼儿继续到户外进行分享与合作，让快乐持续）

【活动评析】

这次活动主要是针对班上幼儿经常出现的纠纷而设计的。拒绝分享和合作的行为，在小班幼儿身上非常典型，有时，即使出现了分享和合作的积极行为，但技能上也是缺失的。为此，教师就以幼儿这种常见的纠纷为内容，采用巧妙的活动形式，让他们在玩乐中萌生与同伴分享的意识，习得合作的技能，在玩乐中懂得：一个人玩很快乐，大家一起玩更快乐。

说声对不起（中班）

【设计意图】

幼儿游戏、玩耍时，经常会出现这样那样的摩擦与纠纷。有的幼儿能很好地解决，有的幼儿则不会。刚才还是一对好朋友，可因为一点小事情转眼间谁也不理谁了。幼儿之间缺乏合作精神、交流意识。为了引导幼儿正确处理同伴间的矛盾，提高他们的交往能力，设计了"说声对不起"的活动。

【活动目标】

（1）知道做错事时要说"对不起"。

（2）讲文明、懂礼貌，在做错事时，能主动向别人道歉。

（3）喜欢与同伴交往，在交往中感受快乐。

【活动准备】

自编情境故事一个、挂图四张、音乐磁带一盒、小红花若干。

【活动过程】

（1）故事导入，引出活动内容。

① 教师讲故事。

一天，阳光明媚、天气晴朗，老师带小朋友在院子里玩滑梯。大家玩得非常高兴，只有雅雅和婷婷不玩。老师发现了，走过去问是怎么回事。婷婷告诉老师：刚才上滑梯的时候，雅雅不小心踩了婷婷的脚。婷婷被踩疼了，可雅雅也不理。婷婷感到既委屈又疼，于是，两人就谁也不理谁了。在老师的劝说下雅雅走到婷婷面前，用细小的声音说了一句"对不起……"没想到这神奇的三个字一出口，婷婷顿时不哭了，原谅了雅雅，两个好朋友又重归于好了。

② 提问：小朋友，你碰到过这样的事情吗？你是怎样做的呢？

③ 小结：生活中我们经常会由于各种原因不小心碰到了别人，这个时候要主动向别人道歉；而当别人不小心碰到了我们，也要向我们道歉，我们才愿意原谅他。这样大家在一起才能和睦、愉快地相处。

（2）观看挂图，讨论怎样做。

挂图1：玩积木时荣荣不小心把实实的积木弄倒了。

挂图2：喝水时鹏鹏不小心把水洒到了婧婧的身上。

挂图3：吃饭时龙龙不小心把饭汤弄到笛笛的手上了。

挂图4：睡觉时文文不小心蹬到策策了。

教师带领幼儿一起边看挂图边讨论：如果挂图上的小朋友是我，我会怎样做？

（3）欣赏歌曲《对不起，没关系》，知道从小应该讲文明、懂礼貌。

① 教师演唱歌曲，幼儿仔细倾听歌曲内容。

② 教师和幼儿一起演唱歌曲，鼓励幼儿和教师一起创编动作。

③ 请两个小朋友到前面来进行情境表演。

小结：为了我们的社会大家庭更加和谐、文明，从小就要养成讲文明、懂礼貌的好习惯。当我们做错了，可以像歌词里唱的那样，勇敢地向人家道歉，说声"对不起"。这是多么神奇的三个字啊！无论别人多么生气他也一定会转怒为喜地向你说"没关系"的！

【活动延伸】

带领小朋友继续学习包括"对不起"在内的十字文明礼貌用语："请""对不起""你

好""谢谢""再见"，并评选出每周的"文明礼貌用语小明星"。

【活动评析】

讲文明、懂礼貌是每一个高素质公民都应该具备的基本品质。掌握十字文明礼貌用语是幼儿开展良好社会交往的前提。活动内容适宜于中班幼儿理解和接受，通过"讲故事""看挂图""欣赏歌曲"的方式，帮助幼儿了解并知道做错事时应该主动道歉。教学方法符合幼儿学习特点，教学环节安排紧凑，能完成预设的活动目标。

好朋友握握手（大班）

【设计意图】

大班幼儿已有一定的交往能力，也有与人交往的愿望。然而，一日生活的各个环节中，幼儿可能为一些小事争吵、为玩玩具而争抢，甚至出现相互间打斗的现象，"好朋友握握手"这个活动应运而生。力图通过多媒体课件的展示、游戏"猜朋友"等环节设计，引导幼儿初步学习用正确的方法处理朋友间的矛盾。

【活动目标】

（1）知识目标：知道好朋友之间要相互包容。

（2）能力目标：学会用正确的方法处理朋友间的矛盾。

（3）情感目标：感受有朋友的快乐。

【活动准备】

（1）物质材料准备：计算机、投影仪、课件"小猴找朋友""找朋友"。

（2）空间环境准备：布置一个表演舞台。

（3）知识经验准备：熟悉并会表演《拉拉勾》。

【活动过程】

（1）游戏导入，激发幼儿参与活动的兴趣。

教师组织幼儿玩音乐游戏"找朋友"，体验交朋友的快乐。

在熟悉的音乐背景下，幼儿与教师轻松游戏，消除了幼儿交往的胆怯心理，使幼儿参与到游戏中，体验与朋友游戏的快乐。

（2）学习故事，了解找朋友的方法。

教师结合课件，讲述故事"小猴找朋友"，让幼儿知道怎样才能找到好朋友。

① 讲述后提问：小猴为什么前三次没有找到朋友？妈妈是怎么对小猴说的？第四次小猴为什么很快找到了朋友？

② 组织幼儿讨论：怎样才能找到更多的朋友？

幼儿通过看自己感兴趣的课件，边看边思考，在参与小猴找朋友的过程中，明白了要想交到朋友，首先要有礼貌、会分享、懂谦让、守规则。通过幼儿间的讨论，让幼儿回忆、讲述自己找朋友的过程，从而使幼儿获得更多的交友经验。

（3）游戏"猜朋友"，在合作中增进友谊。

① 一名幼儿上台说出自己好朋友的特征，如她是个女孩子，有长长的辫子，会弹钢琴，眼睛大大的。

② 其他幼儿根据描述特征猜出这位朋友是谁。

"猜朋友"这个游戏环节，一方面可以发展幼儿的语言表达能力，另一方面激发了幼儿拥有好朋友的自豪感，增进了彼此间的友谊。

（4）谈话活动"说优点"，向好朋友学习。

幼儿分组开展谈话活动：说出朋友的优点，并说说自己应该向好朋友学什么。

幼儿先分组讨论，再归纳总结，幼儿不再局限于自己好朋友的优点，而是从众多幼儿口中认识到不同好朋友的优点，愿意学习好朋友的优点。

（5）歌曲表演《拉拉勾》，学习与朋友闹矛盾时的处理方法。

① 幼儿随音乐进行表演。

② 表演后启发幼儿讨论：如果你和朋友闹矛盾了，可以用什么方法来解决？

如惹朋友生气了赶紧说"对不起"、讲笑话给朋友听、和好朋友握握手和好等。

（6）教师小结，自然结束活动。

【活动延伸】

幼儿一起玩游戏，游戏中遇到矛盾时，主动化解矛盾。

【评析】

幼儿社会态度和社会情感的培养应渗透在一日生活的各个环节中。本次活动来源于幼儿一日生活中经常发生的现象，为了引导幼儿学会用正确的方法处理朋友间的矛盾，积累正确的交往经验，采用了游戏、故事、讨论、歌曲表演等组织形式，让幼儿在亲身体验中自主学习，创设了一个幼儿容易接纳的环境，避免了单一的言语说教。幼儿良好社会交往行为的养成是一个漫长的积累过程，需要教师关注幼儿一日生活的各个环节，随时发现问题，随时教育。

❀ 拓展训练

一、简答

（1）幼儿社会交往的含义。

（2）幼儿社会交往的类型。

（3）幼儿社会交往的意义。

二、论述

论述幼儿社会交往的培养方法。

三、岗位对接

（1）设计一份《孤独的小熊》（小班）社会教育活动方案。

（2）设计一份《我们都是好朋友》（中班）社会教育活动方案。

（3）设计一份《我是哥哥姐姐》（大班）社会教育活动方案。

✎ 真题再现

一、材料分析题

齐齐在幼儿园是一个胆子很小的孩子。上课从来都不主动回答问题，老师点名让他回答，他就脸红，声音很小；也不愿意和同伴交往，老师和同学让他一起来玩，他的头摇得跟拨浪鼓一样。

问题：

（1）造成齐齐性格胆小的原因可能有哪些？

（2）你认为应该怎样帮助齐齐？

【参考答案】

（1）造成齐齐性格胆小的原因如下：

一是自身原因。可能由于遗传等因素的影响，齐齐从小就形成了比较内向、胆小、不善于交往的性格。

二是教师原因。可能是由于齐齐对教师的教学方式、教学内容不感兴趣，或者是齐齐曾经受过教师的批评等，留下了心理阴影，导致他不愿意回答教师的问题，也不愿意和同伴交往。

三是家庭原因。可能是由于父母对齐齐过于严厉苛刻，或者过于放纵，导致齐齐缺少和他人交往的机会，也可能是由于父母的一些不当行为给了齐齐错误的示范，导致齐齐在模仿中形成了这样的性格。

（2）帮助齐齐的途径和方式如下：

一是从教师的角度看，首先，教师应该多关心齐齐，了解他的兴趣爱好，激发他对幼儿园生活的热爱，鼓励齐齐大胆地与人交往；其次，教师可以通过各种教育教学活动，如体育活动、社会活动等，创造齐齐与其他同伴交往和表达的机会；再次，游戏是幼儿喜爱的活动形式，教师可以通过游戏来加强齐齐和其他同伴之间的交往，教师自己也可以以伙伴的形式加入其中，消除教师和齐齐之间的误会或距离感；最后，教师可以通过为齐齐举办生日会等形式，让齐齐感受到教师和同伴对他的爱，从而从内心接受他们。

二是从家园共育的角度来看，首先，教师应加强和齐齐父母的联系，了解齐齐在家的情况，共同探究齐齐的情况产生的原因；其次，教师应引导家长对齐齐进行正确的家庭教育，实现家园共育；最后，教师可引导家长树立榜样，让齐齐在潜移默化中改变胆小、内向、不善于交往的性格。

二、活动设计题

中二班幼儿在"娃娃家"游戏中，接待"客人"主动热情，与"长辈"交往很有礼貌。可家长却说，孩子在家不是这样的，有客人来了很少打招呼，还经常对爷爷奶奶发脾气。

（1）请针对上述幼儿的反差，设计解决这一问题的方法。

（2）要求写出问题的原因分析、教学目标以及三种指导内容和方法。

【参考答案】

（1）上述幼儿行为的反差反映出了幼儿出现多种行为模式的问题。多种行为模式是指幼儿在不同环境中采取不同甚至相反的行为方式，而且较为稳定。

（2）原因分析。

一是家园教育的不一致，甚至完全相反，导致幼儿在幼儿园是一种行为方式，而在家里是另一种行为方式。

二是家长的不良示范。幼儿的年龄小，知识少，缺乏判断，但是模仿能力强。如果家长有类似的不良行为，会引起幼儿模仿，造成多种行为模式的产生。

【教学目标】

认知目标：知道礼貌待人、关心他人的重要性。

能力目标：学会关心他人，使用礼貌用语。

情感目标：积极与人交往，体会交往的乐趣。

【教育指导内容和方法】

（1）社会活动。

内容：通过视频、图片等方式让幼儿判断其中的做法是否正确，再让幼儿结合自身，说说自己有哪些做法是对的，哪些做法是不对的，给幼儿以直观的认识，知道要做一个讲礼貌的好孩子。

方法：动手操作法、多媒体教学法。

（2）语言活动。

一个关于"礼貌"的故事，让幼儿在故事中学习礼貌待人、关心他人，再通过角色扮演，让幼儿在创设的情境中，能够做到礼貌待人，从而将所学的知识迁移内化。

方法：角色扮演法。

（3）亲子游戏。

内容：通过举办亲子游戏加强幼儿与家长之间的情感交流，让幼儿意识到礼貌待人、关心他人的重要性，让幼儿在真实的场景中能够真正做到礼貌待人、关心他人。同时加强家园共育，引导家长树立好榜样。

方法：游戏法。

三、活动设计题

中班下学期，陈老师发现，班上仍有一些幼儿会抢别人的玩具，他们的理由是：我喜欢这个玩具，我要玩。

请设计一个教育活动，解决上述问题，要求写出活动名称、活动目标、活动准备及活动过程。

【活动名称】

中班社会活动：学会分享。

【活动目标】

（1）懂得只有学会了与他人分享，才会有更多的朋友，才会得到更多的快乐。

（2）积极地参与活动，大胆地说出自己的想法。

（3）体验与同伴分享的快乐。

【活动准备】

（1）布偶：小白兔、小黑兔。

（2）请幼儿自带一件自己喜欢吃的食品、一件自己喜欢的玩具来幼儿园。

（3）录音《如果感到幸福你就拍拍手》。

【活动过程】

1.活动导入——情境导入

教师出示布偶表演故事《小白兔与小黑兔》引导幼儿懂得与同伴分享的道理。

（1）小讨论：为什么小白兔玩得很高兴和很快乐，而小黑兔玩得不开心呢?

（2）小结：遇事应想到别人，不能先顾着自己。好吃的、好玩的就与大家一起分享，这样你会得到更多的快乐，否则你就像小黑兔一样，得不到快乐。

2.活动展开

教师出示各种食品、玩具，引导幼儿感受分享的快乐，懂得心中有他人才快乐。

（1）启发鼓励幼儿互相分享食品、玩具。

① 小朋友你们今天带来了什么? 请幼儿互相介绍自己带来的食品与玩具。

② 大家都带来了自己喜欢吃的、玩的。如果其他小朋友也想吃、也想玩怎么办?

引导幼儿把食品、玩具放在一起，大家一起吃、一起玩。将食品统一摆放在桌子上，布置成食品品尝会，大家一起互相品尝。将玩具放在一起，布置成玩具乐园，大家一起玩，让幼儿体验共同分享的快乐。

教师引导幼儿说出自己刚才吃的食物，并讨论为什么会吃到不同的食物。

（2）教育幼儿在生活中我与他人分享、享受更多的快乐。

① 请幼儿说说：刚才自己吃了什么? 玩了什么? 为什么自己只带来一样食品、一样玩具，就可以吃到这么多好吃的，玩这么多好玩的玩具? 你还想和小朋友一起分享哪些东西呢?

② 小结：小朋友有好吃的、好玩的要和大家一起分享，这样你会拥有更多的朋友，玩得更高兴，拥有更多的快乐。

3.活动结束

欣赏音乐《如果感到幸福你就拍拍手》。

① 今天我们一起吃了好吃的、玩了好玩的，高兴吗? 那么我们一起来唱歌庆祝一下好吗?

② 大家高兴地在《如果感到幸福你就拍拍手》的音乐伴奏下跳舞。

【活动延伸】

与家长联系，请家长观察幼儿在家的分享互助活动，鼓励幼儿与家人分享快乐。

第七章
幼儿社会适应教育的设计与指导

🌱 导学

欢迎你开启本章的学习之旅，在本章中你将了解幼儿社会适应的含义、意义和目标，掌握幼儿社会适应能力的培养方法，能够设计幼儿社会适应教育活动的方案。

📖 学习目标

理解幼儿社会适应的含义；
了解幼儿社会适应的意义、一般表现和具体目标；
掌握幼儿社会适应能力的培养方法；
能够设计培养幼儿社会适应能力的相关教育活动。

🔬 思维导图

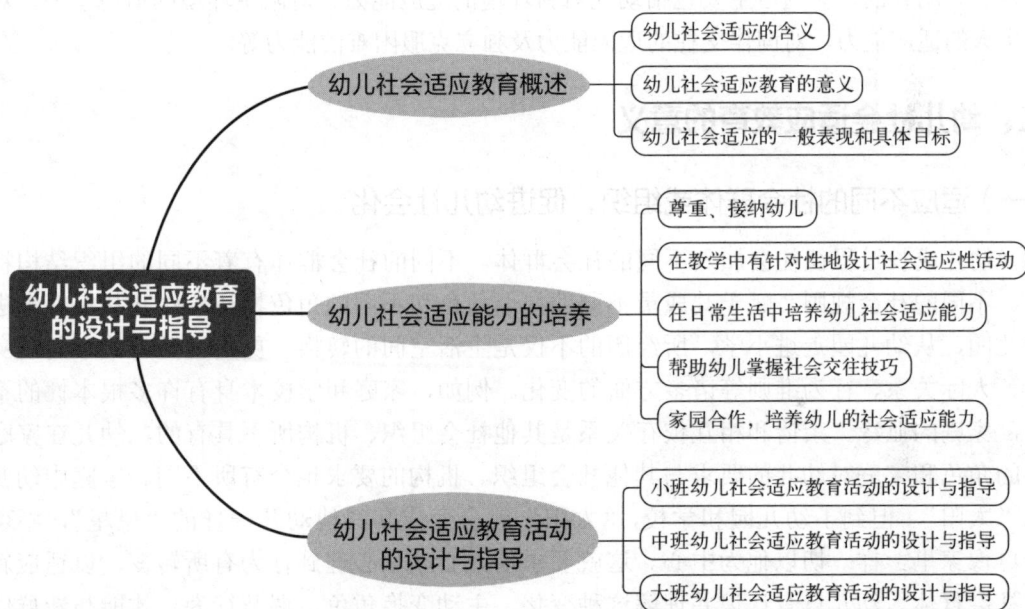

✈️ 案例导入

入 园

安安小朋友刚开始入园时，天天哭闹："我不上幼儿园，我要回家，我要妈妈。"经常是孩子在哭，妈妈也在哭，如果是爸爸来送，就抱着爸爸的脖子不松手，哭喊着要爸爸。老师把她抱进教室后，安安的第一件事就是进入盥洗室，把早上吃的早餐全吐干净，可以连续哭好几个小时不停，对老师、保育员和其他小朋友都不予理睬。

第一节
幼儿社会适应教育概述

❖ 知识讲解

一、幼儿社会适应的含义

社会适应是个体在与社会环境的相互作用中，不断地学习或修正各种行为和生活方式，最终达到与社会环境保持和谐与平衡的过程，也是个体逐步接受所在社会群体的生活方式、行为规范和价值观的过程。幼儿生活的社会群体和机构（家庭、幼儿园、社区等）常常具有一定的组织结构、行为规范和文化特征，会通过角色期望、行为规范、习俗传统等方式影响幼儿。幼儿作为一个具有主体性的成员也会有选择地接受这些影响，积极地适应社会。幼儿的社会适应主要包括幼儿对新环境的适应能力、对陌生环境的适应能力、对陌生人的适应能力、对同伴交往的适应能力及独立克服困难的能力等。

二、幼儿社会适应教育的意义

（一）适应不同的社会群体或组织，促进幼儿社会化

幼儿成长过程往往会加入不同的社会群体。不同的社会群体有着不同的组织结构特点、不同的社会规则，赋予其成员不同的社会角色和不同的角色期待。幼儿从家庭走进幼儿园，从幼儿园走进小学，所经历的不仅是生活空间的转换，更是生活方式、角色身份、人际关系、行为准则等诸多方面的变化。例如，家庭和学校本身有许多根本性的不同，家庭的血缘、亲情和相互依存关系是其他社会组织、机构所不具有的，幼儿在家庭中的角色和家庭对幼儿的要求与其他社会组织、机构的要求也会有所不同。家庭中幼儿是"太阳"，但到了幼儿园和学校，"太阳"就会变成和其他幼儿一样的"星星"，不可能再像家里一样一切以他为中心。这就要求幼儿必须从心理到行为有所转变，以适应新的社会群体。幼儿只有认识并理解这种变化，主动变换角色，调节行为，才能与新群体建立和谐关系。因此，每一次环境的改变对于幼儿来说都是挑战，但也提供了更多的学习与发展的机会。

（二）为幼儿个体快乐生活、健康成长奠定基础

社会适应能力是一种综合能力，包括对社会情境的判断能力、对自己在群体人际关系中的角色的认识能力、对群体规则的理解和接受能力、对自己行为的控制和调节能力，以及融入新人际关系时所需要的交往能力，等等。这些能力在一定意义上可以说是幼儿的基本社会生活能力。在信息化的今天，这种能力显得尤为重要。因为当今社会的一个突出特征就是变化迅速，知识迅速产生又迅速老化，由此带来行业频繁变更，人员不停流动，人际关系不断建立又不断改变……这种情况对个体社会适应能力的要求越来越高。而积极

主动地适应环境，"以不断增强的自主性、判断力和个人责任感来行动"是健康个性的重要表现。因此，从小培养幼儿的社会适应能力无疑是在为个体快乐生活和健康成长奠定基础。

（三）形成归属感，满足幼儿精神需要

所谓"归属感"是个体认同所在群体并感觉自己也被群体认可和接纳而产生的一种隶属于这个群体、与这个群体休戚相关的感觉。美国心理学家马斯洛的"需要层次理论"将"归属与爱的需要"列为人的重要心理需要，这是一种心理需要，是一种对"心灵家园"的渴望。

研究发现，人对某个群体（家庭、班级、学校、家乡、祖国等）的归属感会影响他对这个群体的亲疏度和对群体规则的接受度。一般而言，归属感强的人往往具有主人翁意识和责任感，能自觉接受和遵守群体规则，会自动将个人和群体联系在一起，为自己作为群体的一员感到自豪并愿与之共荣辱。一个人如果没有可归属的群体就会觉得没有依靠，会孤独，缺乏心理安全感。

三、幼儿社会适应的一般表现和具体目标

（一）幼儿社会适应的年龄特征及表现

社会适应对幼儿的学习与发展具有重要的意义，不同年龄段的幼儿社会适应的发展特点如表 7-1 所示。

表7-1　幼儿社会适应的年龄特征及表现

年龄段	年龄特征及表现
3～4 岁	1. 出现入园不适应的问题； 2. 生活自理能力差，独立性低，依赖性强
4～5 岁	1. 已经能完全适应幼儿园的常规生活； 2. 在同伴交往中，需要相互沟通、合理解决交往过程中的争执和冲突； 3. 喜欢与同伴一起游戏
5～6 岁	1. 情感的稳定性开始增加，大多数幼儿有了相对稳定的好朋友； 2. 主动学习的能力逐渐提高，自主性和自律性增强； 3. 关心集体、热爱劳动，尊重他人的劳动成果

（二）幼儿园社会适应教育的具体目标

（1）遇到困难和挫折时，尽可能自己解决。

（2）引导幼儿主动帮助弱小同伴和有困难的人，能自愿分享玩具、食物、衣物等。

（3）引导幼儿尽快适应环境变化，学会生活自理。

（4）指导幼儿学习和适应变化，引导幼儿尝试新鲜事物。

（5）培养幼儿的自信心，引导其有始有终地完成一件事。

（6）培养幼儿的自我保护意识，了解周围环境中可能存在的危险，指导幼儿学习应急及自救措施，提高其生存能力。

第二节
幼儿社会适应能力的培养

📧 案例导入

入园适应

入园不久的言言，是一个很帅而特别的小男孩，刚满三岁，每天送他上幼儿园的家长一走，他就开始绕着教室小跑，边跑边跺脚哭，手还不停地打着自己的额头，嘴里叽里咕噜地说着一些让人难以听清的话。言言对老师开展的活动几乎不感兴趣，注意力集中的时间特别短暂，往往坐一会就站起来，独自走开。他不喜欢参与集体活动，从不主动地回答老师的问题。

❋ 知识讲解

幼儿的社会适应可以理解为是由个体进入群体中的身体、心理方面的适应，幼儿教育工作者要引导幼儿顺利地进入群体生活之中，为个体适应并开始群体生活奠定良好的基础。幼儿社会适应能力的培养是社会认知、社会情感及社会行为技能培养的有机结合。

一、尊重、接纳幼儿

对幼儿社会适应能力的培养，不仅是要培养幼儿个体对群体的适应，而是在幼儿进入社会时，社会要尊重幼儿和接纳幼儿，为幼儿适应社会做好准备。目前来看，幼儿适应社会出现的问题往往不是幼儿自身的问题，而是社会没有做好接纳幼儿的准备，例如对幼儿的尊重、包容、欣赏、鼓励等不够，为幼儿提供的有益于他们适应社会的帮助不够。

教育要从尊重开始，幼儿要适应社会，就要被社会所尊重，尊重孩子的选择，不干预、不阻止，给予更多的等待、宽容、理解、欣赏、赞赏、鼓励等等。托幼园所的启蒙教育在某种程度上是为幼儿的一生发展打基础、做准备，在培养幼儿社会适应能力方面起着非常重要的作用。

二、在教学中有针对性地设计社会适应性活动

幼儿园教学中必须有针对性地设计促进幼儿社会适应能力的主题活动。例如，设计"今天我玩什么"活动，活动目标是学习自己制订活动计划，并能根据规则调整自己的计划，培养幼儿的任务意识与规则意识。帮助幼儿认识和理解自己制订的每天参加各活动区的计划，学会做自己的名片，知道在活动区计划表插名片的方法，以及进活动区活动的规则，自此以后的活动区的活动都要按这些要求去做。

有的活动是专门的技能训练，或是意识的强化；有的是围绕一个主题设计系列活动，综合地培养幼儿的社会适应意识与能力。

三、在日常生活中培养幼儿社会适应能力

幼儿社会适应能力不仅需要通过有计划、有目的的教育活动的培养，更重要的是在日常生活中利用有价值的机会和创设一定的环境，使幼儿有行动的机会和体验，在适当的环境中长期受到耳濡目染、潜移默化的熏陶。因此，日常生活活动也是培养幼儿社会适应能力的必要途径。

幼儿园是幼儿接受教育的生活与活动的环境，它能对幼儿的行为习惯与规范起着良好的正面影响。这样的环境引导是井然有序的，其中包含对人的行为要求和责任，使生活在其中的每一个人都知道自己可以干什么，应当怎样去干。只有这样的环境才能对幼儿社会适应能力的培养起到综合的教育影响。

例如，幼儿园活动室里要创设适合幼儿年龄特点和兴趣的区角；角色扮演区配置代表不同文化群体的小道具、不同角色的服饰等；游戏区配置各式各样的玩具、沙漏计时器，以及等候名单表，以便幼儿知道什么时候轮到自己，养成规则意识；厨房区配置冬夏不同季节的食谱、幼儿制作美食时的照片等；图书区配置一些关于友谊、互相帮助、解决纠纷的绘本故事；艺术区配置画笔、颜料、彩纸，以及手工制作的超轻黏土或可回收利用的废旧材料等。在幼儿园的主题活动中，创设情境，让幼儿体会没有规则的不便性，鼓励他们讨论制定规则并自觉遵守，对幼儿表现出的遵守规则的行为要及时肯定，对违规行为给予纠正，如幼儿主动为老人让座时要表扬，幼儿损害别人的物品或公共物品时要及时制止并主动赔偿。

父母也要在日常生活中为幼儿做出积极的表率作用，同时又能给幼儿提供自主探索的机会。成人要结合社会生活实际，帮助幼儿了解基本行为规则或其他游戏规则，体会规则的重要性，学习自觉遵守规则。例如，经常和幼儿玩带有规则的游戏，遵守共同约定的游戏规则，利用实际生活情境和图书故事，向幼儿介绍一些必要的社会行为规则，以及为什么要遵守这些规则。使幼儿明白要想适应社会生活，融入群体之中，懂规矩、规则是首要条件。

📄 小贴士

古人育子七不责

对众不责：在大庭广众之下，不要责备孩子，要在众人面前给孩子以尊严。

愧悔不责：如果孩子已经为自己的过失感到惭愧后悔了，大人就不要责备孩子了。

暮夜不责：晚上睡觉前不要责备孩子。此时责备他，孩子带着沮丧失落的情绪上床，要么夜不能寐，要么噩梦连连。

饮食不责：正吃饭的时候不要责备孩子。这个时候责备孩子，很容易导致孩子脾胃虚弱。

欢庆不责：孩子特别高兴的时候不要责备他。人高兴时，经脉处于畅通的状态，如果孩子忽然被责备，经脉就会立马憋住，对孩子的身体伤害很大。

忧不责：孩子哭的时候不要责备他。

疾病不责：孩子生病的时候不要责备他。生病时人体比较脆弱，孩子更需要父母的关爱和温暖，这比任何药物都有疗效。

四、帮助幼儿掌握社会交往技巧

大多数小朋友特别愿意上幼儿园，因为在家里没有一起玩的同龄伙伴，在幼儿园小朋友多，可以玩得很开心、很快乐。但并不是所有的小朋友都知道如何与他人交往，具有较强沟通能力的幼儿在集体中会受欢迎，同时也懂得如何与他人合作分享，沟通能力差一点的幼儿往往会在活动中受排斥。所以要引导幼儿无论是在幼儿园还是在将来的生活中，总是会与各种人打交道，让幼儿了解到人与人之间是有差异的，他人与自己完全不同，要掌握交往的技巧首先必须学会尊重他人，并为幼儿提供更多参与集体活动或与其他小朋友交往的机会，培养集体意识。只要让幼儿有机会和其他小朋友一起进行自己选择的游戏，知识分享就会发生，这就是合作和交往，幼儿将学习一起解决问题并发展社交技能。只要允许幼儿自己选择游戏活动，他们通常就会变得富有创意，并通过时间将这些创意付诸实施，以观其效果，这些活动是幼儿获得和加强社会交往技巧最有效的手段。

五、家园合作，培养幼儿的社会适应能力

幼儿园可以通过开展形式多样的家长活动，如家长会、约谈等，帮助家长逐步转变教育观念，坚持从自身做起，真正发挥榜样的作用，从而更好地引导和教育孩子。让幼儿的家庭与家庭之间携手共育。如：通过开设"家教专栏"、亲子运动会、新年联欢会、六一儿童节演出、毕业典礼、社区活动、家长轮流做"先生"等活动，让孩子在丰富有趣的活动中收获成功的体验，增加与成人群体和与同伴的交往机会，从而最终促进幼儿社会适应能力的发展。

第三节
幼儿社会适应教育活动的设计与指导

❖ 知识讲解

社会适应能力是当今国际公认的诊断和评估儿童身心健康的重要辅助手段。联合国教科文组织提出的 21 世纪人才的培养目标为"学会生存，学会做人，学会求知，学会共处"。这一目标首次提出"生存、共处"的要求，使我们进一步明确了社会适应能力对未来人才发展的重要性。

一、小班幼儿社会适应教育活动的设计与指导

入园是小班幼儿首要面临的社会适应挑战，这给幼儿的生活带来了翻天覆地的变化，这些变化往往会影响幼儿心理的健康成长。

小班幼儿刚入园时，日常生活尚不能自理，等着老师帮他们脱鞋、脱衣、系鞋带等。孩子的年龄太小，没有足够的能力为自我服务，于是父母常常代替孩子去做，使得孩子失

去了一次次的练习机会，而孩子的独立愿望也逐渐消失，最后他们会养成依赖心理。这些做法不但伤害了幼儿的自尊心和自信心，而且严重妨碍了他们的自理能力和独立性的发展。

人本主义心理学家罗杰斯把积极关注看作人类的普遍需要和自信的源泉。在日常生活中，家长应该适当放手，让幼儿做各种各样力所能及的事情。教师的信任、尊重和肯定是幼儿积极活动的基础与支柱，能使幼儿获得自信，确信"我能做好"，培养幼儿的独立性，提高幼儿对新环境的适应能力。由于小班是培养幼儿生活自理能力和初步养成良好生活习惯的关键期，因此，培养其独立能力是合时宜的。经过适宜性的教育，小班大多数幼儿会自己穿脱衣服，有良好的进餐和卫生习惯；见了教师和长辈会主动问好，有礼貌，能高高兴兴地上幼儿园；喜欢与同伴交往，会与同伴一起游戏；初步懂得轮流的含义，能遵守游戏规则。

📚 案例与评析

有事告诉老师（小班）

【活动目标】

（1）培养幼儿大胆地表达自己意愿的能力。

（2）激发幼儿爱老师的情感，有事敢于向老师求助。

【活动准备】

（1）布袋木偶：山羊老师、小猫、小狗、小猴。

（2）木偶台、一台电视机。

【活动过程】

（1）幼儿欣赏木偶表演：《小猪尿裤子了》。（通过观看木偶表演，激发幼儿的学习兴趣）

（2）小猪扭扭捏捏，不好意思地问："小朋友，你们知道我为什么会尿裤子吗？"（激发幼儿思维，调动幼儿学习的主动性）

（3）"小猪"很谦虚地问小朋友："我怎样才不会尿裤子呢？"请幼儿相互讨论，并向幼儿表示谢意。（通过进一步提问，可以使幼儿相互学习，相互寻找解决问题的方法）

（4）请幼儿再看一遍表演。

（5）"小猪"从木偶台后探出身来，好奇地询问："小朋友，还有在什么情况下需要寻求老师的帮助呢？"重点提示，遇到以下情况应主动告诉老师：

① 生病了；

② 争抢物品；

③ 出现事故；

④ 需要大小便。（点评：进一步提问，开拓幼儿思路，启发幼儿回答在木偶表演中小动物遇到的不同困难）

【活动评析】

首先，教师选择的木偶表演《小猪尿裤子了》非常贴近小班幼儿的生活实际，并且能吸引幼儿的眼球。这是因为通过观看表演，幼儿能感觉到自己和小猪有同样的表现。教师对活动内容的选取完全源于幼儿的生活需要，并能创造性地设计成课堂活动，非常值得肯定。

其次，教师借助故事情节，生动、真诚地向幼儿发出信息：老师就像妈妈一样爱小朋友，小朋友有事可以告诉老师，让老师帮助你们。这样的教学活动是师幼高品质情感交流的教学活动。在教学方法上，教师以"小猪"的身份贯穿始终，帮助幼儿主动体验，充分体现幼儿主动探索的学习方法，使幼儿懂得有事情或困难应主动告诉老师。

二、中班幼儿社会适应教育活动的设计与指导

中班幼儿经历了一年（或半年）小班生活的历练，已经能完全适应幼儿园的常规生活和学习环境。但中班幼儿在适应同伴交往上不能仅停留在可以共处的层次上，他们需要相互间的沟通，合理解决交往过程中的争执和冲突，以便能继续适应新的班级生活和学习环境。经过适宜的社会教育后，中班幼儿能主动地把图书、玩具带到幼儿园和小朋友一起玩；当同伴之间发生争执时，能谦让、友爱；乐于与小朋友一起玩游戏、讲故事、交谈等。

📚 案例与评析

我不怕黑（中班）

【活动目标】

（1）引导幼儿正确认识"黑"，并学习用各种方法克服怕黑的心理障碍。

（2）鼓励幼儿平时积极动脑，不胆怯、不退缩，勇于克服各种困难。

（3）培养幼儿独立入睡的好习惯，提高自理能力。

【活动准备】

将活动室一端用黑布、大型木板等布置成黑乎乎的山洞；与幼儿人数相等的小猫头饰，猫妈妈的胸饰一枚；音乐磁带一盒；课件动画片《小兔迷路了》。

【活动过程】

1. 以游戏的口吻和形式导入活动

（1）教师：小猫们，今天妈妈带你们到那片森林里去玩儿，我们一边唱歌一边走吧！（伴随着音乐，进入场景）

（2）教师：草地上真舒服，小猫们和妈妈一起坐下来休息一会儿，妈妈给你们讲一个故事。

（3）播放动画片《小兔迷路了》。从前，有一只可爱的小兔跟着妈妈一起到森林里去采蘑菇，它看到美丽的鲜花、漂亮的蝴蝶可开心了。它一会儿去闻闻鲜花，一会儿去扑蝴蝶，结果找不着妈妈啦。走啊走，小兔来到一个山洞里，里面黑得什么也看不见，小兔害怕极了。太阳落山了，夜深了，小兔找不着妈妈多伤心呀，它大声地哭起来："妈妈，妈妈……"

2. 营救小动物，鼓励幼儿不怕黑

（1）发现情况。通过小动物的呼救声及教师对黑洞内发生情况的描述，让幼儿感知发生的事情，激起幼儿救小动物的欲望。

①（伴随着音乐及远处传来的一阵阵小动物的呼救声）教师：咦，好像有哭声，你们

听，是谁在喊救命？小猫们，你们千万别动，妈妈去看看。

②（慢慢地走到山洞口，仔细往山洞里看）教师：呀，这里有个山洞，里面很黑，什么也看不见。对，声音就是从这里发出来的。哎呀，这个洞口这么小，我怎么也钻不进去，怎么办呢？里面到底发生了什么事情？这黑乎乎的山洞里到底是谁在哭呀？小猫们，你们谁愿意帮妈妈进去看看？

（2）鼓励幼儿克服怕黑心理，勇敢地钻进山洞。

① 请胆大的幼儿做示范，并说说自己害怕不害怕，以及自己是如何克服害怕的。

② 交谈：了解害怕的幼儿的心理状况，对他们进行心理疏导。讨论：怎么样才能让自己不害怕呢？归纳如下方法。

a. 先站在洞口往里看一看，等自己的眼睛渐渐习惯了黑再慢慢地走进去，一边走一边摸，就不会摔跤，也不会害怕。

b. 进去的时候想想高兴的事，一边走一边唱歌，就不会害怕。

c. 想想里面的小动物多可怜，我一定要帮助它，其他的什么也别想，就不会害怕了。

d. 里面虽然黑，但没有什么可怕的东西，慢慢走就不会有危险，这样也不会害怕。

③ 请愿意去救小动物的幼儿一个一个爬进山洞，每人只救一只小动物。

④ 教师对不敢进去的幼儿再次进行心理疏导，启发他们找好朋友一同进去救小动物。

⑤ 请胆子特别小的幼儿借助一些器具（如木棍、手电筒等）和好朋友一同进山洞。

⑥ 教师表扬每一个敢于救小动物的幼儿，夸他们是勇敢的孩子。

3. 教师小结，结束活动

（1）教师帮助幼儿总结活动中所尝试的各种克服怕黑的方法，使幼儿明白无论遇到什么样的困难，都会有很多克服困难的方法，鼓励幼儿平时要积极动脑。

（2）鼓励幼儿努力养成独睡的习惯。教师：现在，老师要问你们一个问题，哪些小朋友是和爸爸妈妈睡在一个房间的？为什么不一个人睡？

教师：今天，我们知道了，黑房间里并没有什么可怕的东西，我们有各种方法战胜黑暗。你们以后敢不敢一个人睡觉了？敢的小朋友把手举起来！

（3）表扬敢于独睡或已经养成独睡习惯的幼儿，给每天独睡的幼儿贴一朵小红花。

【活动评析】

"怕黑"是童年期共同经历过的心理过程，也是制约幼儿夜晚行为的因素。

此次活动的目的是让幼儿对"黑"形成认知，使幼儿突破"怕黑"的心理。目标虽然制定得很切合实际，但做起来有难度。活动结束后，幼儿能否真正克服这种共存于幼儿早期的问题还未知。活动中教师采取游戏、情境表演、榜样示范等多种方式和幼儿共同参与，并设计了救助小动物的环节，利用幼儿的同情心激励他们勇敢，这也是一种很智慧的处理。

三、大班幼儿社会适应教育活动的设计与指导

幼儿能否顺利适应环境的外部表现之一，就是在这种环境中幼儿情感能否稳定。大班幼儿的情感虽然仍会因外界事物的影响而发生变化，但他们情感的稳定性开始增强，大多数幼儿在班里有了相对稳定的好朋友。经过适宜的社会教育后，大班幼儿主动学习的能力

得到明显提高，喜欢看书、绘画，发现问题能主动想办法解决或向老师请教，能自己整理书包和班里的文具橱、玩具橱。同时，幼儿通过值日生角色的参与和延续，能增强自主性和自律性，养成关心集体、热爱劳动、尊重他人劳动成果的良好品行，对班级人际关系的适应能力大大增强。

📚 案例与评析

课间十分钟（大班）

【活动目标】

（1）初步熟悉小学生活，了解小学生课间十分钟的活动内容。

（2）尝试合理安排自己的课间活动，并能在与同伴和小学生的互动中大胆表达。

（3）向往小学生活，渴望成为一名小学生。

【活动准备】

（1）参观小学并与小学生对话，对小学生课间十分钟的活动有所了解。

（2）录像《课间十分钟》，邀请一名小学一年级学生。

【活动过程】

1. 认识小学生，产生参与活动的兴趣

（1）教师：今天有一位客人要和我们一起活动。你们看，他是幼儿园的小朋友还是小学生？你们是怎么看出来的？（教师请出小学生，鼓励幼儿仔细观察，并通过小学生的书包、红领巾等特征进行判断）

（2）请小学生进行自我介绍，师幼共同欢迎小学生。

2. 迁移参观经验，理解"下课"的意思

（1）教师：小学生哥哥在××小学上学。你们还记得去这所小学参观的事情吗？那天，你们在小学里看到了什么？（师幼共同回忆参观小学的情形，鼓励幼儿交流在小学校园内的所见所闻）

（2）教师：小学生上课的时候和我们一样吗？哪儿不一样呢？（先请幼儿根据自己的理解讲述，再请小学生介绍，帮助幼儿了解小学生每天上午要上四节不同的课；每节课都是四十五分钟，每上完一节课就有十分钟的休息时间，这十分钟就是下课时间；学校里会有铃声或音乐提醒大家上课或下课）

3. 观看录像《课间十分钟》，了解课间十分钟的作用

（1）教师：课间十分钟有什么用呢？你看到小学生在下课的十分钟里做了些什么事情？（引导幼儿积极回忆、大胆想象、主动表述）

（2）教师：我们来看看小学生在课间十分钟里都做了些什么，想想他们为什么要做这些事。（播放录像，师幼共同观看）

（3）幼儿自由结伴讨论、交流小学生在课间十分钟都做些什么事，以及做这些事的理由。教师初步引导幼儿理解课间十分钟是小学生如厕、喝水、换课本和玩游戏的时间。

4. 实践活动

（1）如果你是小学生，你会在课间十分钟做什么呢？我们一起来试着安排，请小学生当评委，看看谁安排得合理。

（2）幼儿安排课间十分钟。

5.交流、讨论，知道要合理安排课间十分钟

（1）谁愿意来介绍自己在课间十分钟做了些什么？（请幼儿互相交流，大胆介绍自己课间十分钟做了哪些事）

（2）我们来听小学生说说，哪些小朋友安排得合理。（让幼儿知道课间首先要解决如厕、喝水，如果有时间再和同伴玩）

【活动评析】

课间十分钟活动是小学生活中一项重要的休息活动，然而幼儿园的孩子对此却比较陌生，因此教师有意设计了这一教学活动。在活动中，教师从幼儿的参观经验谈起，避免了说教。这样的讨论交流既是参观活动的延伸，又能激发幼儿参与活动的兴趣，有利于幼儿理解课间十分钟的内涵。在此基础上，教师通过录像短片有重点地引导幼儿观察小学生课间十分钟的安排。观看后，教师有意识地提供机会与条件鼓励幼儿交流讨论，再与小学生互动，并及时小结。这样的设计使幼儿主动地提出"为什么要有课间十分钟""怎样安排课间十分钟才是合理的"等问题，并积极商讨解决的方法，真正成为活动的主人。活动中，邀请小学生来"点评"也是本次活动的一个亮点。一年级的小学生能与幼儿平等沟通，幼儿更乐于接受并模仿，因而活动效果较好。

拓展训练

一、简答

（1）幼儿社会适应的一般表现和具体目标。
（2）幼儿社会适应能力的培养方法。

二、论述

论述幼儿社会适应能力的培养方法。

三、岗位对接

（1）设计一份《交通标识》（小班）社会适应教育活动方案。
（2）设计一份《文明乘车》（中班）社会适应教育活动方案。
（3）设计一份《学做升旗手》（大班）社会适应教育活动方案。

真题再现

兵兵动作比较缓慢，小朋友们都不喜欢跟他玩，因此兵兵变得越来越孤僻。对此兵兵的老师应该（　　　）。

A.尊重其他幼儿交往选择　　　　B.引导其他幼儿多与兵兵交往

C.责怪其他幼儿不应该冷落兵兵　　D.责令家长加强对兵兵的动作训练

【答案】B

【解析】题干中小朋友们都不喜欢跟动作比较缓慢的兵兵玩，因此兵兵变得越来越孤僻。对此兵兵的老师应该引导其他幼儿多与兵兵交往，来帮助兵兵和其他幼儿之间形成良好的同伴关系。B项正确。

第八章
幼儿道德、社会行为
教育的设计与指导

欢迎你开启本章的学习之旅，在本章中你将了解幼儿道德及社会行为教育，掌握幼儿道德和社会行为教育的方法，能够设计幼儿道德和社会行为教育的活动方案。

📋 **学习目标**

了解幼儿道德发展的含义，理解幼儿道德发展的相关理论；

了解幼儿社会行为的含义，理解幼儿社会行为的类型和特点；

掌握幼儿社会行为的表现及相应问题的处理方法；

能够设计培养幼儿社会性问题的解决方法，解决幼儿的社会性问题行为。

🧩 **思维导图**

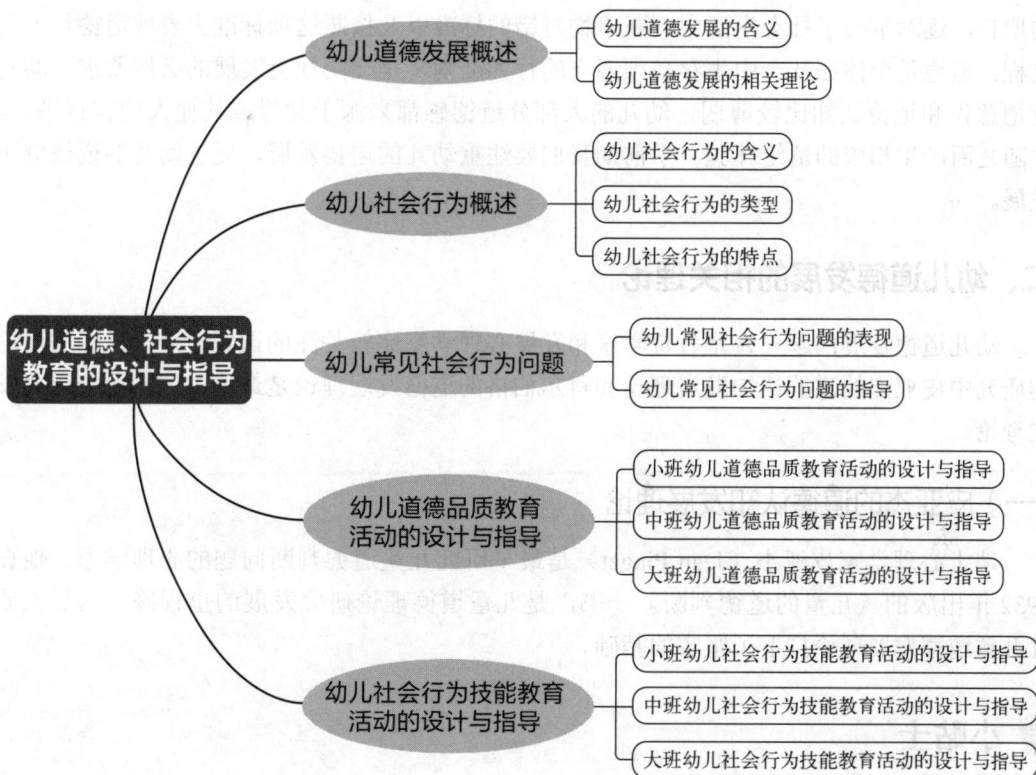

幼儿道德、社会行为教育的设计与指导

- 幼儿道德发展概述
  - 幼儿道德发展的含义
  - 幼儿道德发展的相关理论
- 幼儿社会行为概述
  - 幼儿社会行为的含义
  - 幼儿社会行为的类型
  - 幼儿社会行为的特点
- 幼儿常见社会行为问题
  - 幼儿常见社会行为问题的表现
  - 幼儿常见社会行为问题的指导
- 幼儿道德品质教育活动的设计与指导
  - 小班幼儿道德品质教育活动的设计与指导
  - 中班幼儿道德品质教育活动的设计与指导
  - 大班幼儿道德品质教育活动的设计与指导
- 幼儿社会行为技能教育活动的设计与指导
  - 小班幼儿社会行为技能教育活动的设计与指导
  - 中班幼儿社会行为技能教育活动的设计与指导
  - 大班幼儿社会行为技能教育活动的设计与指导

第一节

幼儿道德发展概述

苏联著名教育家苏霍姆林斯基说过："如果孩子在生活中相信，他的所有任性、无理的要求都能够被成人满足，而且他的任性不会得到任何不开心的后果，那么他会逐渐习惯于顽皮、任性、不听话，最后会认为所有这一切都是理所应当的”。儿童道德的发展与社会行为的发展有着密切的关系，二者是幼儿社会性发展中两个密切联系的领域。幼儿道德与社会行为尤其是亲社会行为对于人类文明的发展与社会的进步有着重要意义。个体社会化过程中，道德的社会化即个体能够掌握事物是非对错的标准，并按照社会要求的标准去行动，是一项重要的评价标准。

知识讲解

一、幼儿道德发展的含义

习近平总书记指出“育人的根本在于立德”，人才培养一定是育人和育才相统一的过程，而育人是本。人无德不立，这是人才培养的辩证法。幼儿道德发展是指个体随着年龄的增长，逐渐掌握了社会生活中判断事物对错的标准以及按照这项标准去表现道德行为的过程。道德是个体在社会中生存必须遵守的行为准则，是文明社会发展的必然要求。幼儿道德意识和道德认知比较薄弱，幼儿的大部分道德感都来源于父母或其他人的言行举止，并随之而产生相应的情绪体验。学前期我们要注重幼儿的道德发展，促进幼儿的道德健康发展。

二、幼儿道德发展的相关理论

幼儿道德发展问题一直是教育学家和发展心理学家比较关注的课题之一，在相关理论的研究中皮亚杰的道德认知发展理论和科尔伯格的道德发展理论是最受关注的两个道德发展理论。

（一）皮亚杰的道德认知发展理论

瑞士心理学家皮亚杰（Jean Piaget）是最早研究儿童道德判断问题的心理学家。他在1932年出版的《儿童的道德判断》一书，是儿童道德理论研究发展的里程碑，为后人研究儿童道德发展理论打下了坚实的基础。

小贴士

道德两难故事

为考察儿童道德判断的发展，皮亚杰设计了一系列包含许多道德价值内容的对偶故事。其中比较有名的一个故事是：

一名小男孩叫约翰，听见有人叫他过去吃饭，就去开吃饭间的门。但是他不知道门外有一张椅子，椅子上放了一个盘子，盘内有15个茶杯，结果开门的过程中撞到了椅子，椅子上面的盘子摔碎了，盘子内的15个杯子也碎了。

一名叫亨利的小男孩，有一天，他的妈妈有事儿出门，他想偷拿厨房里橱柜上的果酱吃，但是果酱位置高他无法拿到，他在拿的过程中一个杯子掉在了地上摔碎了。

这两名男孩谁犯的错误大呢？皮亚杰通过对偶故事的研究发现：6 岁以下儿童大多数认为第一个孩子的错误比较严重，原因很简单，打碎的杯子数量比较多；而 6 岁以上较大的儿童则认为第二个男孩的错误比较严重，因为他是在做坏事的过程中发生的，第一个孩子犯的错误轻，因为他的错误是在无意间发生的意外。

皮亚杰通过对偶故事的实验，揭示了儿童道德判断发展的进程，他将儿童道德分为他律和自律两种道德水平，把儿童的道德认知发展划分为以下几个阶段：

1. 自我中心阶段（5 岁）

自我中心阶段属于认知阶段中的前运算阶段，也称为前道德阶段，儿童对行为好坏的判断直接受行为结果所支配，规则对于他们来说还没有约束力，他们常以自我为中心去思考所面对的问题。

2. 他律道德阶段（5～9 岁）

这个阶段也称作"权威阶段""道德现实主义"。这一时期，儿童服从外部规则的约束，把父母和其他成人定的准则看成是不可改变的，而且是根据行为后果来判断事物的对错，不考虑行为的意向。针对上述故事中的两个男孩犯错误的大小，该阶段的儿童会认为打碎杯子多的犯的错误远大于打碎一个杯子犯的错误，不考虑两个小孩的动机情况。

3. 自律道德阶段（9 岁以后）

这个阶段的儿童已经上了小学，判断问题的对错时不再盲目服从权威，不再单纯受外部力量强制，逐渐达到了认知阶段中的形式运算阶段。他们在思考问题时除了考虑行为的后果，更多的也开始考虑行为的动机，即有意还是无意，也称为道德相对主义。

（二）科尔伯格的道德发展理论

美国儿童发展心理学家科尔伯格（Lawrence Kohlberg），是继皮亚杰后又一位在儿童道德理论发展上作出杰出贡献的心理学家。他继承并发展了皮亚杰的道德发展理论，着重研究儿童道德认知的发展，他在皮亚杰的对偶故事法的基础上，使用了道德两难故事法来研究幼儿的道德发展，提出了三水平六阶段的道德发展阶段理论。

📄 小贴士

海因茨偷药

科尔伯格使用了一系列的两难推理故事，其中最有名的就是"海因茨偷药"的故事。

欧洲有个妇女患了绝症，濒临死亡。医生说只有一种药才能够救她性命，就是本城一个药剂师最新发明的一种药。制造这种药需要花很多钱，药剂师索要的价格还要高过成本十倍。这种药成本是 200 元，但是药剂师要 2000 元才肯卖。妇女的丈夫为了挽救自己的妻子，四处借钱，但也一共才借了 1000 元，还是不够药的价钱。海因茨只好硬着头皮向药剂师求情，让他便宜些卖给他，或者可以先欠钱买药，要不然他的妻子就要病死了。但是药剂师还是不同意，他说他做这药就是为了赚钱的。在走投无路之时，这天夜里，海因茨到药剂师的店里偷走了药，治好了妻子的病，但是海因茨也被警察抓了起来。

这个故事讲完后，科尔伯格提出了一系列问题需要儿童回答：海因茨的做法对吗？为什么对？为什么不对？法官是否应该判罚海因茨呢？

通过对本国和世界其他国家一定数量儿童的测量，科尔伯格提出了三水平六阶段的儿童道德发展理论。

1. 前习俗水平

处于这一水平的儿童，对道德的认知是外在的，他们顺从权威人物规定的行为准则是为了避免受到成人的惩罚或者是获得成人的奖励。他们根据行为后果和对自身的利害关系判断是非对错。

阶段1：服从与惩罚定向阶段。这一阶段的儿童根据行为后果来判断行为的好坏，此时的他们道德感还未完全形成，避免惩罚和获得奖励是他们服从权威的目的，他们认为受到了表扬、奖赏的行为就是正确的，反之，则是错误的。

阶段2：相对功利取向阶段。这一阶段的儿童懂得了不同的人有不同的利益需求，因此当他们处于冲突之中时，必须进行相应的道德判断，即遵守有助于个人利益的实现的规则，儿童服从获得鼓励和奖赏，个人就应该遵守规则。比如"你让我玩会儿你的玩具，我就让你玩我的布娃娃""如果妈妈晚上领我去超市买好吃的，我就立刻去午睡"等等。

2. 习俗水平

处于这一水平的儿童，已经能够了解社会规则，并遵守和执行社会规范，主要满足社会对于他们的期望，主动内化规则，认为按照规则的行为是正确的。

阶段3：好孩子定向阶段，又称为寻求认可定向阶段。处于这一阶段的儿童希望能够得到成人和社会的赞赏和认可，更多考虑成人和社会对于好孩子的评价标准，并按照他们的评价标准去做事，即认为能够得到他人的肯定和赞赏的行为就是好的行为，而不会从自身去考虑我为什么这样做。比如：晨晨会因为考试成绩优秀能得到家长的表扬和奖励而努力学习。

阶段4：遵守法律权威与维持社会秩序的定向阶段。这一阶段的儿童，他们的道德认知服从于法律权威，他们遵守法律的权威、遵守社会公共秩序，从法律的角度去判断行为、事物的对与错。他们认为社会的稳定是需要法律维护的，因此，需要遵守法律权威去维持社会秩序。

3. 后习俗水平

处于这一水平的人，其道德判断已经超过了法律和社会已有规则。他们对道德有了更加深刻的认识，他们开始有了自我接受的道德原则，不被外界的道德标准束缚，遵从自己内心的道德准则。

阶段5：社会契约定向阶段。这一阶段的人认为一切法律和规范都不是固定不变的，是可以根据实际情况改变的。他们认可法律的约束力，认为法律是维护社会稳定必不可少的武器，但是同时也认为法律并不应该是绝对的，是可以修正的。

阶段6：原则或良心定向阶段。这一阶段的人认为人类普遍的道义要高于法律。他们在判断道德问题时会遵循自己内心的原则和想法，认为只要动机是好的，行为即使是错误的，也是可被理解的。达到这个发展水平的人有着高度的个体化道德信念，它有时会与社会所接受的秩序相冲突。比如，海因茨为了救妻子偷药这件事，他们会认为虽然海因茨偷药的行为本身不对，触犯了法律，但是他是为了救自己的妻子，况且人命远比药值钱，所以海因茨是可以被原谅的。

第二节
幼儿社会行为概述

✈ 案例导入

相　处

浩宇是一个调皮、攻击性很强的男孩。有一次，他在与伙伴玩游戏的过程中，不但蛮横无理地争抢玩具，甚至还出手打了他的小伙伴，导致被打的小朋友牙龈破损，两天两夜都喊疼，不能吃咸味的东西，哭了好长时间。

晴晴是幼儿园里很富有爱心的一个小朋友，特别乐意帮助其他小朋友。有一次小朋友们在操场上玩，瑶瑶在操场上奔跑玩耍，但是不小心摔倒了，手掌也摔破出血了，哭得很是伤心，这时晴晴跑了过去，不停地安慰瑶瑶，并鼓励她说："要勇敢、不要害怕，一会儿就不疼了！"

✖ 知识讲解

一、幼儿社会行为的含义

幼儿社会行为，是指幼儿在面对社会生活中的他人或某一事件时所表现出的态度、言语和行为。社会化是儿童成为一个社会人必经的过程，幼儿在社会化的过程中必然会有相对应的社会行为出现，但是这种行为可能是被社会认可的，也可能是不被社会认可的，这就是亲社会行为和攻击性行为。

二、幼儿社会行为的类型

幼儿的社会行为主要有以下两种类型：

（一）亲社会行为

亲社会行为是指对他人有益或者对社会发展有积极影响的行为及倾向，最典型的亲社会行为是合作、分享、助人、礼让、同情等行为。亲社会行为是我们期望看到孩子出现的行为，这种行为无论对人的发展还是社会的发展都是有好处的。具有亲社会行为的幼儿会从对他人的帮助中获得自我安慰感，既有利于幼儿社会性的发展，又有利于幼儿的人性发展，而且帮助他人的这种利他行为比幼儿为了避免成人惩罚或者获得成人的鼓励、赞赏要高级得多。由于亲社会行为的发展对于社会和个人发展的重大意义，越来越多的学者和专家开始研究幼儿的亲社会行为。亲社会行为的表现主要集中以下几方面：

1. 合作行为

合作行为是指两个及两个以上的个体为了实现彼此的共同目标进而相互协调、相互配合共同完成某一活动的亲社会行为。学前期儿童的合作大多数是指在游戏、生活和学习过程中彼此互相配合完成一定的目标。3～6岁的幼儿由于年龄不同，合作水平也有不同程度的差别。3～4岁的幼儿在合作过程中缺乏明确的目标，且合作的愿望较低，合作的时间不长，更多时候是自己玩自己的，需要教师积极引导幼儿合作完成任务。4～5岁的幼儿无论是从合作动机还是合作的行为上都有所增加，合作中互相协调、配合的手段和方法也在增多。5～6岁的幼儿合作的意愿更加强烈，任务分工更加明确，合作的方式方法多样化，但是由于年龄增大，幼儿自我意识增强，导致合作的过程中矛盾分歧会增加。

2. 分享行为

分享行为（与自私行为相对）是指幼儿出于自愿，主动将自己拥有的物品共享给其他人的亲社会行为。在幼儿园里分享行为主要有：将自己的玩具、食物、图书等主动与自己的伙伴共享。在家里分享行为主要表现为能主动为父母、其他长辈或者自己的弟弟妹妹着想，将玩具、食物、水果等共享给他们。在分享的相关研究中，得出一岁左右的婴儿就已经开始有了分享行为。也有研究得出，2～3岁的幼儿才会真正出现有意义的分享行为，而性别对于分享行为的影响没有统一的答案，但是可以肯定的是，学前期儿童肯定已经有了分享行为，随着年龄的不断增长，分享行为的利他性也越来越明显。分享教育也应该是幼儿园社会领域教育中重要的组成部分。

3. 助人行为

助人行为是指个体主动帮助那些需要接受帮助的个体的亲社会行为。学前期儿童的助人行为随着年龄的增加而增加。小班幼儿的助人行为很多时候靠教师和家长的提醒，中、大班的幼儿由于年龄、认知能力的增加，助人行为更多的是出于自己的意愿。在对幼儿进行助人行为的培养时，成人的榜样作用非常明显，教师和家长应为幼儿做出好的表率，这对幼儿助人的亲社会行为的增加有着非常重要的作用。

（二）攻击性行为

攻击性行为是指对他人有害或者对社会有消极影响的行为，最典型的攻击性行为有打人、骂人、破坏他人物品、欺负同伴等。攻击性行为是一种消极行为，不利于孩子的健康发展，也不利于社会的稳定发展。攻击性行为也是学前儿童问题行为中最重要的表现之一，不但会对周围的人或物造成一定危害，而且攻击性强的儿童极易不被他人认可，不利于儿童健康的发展。当前学者们十分注重儿童攻击性行为的研究。研究表明，儿童攻击性行为主要有以下几方面：

1. 身体攻击、言语攻击和间接攻击

根据攻击的具体表现形式可将攻击分为身体攻击、言语攻击和间接攻击。身体攻击也就是我们俗称的"打架"，指攻击者利用身体作为工具对被攻击者进行的攻击，例如拳、打、脚、踢、抓、咬等行为。言语攻击是指以语言为媒介对受攻击者实施的攻击，例如骂

人、嘲讽、侮辱、起外号等。间接攻击是指攻击者借助第三方对受攻击者实施的攻击，例如，教唆他人攻击被攻击者、造谣离间或者排挤被攻击对象等。

2. 工具性攻击和敌意性攻击

哈图普（Hartup）根据攻击的目的将攻击分为工具性攻击和敌意性攻击。工具性攻击是指攻击者为了获取某些物品而对他人做出的争抢等攻击行为，攻击的目的在于抢夺物品。敌意性攻击是指为了攻击、伤害他人而做出的攻击行为，攻击的目的在于人。例如，在班级里，小朋友 A 为了抢夺小朋友 B 中的玩具而打了起来就是工具性攻击；而小朋友 A 趁小朋友 B 不注意时拿水杯里的水泼在了小朋友 B 的身上，这就是敌意性攻击。

3. 反应性攻击和主动性攻击

美国发展心理学家道奇和考伊（Dodge & Coie）根据攻击行为的功能将攻击分为反应性攻击和主动性攻击。反应性攻击是指个体受到外界的威胁、挑衅引起的一种防御性攻击反应。主动性攻击是指个体在未受到外界威胁的前提下，为了获取某些物品，主动欺负、控制他人的行为。例如，在幼儿园里，小朋友 A 遭到小朋友 B 抢夺其手里的玩具车，小朋友 A 不给，与小朋友 B 打了起来，这就是反应性攻击；反过来，小朋友 A 为了获得小朋友 B 的玩具用打人、抢夺的方式夺取，那么这就是主动性攻击。

三、幼儿社会行为的特点

幼儿社会行为主要分为亲社会行为和攻击性行为，二者各有不同的特点。

（一）幼儿亲社会行为的特点

1. 幼儿亲社会行为会随着年龄的增长而不断增加

通过在幼儿园长时间的观察，不难发现幼儿的亲社会行为，包括合作、互助、分享的行为会随着年龄的增大而不断增加。通过相关学者的研究也发现，大班幼儿的亲社会行为水平显著高于小班和中班。幼儿的互助与分享行为相对于合作来说会更容易些，分享与合作行为可以出现在的情境比较多，而合作更多出现在幼儿彼此间的游戏中，小中班的幼儿更多的是无共同目的的游戏，合作性的规则游戏相对较少，大班以后逐渐增多。总体来说，幼儿的亲社会行为会随年龄增加而不断增长。

2. 亲社会行为多指向同伴，且随年龄增长更多地指向同性伙伴

相关研究表明，幼儿在幼儿园中表现出的亲社会行为，90% 左右朝向自己的同伴，仅有 7% 左右是朝向教师或者其他成人。这种情况也很好理解，幼儿在幼儿园里的自由活动时间是幼儿的亲社会行为出现的主要时间点，活动的大部分时间多以同伴为交往对象，因此幼儿的亲社会行为有更大的可能是指向自己的同伴。幼儿的同伴可能是异性，也可能是同性，但是幼儿的亲社会行为在指向同性或者异性的比例却随着年龄的增长而发生一定变化。通过在不同幼儿园长时间的观察发现，小班或者年龄更小的托班，幼儿交往的对象不受性别影响，亲社会行为的发生也与性别无关，而中大班幼儿的交往对象同性居多，亲社会行为的发生多指向同性。

（二）幼儿攻击性行为的特点

1. 不同年龄阶段的攻击性行为出现的频率不同

研究表明，3～4岁，幼儿的攻击性行为随年龄的增长而增加，4～5岁，幼儿的攻击性行为随年龄的增加而减少，5岁以后幼儿的攻击性行为又逐渐增多。也有研究表明，幼儿的攻击性行为随年龄的增长而逐渐减少。这可能与研究者使用的工具不同有关，也可能与研究对象的不同有一定关系。但可以肯定的是，随着年龄的变化，幼儿的攻击性行为肯定会发生变化。

2. 幼儿的攻击性行为存在性别差异

幼儿的攻击性行为存在显著的性别差异。男孩子的攻击行为明显高于女孩子。更具体来说，男孩子身体攻击居多，例如打架。女孩子的言语攻击居多，她们更愿意通过语言表达不满，例如，和同伴说某位小朋友的坏话。这可能与中国的传统文化有一定的关系，我们会认为男孩子淘气些很正常，女孩子应该文静些，不应像男孩子那样打闹。

📚 案例

礼貌的小客人（小班）

【活动目标】

（1）知道去别人家时该怎样礼貌做客。

（2）具有一定的社会交往能力。

（3）体验礼貌地做小客人的快乐，乐于与人交往。

【活动准备】

（1）事先与家长取得联系，获得允许后集体到某个幼儿家做客。

（2）录制做客的录像带。

（3）准备好家长提出的建议图片若干。

【活动过程】

（1）引出话题，激发愿望。

教师引导：

① 爸爸妈妈为小朋友们"我是小客人"的活动出了好多主意，我们来看看是些什么主意。教师讲完后，请幼儿说说自己最喜欢哪个主意，为什么？

② 教师出示图片，激发幼儿想做小客人的愿望。图片内容依次为：拜访小伙伴、去叔叔阿姨家、生日聚会。

（2）再现经验，分享交流。

① 引起讨论。

教师提示：

a. 图片上哪件事我们已经做过了？（拜访小伙伴）

b. 你们第一次去别人家做客，你说了些什么？做了些什么？心里感觉怎么样？为什么？（高兴、害怕、紧张……）

c. 你们做客时发生了什么有趣的事情？

② 看录像思考问题：翻东西、要吃的、与人争吵，这样做对吗？

（3）教师与幼儿交流讨论：怎样做个受欢迎的小客人（小朋友要有礼貌）。

（4）实践活动，体验成功。

① 交代任务：今天请你们到 ××× 小朋友家集体做客，你们能争当礼貌的小客人吗？

② 讨论任务：你准备怎样做客？可能会遇到什么问题？你准备怎样解决？看哪个小客人最受欢迎？

③ 任务操作：教师观察幼儿做客情况，注意要以身作则并及时鼓励表现好的幼儿。

【活动延伸】

回园后组织幼儿交流做客的感受。平时也请家长带孩子更多地到同事或朋友家中去做客。

我帮妈妈拧毛巾（中班）

【活动目标】

（1）在妈妈的协助下，学习双手配合反方向拧毛巾的正确动作，进一步锻炼手部肌肉动作的协调能力。

（2）感受三八妇女节带来的欢乐气氛，体验劳动的乐趣和为妈妈服务的快乐。

【活动准备】

（1）PPT（内容为妈妈教红红拧毛巾、红红自己擦脸和为妈妈擦脸）。

（2）幼儿每人一块小方毛巾，一个小面盆。

（3）制作红花的材料。

（4）布置亲子游戏场地，红、黄、蓝、绿四种颜色的胸牌。

【活动过程】

1. 结合PPT图片引出活动主题

（1）直接出示小毛巾提问：这是什么？有什么用处？（擦嘴、擦脸）

（2）在家里一直是谁帮你拧毛巾擦脸的？（妈妈、奶奶）

（3）妈妈辛苦吗？为什么？（妈妈要上班又要照顾宝宝，真辛苦）

（4）那我们应该为妈妈做些什么呢？（幼儿自由回答）

（5）我们看看隔壁中（2）班的红红是怎么做的？（教师引导幼儿观看PPT后讲述）

（6）教师小结：红红真懂事，在妈妈的帮助下学会了拧毛巾。你瞧，红红不但自己会洗脸、擦脸，还会帮助妈妈擦脸呢，妈妈好开心。

2. 妈妈教宝宝学习拧毛巾

（1）提问：今天是什么节日？是谁的节日？

（2）平时，妈妈、奶奶一直为我们拧毛巾擦脸，辛苦了。现在宝宝长大了，要向红红学习，学会自己拧毛巾，也为妈妈、奶奶擦擦脸，好吗？

（3）现在请宝宝向妈妈学习拧毛巾的本领，看哪个聪明宝宝学得快。

（4）请最快的一组宝宝和妈妈上来示范拧毛巾的动作，妈妈在旁边解说。

（5）多请几名宝宝上来表演。

（6）教师小结：我们先把湿过水的毛巾一折二，双手捏紧向相反的方向用力拧，直到没有水滴下就行了。

3. 亲子游戏"我为妈妈拧毛巾"

（1）让幼儿戴上不同颜色的胸牌分成四组站在起点，妈妈坐在中间，爸爸在终点做红花。

教师：今天是妈妈的节日，宝宝和爸爸要为妈妈服务、送礼物，让妈妈过个开心的节日。

（2）了解亲子游戏合作的要求：①宝宝在起点拧干一块毛巾，小心地走过一段独木桥；②来到妈妈身边，为妈妈擦脸；③小跑步到爸爸处拿礼物；④爸爸抱着宝宝跑步来到妈妈处为妈妈献上大红花；⑤爸爸、妈妈再搭成"轿子"，抬着宝宝回到起点，第二个孩子开始游戏。

（3）亲子游戏在《运动员进行曲》的音乐声中开始、进行、结束。

4. 颁奖

（1）在歌曲《我的好妈妈》音乐中按获胜顺序颁奖。

（2）爸爸为妈妈戴上亲手做的大红花，宝宝在旁边说祝福话：祝妈妈节日快乐，妈妈给宝宝贴个五角星并给宝宝一个吻。活动在愉快的歌声中结束。

【活动评价】

整个活动在环境创设与材料提供上体现了丰富性和综合性，活动的游戏性也比较强，突出了拧毛巾的学习重点。教师改变了传统的亲子活动模式，让父母参与到教学活动中，不仅体验到给孩子教学的不简单，也体验到了与孩子同乐的快乐。对于幼儿来讲，与爸妈一起学习、一起游戏，他们感到无比的新奇和兴奋。例如：教学由教师的教变为妈妈的教，游戏由与同伴玩变为与父母玩，颁奖由教师发变为由妈妈发，奖品由原来的星星变为妈妈的吻。种种的不同使得孩子们的学习兴趣始终保持高涨。

我不想生气（大班）

【活动目标】

（1）知道生气是一种正常的情绪，简单了解情绪与健康的关系。

（2）初步学会一些调节自己心情的好方法，懂得尽量控制自己的情绪，不把坏情绪带给其他人。

（3）感受人们更愿意跟活泼开朗、不愿生气的小朋友交往，鼓励幼儿做豁达开朗的人。

【活动准备】

（1）幻灯片，动画《心情娃娃》视频片段，欢快的背景音乐。

（2）实物投影仪、黑板、五种表情符号、纸笔等。

【活动过程】

（1）出示兔子生气的幻灯图片，引导幼儿观察小兔的心情。

提问：图片上的小兔子怎么了？你怎么知道的？（表情、动作；丰富词汇：气冲冲、怒气冲天）

出示三幅幻灯图片，说说图片上的小兔子为什么生气。（被嘲笑、遭破坏、被冤枉）

引导幼儿回忆经验：小朋友，你生过气吗？你是因为什么事儿生气呢？

小结：原来人人都会生气，很多不好的事情都能让我们生气，生气是一种正常的情绪。

（2）结合经验回忆体验生气时的表现，提问：生气的时候会怎样？（脸憋得通红、吵架、动手、哭、喊、扔东西……）生气后你感觉怎样？（憋气、不想吃饭说话、肚子疼、气晕了……）结合兔子大火球图片。

小结：生气的时候，我们的心情不愉快，就会做一些激动的事儿，对身体健康有影响。

（3）观看视频片段《心情娃娃》，设疑提问：心情娃娃说的话代表的是谁的心情？为什么心情娃娃会说那些不礼貌的话？

讨论：动画片中生气的妈妈受欢迎吗？为什么？你更愿意跟什么样的人交朋友？

小结：生气的时候心情不好，会说一些难听的话，伤害到身边的人，会慢慢失去朋友。大家更愿意跟活泼开朗、不愿生气的人做朋友。

（4）怎么样让心情好起来。

① 那么怎样让自己不生气呢？让自己的心情好起来呢？

② 引导幼儿用符号记录能让自己心情好起来的方法。

③ 结合实物投影仪进行交流，并将幼儿的方法简单分类（从他人那儿获得安慰、发泄释放、让自己平静、做自己喜欢的事情及其他方法……）

小结：每个人都会有生气的时候，也都有理由生气。但是我们要学会用各种办法在生气之后让自己快乐起来，恢复好心情。

（5）出示图片——对他人发脾气来宣泄自己的坏情绪。

提问：这种方法好不好？为什么？

小结：生气的时候要尽量控制自己的情绪，不要把坏情绪带给其他人，鼓励幼儿做豁达开朗的人。

活动小结：小兔尝试了小朋友们的办法，很快就忘记了生气，高兴起来了。今后我们不开心的时候生气也没关系，只要你有办法使自己心情好起来，那你每天都会拥有好心情。做一个开开心心的宝宝吧，那样你会拥有更多朋友的。记住，不要把糟糕的情绪带给别人哦！

【活动延伸】

回家后也不要和爸爸妈妈发脾气，在家里面也能控制住自己的情绪。

第三节

幼儿常见社会行为问题

知识讲解

一、幼儿常见社会行为问题的表现

幼儿常见的问题行为主要是指不利于幼儿身心健康成长和良好品德形成的行为，这些行为会给儿童、家庭、幼儿园乃至社会带来一些问题。这些问题可具体表述为与幼儿的气质、性格、社会化有关的问题行为，与认知发展、情绪发展相关的问题行为，或者与言语能力、社会技能以及性别有关的问题行为。在儿童成长的早期，深入了解幼儿问题行为的主要表现，同时借助幼儿园的生活学习环境，能够及时有效地预防和矫正幼儿的注意力、情绪、行为、社会交往等方面表现出的问题，能够更好地促进幼儿身心健康发展。

目前幼儿主要的问题行为有：

（一）攻击性行为

攻击性行为的日常表现主要有两大类：一种是身体的侵犯，例如打架、咬人、挠人、踢人等行为；一种是言语的侵犯，例如骂人、说别人坏话等。如果没有家长和幼儿园方面的有效教育，孩子的攻击性行为可能会出现日后更加严重的暴力行为，既不利于孩子的成长，也不利于社会的稳定。

📚 案例

恶作剧

在幼儿园的操场散步后回教室的路上，有一位小朋友不小心摔倒了，轩轩看见后，马上"兴奋"起来。他并不是去拉同伴，而是趁势也跟着倒了下去，重重地压在那位小朋友的身上，嘴里还不停地说："哈哈，真好玩，真好玩！"后面其他小朋友见状也学轩轩的样子，一起跟着压了下去，使得被压在最下面的那位小朋友哇哇大哭起来。

（二）违反规定行为

违反规定行为主要是指幼儿不能遵守幼儿园制定的相关行为规定或者是不能遵守幼儿园教师和家长提出的合理的儿童行为规范。由于年龄小、自控能力差、生活经验不足，未能形成稳定的规则意识，所以在家里、幼儿园里或者是公共场合，孩子们会经常出现违反幼儿园老师或者家长提出的合理要求的行为。违反规定行为通常有三种方式：一种是通过语言违反规定行为，例如，老师或者家长在讲话时的插嘴行为；一种是行为举止违反规定行为，例如，在幼儿园上课时，偷偷地下地乱跑；最后一种既包含言语上的违规，又包含行为举止的违规，例如，幼儿不但在言语上顶撞老师，而且还没有按照老师的要求午睡。

📚 案例

午 睡

浩瀚是一个很活泼的小朋友，喜欢和老师聊天，和小朋友玩耍。但是他总是不能按照老师的要求进行午睡，总是在睡觉的时间摆弄被子，有时会找小朋友说话聊天，声音很大，把已经睡着的小朋友都吵醒了。这天午睡时间，大部分小朋友都已经睡着了，可是老师总能听见有一个小朋友在自言自语地说话，老师循声看过去，原来浩瀚小朋友还没睡着，这时候又有个小朋友起来向老师告状，说浩瀚打她，原来没睡着的浩瀚又惹事了。

（三）欺骗、说谎行为

欺骗、说谎行为主要有有意欺骗和无意说谎。有意欺骗主要是指隐瞒事实真相、否认自己的错误、夸大自己的成绩等方面；无意说谎表现为幼儿无法将现实与幻想区分开，对事物认识不足而导致理解和表达错误的行为，这种类型的说谎是无意识和不自觉的行为，与道德没有任何关系。

那天我接女儿从幼儿园回家，在路上和往常一样，问她在幼儿园里有什么高兴的事和不愉快的事，她悲凄凄地说："豆豆这几天总欺负我。"我感到吃惊，问："你们不是最好的朋友吗？她怎么欺负你了？""她说她不喜欢我，不和我玩，还用拳头打我。"我当时信以为真，对她说："不要紧，明天爸爸和老师说，让她不再欺负你，还做你的好朋友。"

第二天，我和老师说此事，不料老师讲，豆豆已半个多月没来了，回南方老家了，弄得我哭笑不得。要知道，我女儿是一个从来不说谎话的孩子。我虽然看过一点儿童心理学的书，但没看到过研究儿童这种"瞪着眼睛说瞎话"的内容，不清楚这是儿童的一种什么心理现象。

（四）偷东西行为

幼儿偷东西行为不同于成人的偷盗犯罪，幼儿会常常把自己喜欢吃的、玩的东西偷偷藏到口袋里，或者从幼儿园里把喜欢的东西偷偷带回家。这些行为都是由孩子对物品的占有欲、缺乏关注、自控能力差和成人的教育不当造成的。

📚 案例

失踪的玩具

在学期初创设班级自主游戏的角色环境时，孩子们都很好奇和向往。我们也在各个角色区域里投放了丰富的游戏材料。但是没进行多久，我就发现小医院里的东西"失踪"了，起初我也没在意，以为是孩子们玩的时候扔在哪个角落没找到。直到有一天，有小朋友拉着瑶瑶到我面前告状说："丁老师，她的口袋里藏了一个小医院的针筒，她就是想带回家！"只见瑶瑶难为情地皱着眉，手还紧紧抓着口袋里的针筒。而作为老师的第一反应就是让她赶快把针筒还回到小医院去，事后我找她进行了单独的谈话，也没有再继续追究。可是过了没多久，我便发现瑶瑶又把老师放在柜子上的其他小朋友从家里带来的玩具、围巾放到了自己的书包里……

（五）焦虑行为

焦虑是指对即将发生但是实际还未发生的事情产生紧张、恐惧的心态。例如，我们经常看妈妈领着孩子一到幼儿园门口，孩子就开始哭闹喊着不上幼儿园，如果是不想去幼儿园这就是入园焦虑的体现，如果是不想和父母分开就是分离焦虑。

果果小朋友早上来园时，不管老师是笑容满面地迎接还是连哄带抱，总是一副泪眼蒙眬的样子，并且是一步三回头地盯着门口，嘴里还不停地哭喊着："妈妈，妈妈。"每当果果来园时，往往是先闻其声再见其人，"我要妈妈……"只见果果紧紧地抱着妈妈的脖子，不愿放手。妈妈哄抱着果果："果果不哭，妈妈抱你进去后再走。"看来，双方都是难舍难分。

二、幼儿常见社会行为问题的指导

面对幼儿的问题行为，家长和幼儿园教师要给予足够的重视，孩子问题的出现并不可怕，可怕的是没有科学的、正确的方法去解决幼儿身上出现的问题。

（一）攻击性行为问题的指导

1. 为幼儿提供独立解决问题的机会

幼儿在幼儿园里活动时，难免会有打架、撕扯等攻击性行为的出现。很多老师在事情发生时第一时间就要介入幼儿之间的"争端"，为事件的双方解决矛盾，这种处理方式不利于幼儿交往能力的发展。当幼儿出现了攻击性行为时，教师要保持冷静，在保证孩子双方不会受伤的情况下不要急于介入，不要急于替幼儿解决问题。教师要主动为幼儿创设独自解决问题的平台，为幼儿提供解决问题的机会。让幼儿体验自己的行为带来的后果有时候比教师抽象地说明道理更有助于幼儿的成长。幼儿通过在实际生活中学会平衡各种关系达到自己的目标，而不是依靠单纯的暴力或者其他非和平手段来解决问题。这样的锻炼后幼儿会有极大的成就感和满足感，从中获取解决问题的经验，这也是以后其发生其他事情时的处理方式。

2. 学会区别对待幼儿不同动机的攻击性行为

当幼儿的攻击性行为出现时，教师务必要沉着、冷静、公平、公正地分析幼儿间的矛盾，要按照事情的是非曲直去做判断。要先了解幼儿产生攻击性行为的原因，首先要找出事件中的主动攻击者和被动攻击者，对于两者要区别对待。要坚决制止主动攻击者，当然也要及时纠正他的错误，批评和惩罚都不是最终目的，最终的目的是让幼儿能用合理的方式表达自己的情感，要让主动攻击者深刻认识到自己的行为带来的后果，认知到只有与同伴友好地相处才能被同伴接纳；对于被攻击者的攻击行为，教师应引导幼儿采取合理的方式应对问题，对他人攻击能做出有效的反应，既能保护自己不受伤害，也能让攻击者有所忌惮。总之，对于双方要区别对待，这不仅能帮助幼儿解决矛盾，也能帮助幼儿积累经验，往后再遇到同样的事情知道如何处理，也使幼儿能够感受到教师对于他们的爱是公平的、同等的。

3. 加强对幼儿社会交往技能的训练和指导

在处理幼儿间的矛盾时，教师应更多地教给幼儿解决问题的社会技能，提高幼儿的社会认知能力，培养其丰富的社会情感和良好的行为习惯，这是在日常生活中就该做到的。教师首先要使幼儿的注意力从矛盾中脱离开来，然后向双方提出要解决的问题。接下来，教师引导幼儿诉说自己内心的真实想法。其次，教师要在幼儿说的理由中总结出双方矛盾的原因，继续引导幼儿如何解决问题。当幼儿提出想法时，教师也可以请其他小朋友发表看法，找到双方都认可的解决方案。这么做的目的就在于让幼儿学会移情的能力，就是能够站在他人的角度去看待问题，在满足自己需求的同时，也要考虑他人的想法。这样的处理方式如果巩固下来，对日后幼儿独立解决问题有着巨大的帮助。

（二）违反规定行为问题的指导

1. 注重培养幼儿的规则意识

教师应在心中树立"养成教育"的理念，也就是通过有利于幼儿认知的形象化方法和手段把规则要求具体化，使规则和要求具有可操作性，能够落实到幼儿的日常行为上。在日常生活中用简明的语言向幼儿提出规则，并说明这么做的原因、不这么做的后果，让幼儿在感知的基础上理解规则，帮助孩子树立规则意识。违反规定的根本原因是幼儿规则意识不强。

2. 注重环境建设，通过环境引导幼儿行为

优美的环境对幼儿的行为有着积极的影响，这种环境既包括物质环境，也包括精神文化环境。在幼儿一日生活的各个角落，教师可以通过创设有吸引力的环境，利用环境和材料吸引幼儿的注意力，帮助幼儿养成良好的规则意识，例如把日常生活中的某些规则绘制成一些色彩鲜艳、醒目的标记图，幼儿在活动时看到这些生动的图标便会提醒自己遵守规则。

3. 发挥教师的正面引导作用

在幼儿违反规定的教育过程中，教师首先要用清楚、明了、积极的语言对幼儿提出要求。用积极的要求代替一些消极的禁令，这样更有利于幼儿记住规则和遵守规则，才能更让幼儿知道自己要做什么、怎么做。其次，任何一个个体都有被他人认可的需要，幼儿更是如此，在对幼儿提要求时，教师应多用积极的语言正面引导，尽量减少强制性、命令性的语言，这样更有利于幼儿形成良好的规则意识，使之形成良好的行为习惯。

（三）欺骗、说谎行为问题的指导

1. 创设民主良好的幼儿园环境

幼儿园是幼儿除家庭外的第二个成长环境，在民主的环境和氛围中，幼儿同样也会犯错误，但是这种环境下犯错误后不会产生害怕畏惧的情绪。因此，幼儿教师要为幼儿创设民主良好的生长环境，为幼儿表达自己的真情实感提供保障；为幼儿提供一个互相信任、诚实坦然的好环境，多尊重幼儿，倾听他们的心声，通过各种方式让他们明白，犯错误不可怕，可怕的是犯错误后对老师的欺骗和说谎行为。

2. 教师要以身作则，做言传身教的典范

幼儿很多时候都是在模仿成人的言谈举止，在观察过程中获取的示范行为和行为结果会使幼儿形成替代性强化。教师在要求幼儿诚实守信的同时，也务必要注意自己的一言一行，严格要求自己，信守自己说过的话，为幼儿树立一个模仿的榜样，使幼儿在诚实的环境中逐渐养成诚实守信的好品质。让孩子们知道，诚实会得到他人信赖，也会使他们获得更多的好朋友。

3. 适当使用惩罚

在幼儿明知故犯的情况下，适当的惩罚是必要的。如果孩子是无意识地欺骗、说谎，要用合理巧妙的方式引导和教育幼儿。如果是明知故犯，犯了错还说谎，就需要严厉地批

评了，不但要让孩子勇于承担错误，还要让他知道知错就改，才能赢得他人的尊敬和原谅。如果孩子主动承认错误，还要对主动认错、承担责任的行为给予肯定和表扬，不要急于批评。

（四）偷东西行为问题的指导

1. 提高幼儿的道德认知水平

要让孩子明确知道，无论出于任何目的，偷拿他人物品都是一种不良行为，这种行为不但让他人受损失，还会使自己失去他人的信任。单纯与孩子讲道理幼儿很难理解，因为孩子的"偷"和成人犯罪的偷不是一个概念。可通过讲故事的方式来引导幼儿正确地满足自己的需要，让他知道偷东西的严重后果，知道什么行为是光荣的，什么行为是耻辱的。

2. 提高幼儿的自控能力

很多时候，幼儿偷东西的行为都是自控能力差造成的，幼儿只顾满足自己的欲望，而忽略了这种行为是否正确。教师也要注意观察幼儿的喜好，平时注意训练他们的延迟满足能力，即忍耐力，让幼儿体会到坚持与等待也是一件值得肯定的事情。想要得到某些东西可以自己去沟通，也可以找老师帮助解决，但是绝对不可以偷拿别人或者幼儿园的物品。

3. 要适当惩罚，同时要保护幼儿的自尊心

对有偷拿行为的幼儿，老师千万不要急于责骂，一定要了解幼儿偷拿东西的原因，同时告诉幼儿合理的要求是可以被满足的，但是一定要和老师说出想法，不可以私自决定。适当的时候可以对幼儿进行惩罚，可以用换位思考的移情训练法。最后要将偷拿的物品物归原主，并道歉，为自己所做的事情负责任，这也间接地提高了幼儿的自我责任感。

（五）焦虑行为问题的指导

1. 根据幼儿心理正确处理幼儿入园适应问题

入园焦虑和分离焦虑问题是一个普遍现象，不仅出现在小班入园，中大班实际也有很多孩子在假期后返园依然会有入园焦虑和分离焦虑的现象。这就需要教师学习幼儿心理发展的理论，了解幼儿的身心发展规律，不断提高自己的教育能力，用科学的方法处理幼儿的入园适应问题。

2. 做好与家长的沟通工作，帮助幼儿适应幼儿园环境

入园焦虑和分离焦虑很重要的原因是父母在面对幼儿哭闹的情境时不知道如何处理，对孩子哭闹的心疼已经让父母失去了思考问题的能力。可以让幼儿家长在孩子入园之前的一段时间常到幼儿园周围熟悉环境，使幼儿对幼儿园有一个提前的了解，经常向孩子介绍幼儿园里开心的生活，教师也要耐心、热情地关爱幼儿，这也提高了家园共育的水平。

3. 创设良好的幼儿园环境，有效吸引幼儿的注意力

良好的幼儿园环境包括物质环境和人文的精神环境。幼儿园要将自己的园内环境创设得更加精致、有吸引力，符合幼儿的身心发展需求，降低幼儿对幼儿园环境的陌生感，例如购置的玩教具、桌椅等都要符合幼儿的心理发展特点。同时幼儿教师要热情、富有亲和力，善于与幼儿沟通，能够有效转移幼儿的注意力。

第四节
幼儿道德品质教育活动的设计与指导

🧩 知识讲解

社会教育的最高目标是使人形成良好的品德，品德与社会道德密切相连，是社会道德在个体身上的反映。幼儿品德是其社会性发展中的核心部分，因此，品德作为个人特性是指个人在内化社会道德时的自我表现与特征。幼儿道德实质上就是社会道德个体化的过程。它包括两方面的内容：一是社会道德内化的过程，即把道德规范逐步内化为个体的思想品德；二是社会道德个性化的过程，即形成不同行为模式和个性特点的个体的过程。

一天晚上，张老师接到×××妈妈打来的电话，×××把妈妈放在茶几上的钱弄丢了，妈妈怎么追问×××都不承认，请求老师给予帮助。张老师挂了电话，沉思许久。幼儿良好的道德品质是其将来拥有健全完整人格的基础，对孩子未来人生的发展至关重要，怎样根据幼儿道德发展的特点促使幼儿自觉形成良好的道德行为习惯呢？

《规程》中提出："幼儿园的品德教育应以情感教育和培养良好的行为习惯为主，注重潜移默化的影响，并贯穿于幼儿生活及各项活动之中。"也就是说，幼儿园德育的内容主要是发展幼儿的情感，进行良好行为习惯的培养。幼儿阶段儿童的情绪逐渐趋于稳定，开始具有人格化的倾向，因此，幼儿期是儿童情感发展的重要时期，这样就把幼儿德育与情感教育密切地结合起来了。比如，同情心和羞愧感是幼儿道德行为的基础，在日常生活中，成人要从对这两种情感的培养入手，让幼儿学会理解他人、关心他人，从中掌握道德标准，以促进良好道德行为的形成。

一、小班幼儿道德品质教育活动的设计与指导

进入学前期后，幼儿逐渐产生了各种道德感，如同情、互助、尊敬、羡慕、义务感、羞愧感、自豪感、友谊感等。学前初期儿童的道德感很肤浅、易变，往往是由成人的评价而引起的。随着幼儿交往的发展，成人不断地对幼儿的行为提出要求，使他们逐渐掌握了各种行为规范，道德感也逐渐发展起来。在道德判断方面，小班幼儿的道德判断带有很大的具体性、情绪性和受暗示性。只要成人说是好的，或自己觉得有兴趣的，就认为是好的；反之，则是坏的。同时，他们在判断行为时，还不能把行为的动机和结果结合起来，常常只能看到行为的结果，而不注意行为的动机，仅根据结果来判断行为。根据《指南》的规定，对3～4岁幼儿提出了一些最简单的道德行为要求。

对小班幼儿来说，道德是不可改变的客观实在的行为规则。在这一年龄段，教师对幼儿进行道德启蒙教育，让他们懂得"不应说谎，做个诚实的孩子"等道德规则，使幼儿从外部世界获得知识。皮亚杰称这一时期的儿童为"道德实在论者"。为了使幼儿能正常地、更好地和同伴交往、生活，教师应引导小班幼儿多掌握一些道德规则，并学会在生活中加以运用；把一些必要的规则传授给他们，如爱清洁、讲卫生、有礼貌、团结互助等，教育幼儿不说谎，做个诚实的孩子。

诚实的孩子（小班）

【活动目标】

（1）了解"诚实"的含义，知道诚实是一种好的品质。

（2）愿意做诚实的孩子。

【活动准备】

（1）故事图片、投影仪。

（2）木偶表演。

（3）练习材料、笔、轻音乐磁带等。

【活动过程】

（1）欣赏故事《狼来了》。

① 教师利用投影仪边投放图片边讲述故事内容。

② 教师：你们喜欢放羊的孩子吗？为什么不喜欢他？放羊的孩子说谎以后造成了哪些不好的后果？

③ 教师小结：由于小孩说谎，羊全部被狼咬死，他自己也差点被狼吃掉。所以，我们大家不能说谎，要做一个诚实的孩子。

（2）师幼讨论什么样的行为才是诚实的行为，怎样做一个诚实的孩子。

① 教师：平时生活中应该怎样做才是诚实的表现呢？引导幼儿思考，做了错事应该怎么办？不是自己的东西能不能拿？能不能说谎？

② 教师：你是个诚实的孩子吗？请跟好朋友说一说自己诚实的表现；如果有过不诚实的表现也可以和好朋友说一说。

③ 幼儿交流讨论回答。

④ 教师小结：小朋友做错事情时应主动承认并及时改正，这样大家仍然会认为你是个诚实的孩子。

（3）木偶表演。

① 观看木偶表演，边看边想一想，表演中的小朋友是不是一个诚实的孩子。

② 看木偶表演。

表演内容：红红在家打扫卫生，不小心把桌上的茶杯打碎了。爸爸听到响声跑过来问，怎么回事呀？红红生怕爸爸责怪她，连忙说，不是我弄的，是小猫跳到桌上把茶杯打碎的。

③ 教师：你觉得红红是个诚实的孩子吗？为什么？如果你是红红，你会怎么做？

（4）幼儿练习判别对或错，讲述解决方法，明确诚实是好品质。

① 教师：其实在我们的生活中经常会发生这样的小故事。出示练习材料，引导幼儿观察了解画面内容。

② 交代练习要求：如果认为画面上的小朋友的表现是诚实的，就在他后面的格子里画"√"；如果不是，就画"×"。

③ 幼儿练习判断对或错。

④ 请个别幼儿介绍自己的练习结果。（利用投影仪展示）

（5）师幼共同小结：大家都要做一个诚实的孩子，这样才会受欢迎。

【活动延伸】

欣赏歌曲《好孩子要诚实》，结束活动。

【活动评析】

教育小班幼儿做个诚实的孩子，需要教师动脑筋的地方有很多。此次活动中，教师首先用投影图片形象地向幼儿展示了《狼来了》的故事，让幼儿初步感觉说假话就是不诚实，并体验到了不诚实面对的损失。之后，教师通过提问，让幼儿明确什么样的行为是诚实的行为，把抽象的概念生活化，挖掘幼儿某些情况下不诚实的"苦衷"，并给予正确解读，使幼儿敢于诚实表现。这样既发展了幼儿诚实的品质，也促进了幼儿思维能力的提升。

木偶表演的设置让幼儿位于道德判断主体的地位进行道德评价，对幼儿的要求很高，但如果道德评价建立在道德认知的基础上就不难了。此次活动从澄清幼儿道德认知、激发道德情感到引导幼儿进行客观的道德评价结果，非常完整。这样的教学活动能在小班进行，难能可贵。

【活动拓展及建议】

道德教育一直是教育中的难题，在幼儿教育领域更是如此，教师前面的安排循序渐进地体现了形成道德认知、体验道德情感和实践道德行为的逻辑顺序。另外，道德教育的榜样示范法对幼儿的影响很大，因此建议教师可以搜集一些名人小时候诚实的故事让幼儿模仿。名人中小主人公的形象和幼儿相似，容易引起幼儿的共鸣并被幼儿模仿，名人的故事也许会对幼儿产生不可估量的积极影响。

二、中班幼儿道德品质教育活动的设计与指导

中班幼儿已掌握了一些概括化的道德标准，会因为自己在行动中遵守了教师的要求而产生快感，而且开始关心别人的行为是否符合道德标准。中班幼儿常向教师"告状"，就是由道德感层面激发的行为。根据《指南》的相关要求，4～5岁的幼儿应掌握基本行为规范，并培养他们积极的社会情感。实践中的研究证明，中班幼儿已乐意接受某一任务，并且具备了初步的责任意识，这是由于幼儿思维的发展、理解能力的增强，能够理解任务的意义。另外，中班幼儿的自我服务能力得到了进一步提高，集体服务的意识也在增强，主要表现在中班幼儿能积极主动、自告奋勇地担任值日生，并努力地把值日工作做好。因此，我们针对中班幼儿这一显著特点，多给孩子布置一些具体的任务，培养幼儿对集体和同伴的关心，为幼儿以后形成对学习、工作认真负责的态度打下良好的基础。另外，中班幼儿基本处于他律阶段，他们已经可以独立地完成一些游戏和活动，也开始从与同伴的交往上升到与成人的交往。为了使幼儿更好地与人交往，教师应引导幼儿学会谦让，和成人及同伴友好相处，尊敬师长；初步了解自己的祖国，并爱祖国、爱家乡；了解成人的劳动并尊重成人的劳动成果等。

📚 案例与评析

谦让（中班）

【活动目标】

（1）培养幼儿互相谦让的良好品质，并使幼儿懂得互相谦让的重要性。

（2）让幼儿初步了解不仅要懂得谦让，还要学会谦让的方法。

【活动准备】

动画片《山羊过桥》、录像《公交车上》、电视、录像机、磁带、录音机、山羊头饰两个、平衡木。

【活动过程】

开始部分：幼儿随音乐进入活动室。

基本部分：

（1）做游戏"过独木桥"，激发幼儿参与活动的兴趣，引出课题。

① 介绍游戏名称及规则。

教师：听着欢快的音乐，你的心情怎么样？我们来做个游戏吧。瞧，这有一座独木桥，游戏的名字叫"过独木桥"。两组同时进行游戏，看哪组小朋友都能顺利过桥，一个都不掉下来。

② 游戏结束，教师点评。

（2）观看动画片《山羊过桥》。

① 幼儿观看动画片。教师：让我们来看看两只山羊是怎样过桥的。

② 看完动画片后，提问：

a. 小山羊是怎样过桥的？最后结果怎么样？

b. 想一想要怎样过桥小山羊才不会掉下去，并能顺利到达对岸？（幼儿展开讨论）

（3）情境表演《山羊过桥》。

① 观看幼儿情境表演。

② 教师小结：小白羊和小黑羊弟弟在过桥时因为互相谦让而顺利地过了桥。可见，要学会互相谦让才能办好事，不然就会产生不愉快的事情。

（4）观看录像《公交车上》，学习谦让的方法。有一天，有两个小朋友在公交车上遇到了一件事，让我们来看一看，他们遇到了什么事？提问：

① 公交车上发生了什么事？

② 两个小朋友都是懂得谦让的好孩子吗？

③ 他们都给老爷爷让座，那如果你是老爷爷，你愿意坐在谁的座位上？为什么？

再次观看录像《公交车上》。教师：老爷爷坐在了谁的位置上？为什么？谁受到了表扬？

教师小结：两个小朋友虽然都知道给老爷爷让座，但是小男孩不懂得谦让的方法。小男孩用粗鲁的语言让座，结果老爷爷坐在了小姑娘的座位上，最后小姑娘得到了表扬，而小男孩却没有。所以，我们不仅要懂得谦让，还要学会待人诚恳、有礼貌，这样才能做一个真正懂得谦让的好孩子。

结束部分：教师提议，再玩一次"过独木桥"的游戏，比一比谁最懂得谦让，谁能顺利过桥。

【活动评析】

谦让是我们中华民族的优良传统。案例中的教师从带幼儿观看喜爱的动画片入手，结合提问，让幼儿了解故事情节——这是一次失败的过桥。然后教师安排幼儿进行情境表演，通过互相谦让，两人都顺利地过了桥。幼儿很自然地先从失败的过桥经历中进行思考，然后通过看表演了解如何成功过桥，在脑海里形成了鲜明对比，有效地帮助幼儿澄清认识，形成判断。最后回到录像《公交车上》，把已经形成的正确认知付诸实施，加以内化。此次活动设计环环相扣，前一环节为后一环节奠定了基础，取得了很好的教学效果。

三、大班幼儿道德品质教育活动的设计与指导

大班幼儿的道德感有了进一步的发展，他们对好与坏、行为的对与错有了比较稳定的认识。他们开始注重行为的动机、意图，如小朋友 A 乱扔玩具打碎了一个盘子，小朋友 B 帮妈妈刷碗打碎了两个盘子。教师如果让幼儿来评价哪个小朋友的行为好一些时，学前早期的幼儿会说 A 好，因为他只打碎了一个盘子；而学前晚期的幼儿会说 B 好，因为他是在帮妈妈干活。有研究发现，大班幼儿不仅乐于交往，愿意与其他幼儿分享玩具、共同玩耍，而且态度友好。这表明大班幼儿在个性社会化的过程中可以逐渐形成合作、友好等良好的道德行为。《3—6岁儿童学习与发展指南》规定，对5～6岁的幼儿侧重于对其行为主动性的培养及道德情感的发展。

大班幼儿随着年龄的增长，出现了自律的萌芽，此后，道德教育的主题也就转变为发展儿童的自律道德了。经过教师的引导，大班幼儿应当达到较高水平的道德自律。

📚 案例与评析

勇敢（大班）

【活动目标】

（1）让幼儿明白勇敢会给自己和他人带来快乐。

（2）充分体会勇敢的含义。

（3）在他人需要帮助时应结合自身的条件寻找解决问题的方法。

【活动准备】

图片几组、动物头饰若干、磁带（《勇敢的三只羊》）。

【活动过程】

1. 理解故事内容

（1）出示大、中、小三只羊的图片，同时教师讲故事。

（2）教师：故事中都有谁？

（3）教师：两只小羊上山去吃草，为什么跑了回来？后来它们为什么又敢上山去吃草了？

（4）教师：它们碰到了谁？为什么三只羊一起上山吃青草？大羊出了一个什么主意？大灰狼最后为什么摔死了？

（5）教师：你觉得哪只羊最勇敢？为什么？注意：教师要确信幼儿理解了故事内容，讲解故事时语速尽量慢些。

（6）教师：听过了《勇敢的三只羊》的故事，我们自己来表演一下吧。我们选四个小朋友，其中三个小朋友分别扮演小羊、中羊、大羊，另外一个小朋友扮演大灰狼。

2. 活动体验，使勇敢的品质内化

（1）教师给幼儿戴头饰。

（2）进行有表情的表演。

（3）让幼儿在情境中体验勇敢。注意：教师尤其要多给平时不敢上台表演的小朋友一些机会，表演完后要表扬他们是勇敢的孩子。

【活动延伸】

教师出示图片，请幼儿仔细观察图片中发生了什么事？如果你看到了，你会怎么做呢？

（1）请幼儿描述图中的情境。

（2）询问幼儿，他（她）遇到这样的情况会怎么做？为什么？

（3）组织幼儿讨论发言，教师做记录。

（4）教师引导幼儿结合自身条件想出好的方法。

（5）游戏活动：组织幼儿去营救小动物。注意：本活动的目的是让幼儿明白勇敢做事也要量力而行，要选择最好的方法。

【活动评析】

首先，此次活动的选题切中不少大班幼儿的弱点。虽然随着年龄的增长，大班幼儿的社会性发展较快，但智慧地处理问题的方法和策略由于经验的缺乏还有所欠缺，本选题非常符合大班幼儿社会性发展的实际状况。

其次，教师通过情境表演让幼儿在体验中完成了勇敢品质的内化。教师在设计此次活动时不仅通过故事情境让幼儿知道了勇敢的含义，而且帮助幼儿分析勇敢地做事也需要多动脑，否则会伤害到自身，这是一个全面有效的活动设计。

第五节
幼儿社会行为技能教育活动的设计与指导

知识讲解

幼儿社会技能的发展是个体社会化的基础，在很大程度上决定了个体社会关系的好坏。

晨检活动期间，幼儿陆陆续续地来园，每个小朋友都带了自己喜欢的书。晨晨带来了一本奥特曼的书，这是一本全新的奥特曼全集。书一展开，立即吸引了许多小朋友的眼球，大家纷纷围过来看。正当大家看得热闹时，忽然晨晨拿起桌上的书便跑到我跟前，抽噎着说："老师，浩浩要抢我的书！"浩浩一脸无辜地站在那里。面对这样的事件，作为教师，我们该如何调解呢？

一、小班幼儿社会行为技能教育活动的设计与指导

小班幼儿社会行为技能主要包括交往技能、与同伴合作共同解决问题，以及关心、同情他人等。小班幼儿的生活空间已从家庭延展出来，开始与更多的人交往，与更广阔的生

活环境互动交流。《纲要》也把"学习初步的人际交往技能"列为教育的内容和要求。然而，小班幼儿尤其缺乏与人交往合作的能力。在观察中发现，小班幼儿正确运用语言交往的能力较差，具体表现在不善于主动地与人交谈，也不善于用语言表达自己的想法与态度，还不善于根据不同的情境运用恰当的词、句向对方做出应答，解决矛盾，这些也是幼儿进入小班后在社会行为技能上可以提高的方面。

📚 案例与评析

缺少一块怎么办（小班）

【活动目标】

（1）培养幼儿发现问题并探索解决问题方法的能力。

（2）培养幼儿与同伴一起愉快地游戏和正确地请求别人帮助的能力。

【活动准备】

活动前，请两名大班幼儿协助排演情景剧《缺少一块怎么办》。

（1）表演第一部分内容：明明和亮亮两个小朋友搭积木，明明少了一块，就拿了亮亮的一块，亮亮不高兴了，两人争吵起来，教师过来调解，问："怎么啦？"亮亮说："明明抢了我的玩具！"而明明委屈地说："我想搭房子，可少了一块怎么办？"

（2）表演第二部分内容：明明和亮亮继续在搭积木，亮亮搭高楼少了一块，他看见明明正好多出一块，就有礼貌地对明明说："明明，能把你多余的这块积木给我吗？我搭高楼缺少一块！"明明爽快地把积木给了亮亮，亮亮的小脸乐开了花，连声对明明说："谢谢！"明明也高兴地笑了。

【活动过程】

（1）教师：（请幼儿观看情景剧第一部分）小朋友，明明和亮亮为什么争吵呢？

（2）教师：如果你搭积木少了一块，也像明明那样拿别人一块行吗？用什么方法既可以得到积木，又不和小朋友闹矛盾呢？请你去告诉明明和亮亮吧！

（3）教师：（请幼儿观看情景剧第二部分）请看明明和亮亮现在怎样了？

（4）教师小结：教育幼儿正确地请求别人帮助，与同伴一起愉快地游戏。

【活动延伸】

请幼儿一起玩"搭积木"的游戏（积木数量有限），在游戏中尝试解决由于积木少而产生的矛盾。

【活动评析】

争执与冲突在小班幼儿的日常活动中经常发生。小班幼儿的社会交往技能是在与同伴交往的过程中形成和发展起来的。案例中的教师正是理解了这一点才设计了本次活动，这体现了教育基于幼儿生活问题的理念。这次活动的特点在于教师请了两名大班幼儿进行情境表演，使幼儿意识到活动内容是源于他们日常生活中的问题，容易引起幼儿积极参与并试图了解结局的共鸣。就这一点，此次活动已经成功了一半，因为教学活动成功地落在了幼儿的最近发展区之内。

另外，争执出现后，教师将两种不同的处理情境先后呈现，形成了鲜明的对比，使幼儿真实地看到了正确的交往方式施行后的愉快结果。可以说，这是将认知与情感目标均成功实现的一次活动。

二、中班幼儿社会行为技能教育活动的设计与指导

由于中班幼儿思维外显于行为中，其社会技能大多直接以行为来表现。国内外一些学者把社会技能分为环境相关技能、人际相关技能、自我相关技能和任务相关技能四个维度，这与《幼儿园教育指导纲要（试行）》社会领域的教育目标是一致的。中班幼儿的问题解决意识和是非观念随着年龄的增长而增强，但对同伴交往冲突的解决能力需要教师的帮助，比如在商量、容纳、分享等合作能力方面，不同孩子的合作技能水平参差不齐。有些幼儿在小朋友中人缘好、朋友多，和小伙伴一起玩的时候让着别人；有些幼儿很"小气"，不肯把自己的东西让给别人，打架……他们在商量、建议、劝说和容纳他人方面的合作技能处于低水平。教师通过创造情境让幼儿体验分享的快乐，学习合作的良好行为，在游戏中学会交往及合作，这些都可以提高幼儿的社会行为技能。

📖 案例与评析

自己被别人打了怎么办（中班）

【活动目标】

（1）使幼儿明白在日常生活中应与人友好相处的道理。

（2）培养幼儿初步分析问题的能力。

（3）使幼儿能选择一种较好的处理问题的方式。

【活动准备】

情境表演道具。

【活动过程】

1. 导入

组织幼儿观看情境表演：两个小朋友在玩一盒玩具，玩着玩着，他们同时发现了一件新玩具，两人都想玩，为此吵了起来。

2. 活动展开

（1）引导幼儿分析解决问题。

① 请幼儿举手发言，知道这是一种不好的行为。教师：录像看完了，请小朋友说说，这两个小朋友做得好不好，为什么？

② 帮助幼儿分析问题。教师：他们两个不对。他们互相争、抢、打，只会浪费时间，结果他们谁玩到新玩具了？（谁都没有玩到）谁都玩不到新玩具，大家还都不高兴。小朋友，谁能帮他们想个好办法？教师请幼儿动脑筋、想办法，说出自己的看法。

教师小结：幼儿园里这种事情会经常发生。解决的办法：

a. 小朋友相互谦让，可以一起玩；

b. 可以商量，轮流玩；

c. 可以利用"石头、剪子、布"的游戏轮换着玩。

（2）组织幼儿再看一段情境表演，引出新问题。教师：请小朋友仔细看表演，他们两个之间又发生了什么事儿？表演内容：户外游戏时，一个幼儿往前跑时朝后面看，不小

心撞到了前面的小朋友，他赶紧说了"对不起"，被撞的小朋友不原谅他，还动手打了他一下。

　　① 看了表演后，请幼儿判断：谁做得对，谁做得不对，并请幼儿说出自己的理由。

　　② 教师：如果别人打了你一下，你要看他是不是有意的，如果他是无意中碰到你，又向你道歉，你应该原谅他，说："没关系。"

　　（3）提出新问题，请幼儿思考：如果你站在那玩儿，别人跑过来故意打了你一下，你该怎么办？

　　教师帮助幼儿分析：

　　① 他为什么打你？你是不是妨碍了别人？是不是别人和你逗着玩儿？

　　② 他打疼你了吗？疼说明了什么？不疼说明了什么？

　　③ 他打疼了你，你该怎么做？

　　④ 他总是那么做，你该怎么办？教师启发幼儿回答：

　　a. 告诉老师，请老师帮忙解决；

　　b. 学会躲闪；

　　c. 给对方以有力的回击，保护自己。

　　3. 结束

　　在日常生活中，小朋友们要团结友爱、相互帮助，不允许欺负别的小朋友。当别人打了你，你要了解清楚原因，然后再选择合适的解决办法。

　　【活动评析】

　　人际问题的解决能力是影响幼儿人际关系的关键因素。中班幼儿处于社会化的关键时期，抓住时机对其进行教育是幼儿最需要的。案例中的教师通过观看情境表演的方式让幼儿体验情境中角色的感情和心理活动。针对两种情境，教师分别给予了不同的指导。尤其是在第二种情境中，教师指导幼儿对不同的情况要区别处理，教育幼儿应具体问题具体分析，深入浅出地培养了幼儿客观、公正的价值观。其实，只要方式合理，价值观的教育在幼儿阶段也是可以收获成功的。

三、大班幼儿社会行为技能教育活动的设计与指导

　　据调查，大班幼儿在教师的引导、帮助下，已具备了一定的自理能力，并能帮助父母干一些力所能及的家务；有的孩子甚至能独立解决一些问题，表现出很强的独立能力。大班幼儿的人际交往能力有了很大的提高，他们更喜欢和同龄的幼儿一起玩游戏，与同龄伙伴之间的关系得到了迅速的发展。因此，在形成幼儿正常交往技能的基础上，教师需要帮助大班幼儿发展一些更深层次的人际交往技能，比如理解、移情等。

📚 案例与评析

礼物（大班）

　　【活动目标】

　　（1）引导幼儿初步懂得原谅他人的过失。

　　（2）发展幼儿的人际交往技能，鼓励幼儿大胆表达。

【活动准备】

故事书《礼物》、表情脸谱、统计表、录像。

【活动过程】

（1）引出主题。教师：小朋友，你们收到过礼物吗？我们什么时候能收到礼物呢？（小结：过节日、生日、一些特殊的纪念日，我们都能收到礼物）教师：让我们一起来看一本故事书，名字就叫《礼物》。

（2）看图讲述，引发幼儿讨论。教师：（出示第一幅图）这是贝贝，这是小豆子，今天是贝贝的生日，贝贝把爸爸送给他的一份生日礼物带到了幼儿园，要和小朋友、老师一起分享，是什么礼物呢？教师：小豆子看见了很喜欢，也很想玩，贝贝自己还没玩过，又是新玩具，贝贝该怎么做？（让幼儿表达自己的想法，并说明理由）教师：贝贝还是决定把玩具借给小豆子玩儿，可是发生了一件事……让我们一起来看一看。

教师：（请幼儿观察第二幅图）发生了什么事？怎么了？（鼓励幼儿用语句描述图片上发生的事）

教师：玩具被小豆子不小心弄坏了，现在贝贝和小豆子的心里会怎样想呢？（先鼓励幼儿用丰富的词汇描述故事中人物的心理，再请幼儿根据心情选择相应的表情脸谱，并鼓励他们用语言说出贝贝和小豆子的表情）

教师：（请幼儿观察第三幅图）看看贝贝和小豆子究竟怎么了。（鼓励幼儿用语言描述图片中人物的表情）教师：这是什么火？（大火、生气的火）我们可以用什么好听的词来说？（怒火）这火冒呀冒呀一直到了天上，有一个四字成语形容，小朋友们知道吗？（火冒三丈）

教师：小豆子怎么样了呢？为什么小豆子会害怕？（引导幼儿观察描述小豆子的表情）

教师：贝贝气得火冒三丈，小豆子又急又害怕，该怎么办呢？有什么好的办法吗？（展示幼儿想出的各种各样的办法；请幼儿观看录像，鼓励幼儿说说他们最喜欢的办法）

教师：就在贝贝气得火冒三丈的时候，老师悄悄地给了贝贝一封信。信里有什么呢？（打开信封，出示"原谅"两个字）原谅是什么意思呢？谁能告诉大家？（鼓励幼儿用自己的话解释"原谅"一词的意思）教师：贝贝要原谅小豆子，可贝贝怎么说、怎么做才能表现出"原谅"呢？（教师扮演小豆子，鼓励幼儿通过语言或用动作表现原谅他人）

教师：（小结）贝贝学你们的办法笑一笑、抱一抱、握握手，说句"我们不生气"，效果可真灵，贝贝头上的怒火不见了。接着又会发生什么事呢？

教师：（出示第四幅图）他们俩成了好朋友，贝贝又收到一份更大的礼物，是一匹修好的小斑马，还有好多好多的爱心，谁爱贝贝？（教师与幼儿一起看爱心：老师爱贝贝，小豆子爱贝贝，爸爸妈妈爱贝贝，许多小朋友都爱贝贝）

教师：（小结）原谅多么美好啊！当别人不小心做错了事，我们应该原谅他。

【活动评析】

此活动设计首先抓住了幼儿喜欢礼物的心理特点，但设计者的目的在于让幼儿学会利用礼物化解人际矛盾或融洽幼儿之间的人际关系，设计独具匠心。教师以《礼物》的故事讲解和分析，贯穿整个教学过程。可取的是教师在故事讲解过程中采取了有效提问的方式，创造性地启发幼儿思维，引发幼儿的深层次参与，是一节集幼儿人际交往技能和语言教学于一体的活动课。颇具特色的还有，教师阶段性地呈现了活动小结，体现了教师把课程预案在付诸实施后的调整。这个过程难能可贵，也真正体现出了教师高水平认知的参与。

【实战演练】

案例：糖豆是我们班分离焦虑现象最严重的孩子，来幼儿园已经有一个多月了，其他孩子都渐渐地适应了幼儿园的生活，每天都开开心心地来幼儿园，而糖豆依然是个哭着、抱着奶奶不让奶奶放心走的孩子，直到奶奶说了好几遍下午第一个来幼儿园接他，他才忍着泪水跟奶奶说再见，奶奶走后一个人坐在小椅子上伤心地哭，不吃早饭也不跟小朋友玩，也不希望有人靠近他。

训练要求：尝试用所学知识分析案例中糖豆的分离焦虑情况，并设想一下假如你是老师将如何让糖豆爱上幼儿园。

教师提示：

（1）学生分组进行讨论，并小结讨论结果。

（2）派代表分享讨论结果。

（3）师生总结。

✿ 拓展训练

一、简答

（1）幼儿社会行为的类型有哪些？

（2）幼儿问题行为的治疗方法有哪些？

二、论述

试论述科尔伯格的道德发展理论。

三、岗位对接

以"幼儿园×××小朋友的攻击性行为分析报告"为题，深入幼儿园实地，调查某一幼儿的攻击性行为产生的原因，并尝试运用所学知识进行分析，给出解决方案。

✐ 真题再现

中班下学期，陈老师发现，班上仍有一些幼儿会抢别人的玩具，他们的理由是："我喜欢这玩具，我要玩"。请设计一个教育活动，解决上述问题，要求写出活动名称、活动目标、活动准备及活动过程。

【参考答案】

【活动名称】

中班社会教育活动：做个不争不抢的小朋友。

【活动目标】

（1）情感目标：愿意将自己喜欢的玩具分享给大家一起玩，不独占、争夺玩具。

（2）认知目标：初步学习轮流玩、一起玩，了解分享的含义。

（3）行为技能目标：通过游戏活动，能够掌握交流玩的方法以及人际交往的技能。

【活动准备】

（1）视频录像《陈老师带来的新玩具》。

（2）幼儿阅读用书。

【活动过程】

（1）出示视频录像，激发幼儿参与的兴趣。

视频播放《陈老师带来的新玩具》，玩具播放的画面如下：

① 教师带来了一架崭新的飞机模型，投放在科学角。

② 孩子们在你争我抢这架飞机，谁都不愿意让步。

③ 飞机模型在争抢中被撕坏。

（2）通过谈话，引导幼儿初步感受"争抢"和"分享"。

① 教师提问：

a.视频里发生了什么事？孩子们做得对吗？为什么？

b.针对视频中幼儿出现的矛盾，你有什么解决办法？

② 引导幼儿大胆讨论，表达自己的想法。

③ 教师小结：争抢的后果是谁都玩不了新玩具，独占、争夺玩具会带来不愉快，所以我们要学习分享。

（3）通过游戏活动，掌握交往技巧。

① 引导幼儿讨论：一种玩具大家都想玩，又要玩得高兴，可以怎样玩？

② 引导幼儿说出轮流玩、交流玩，如你先玩，他再玩，我后玩等。

③ 引导幼儿阅读幼儿用书，说说：画面上的小朋友是怎么样玩玩具的？你喜欢谁？为什么？请你在圆圈里给会与大家一起玩玩具的小朋友打√。

（4）儿歌小结。

好玩的玩具都爱玩，你玩玩、我玩玩，不争也不抢，大家都开心。

【活动延伸】

以家园共育的方式进行活动延伸，请幼儿回家与爸爸妈妈分享本次活动的内容。

附 录

附录1
《3—6岁儿童学习与发展指南》(节选)

《指南》将幼儿的学习与发展分为健康、语言、社会、科学、艺术五个领域。每个领域按照幼儿学习与发展最基本、最重要的内容划分为若干方面。每个方面由学习与发展目标、教育建议两部分组成。

三、社会

幼儿社会领域的学习与发展过程是幼儿社会性不断完善并奠定健全人格基础的过程，主要包括人际交往与社会适应。幼儿阶段是社会性发展的关键时期，良好的人际关系和社会适应能力对幼儿身心健康发展以及知识、能力和智慧作用的发挥具有重要影响。幼儿在与成人和同伴交往的过程中，不仅学习如何与人友好相处，也在学习如何看待自己、对待他人，不断发展适应社会生活的能力。

家庭、幼儿园和社会应共同努力，为幼儿创设温暖关爱的家庭和集体生活氛围，建立良好的亲子关系和师生关系，让幼儿在积极健康的人际关系中建立安全感和信任感，发展自信和自尊，在良好的社会环境及文化的熏陶中学会遵守规则，建立基本的认同感和归属感。

幼儿社会性是在日常生活和游戏中通过观察和模仿学习发展起来的，成人应注重自己的言行对幼儿的潜移默化影响。

(一)人际交往

目标1　喜欢交往

3~4岁	4~5岁	5~6岁
1. 喜欢和小朋友一起游戏。 2. 喜欢与熟悉的长辈一起活动	1. 喜欢和小朋友一起游戏，有经常一起玩的小伙伴。 2. 喜欢和长辈交谈，有事愿意告诉长辈	1. 有自己的好朋友，也喜欢结交新朋友。 2. 有问题愿意向别人请教。 3. 有高兴的或有趣的事愿意与大家分享

【教育建议】

1. 要主动亲近和关心幼儿，经常和他一起游戏或活动，让幼儿感受到与长辈交往的快乐，建立亲密的亲子关系或师生关系。

2. 创造交往的机会，让幼儿体会交往的乐趣。如：

• 利用走亲戚、到朋友家做客或有客人来访的时机，鼓励幼儿与他人接触、交谈。

• 鼓励幼儿参加其他小朋友的游戏，也欢迎他带同伴到家里玩，感受与朋友一起玩的快乐。

• 幼儿园应多为幼儿提供自由交往和游戏的机会，鼓励他们自主选择、自由结伴开展活动。

目标2　能与同伴友好相处

3～4岁	4～5岁	5～6岁
1. 想加入同伴的游戏时，能友好地提出请求。 2. 在成人指导下，不争抢、不独霸玩具。 3. 与同伴发生冲突时，能听从成人的劝解	1. 会运用介绍自己、交换玩具等简单技巧加入同伴游戏。 2. 对大家都喜欢的东西能轮流、分享。 3. 与同伴发生冲突时，能在他人帮助下和平解决。 4. 活动时愿意接受同伴的意见和建议。 5. 不欺负弱小	1. 能想办法吸引同伴和自己一起游戏。 2. 活动时能与同伴分工合作，遇到困难能一起克服。 3. 与同伴发生冲突时能自己协商解决。 4. 知道别人的想法有时和自己不一样，能倾听和接受别人的意见，不能接受时会说明理由。 5. 不欺负别人，也不允许别人欺负自己

【教育建议】

1. 结合具体情境，指导幼儿学习交往的基本规则和技能。如：

• 利用小朋友来访或到别人家做客的机会，鼓励幼儿与别人分享玩具、图书，提醒他注意礼貌。

• 当幼儿与同伴发生矛盾或冲突时，指导他们尝试用协商、交换、轮流玩、合作等方式解决冲突。

• 利用相关的图书、故事，引导幼儿懂得什么样的行为受大家欢迎，想要得到别人的接纳应该怎样做。

• 幼儿园应多为幼儿提供需要大家齐心协力才能完成的活动，让幼儿在具体活动中体会合作的重要性，学习分工合作。

2. 结合具体情境，引导幼儿进行换位思考，学习理解别人。如：

• 引导幼儿想想"假如你是那个小朋友，你怎么想？"让幼儿学习理解别人的想法和感受。

• 与幼儿进行"角色扮演"活动，让幼儿通过角色扮演体验所扮角色的心情，从中学习理解别人。

3. 和幼儿一起谈谈他的好朋友，说说喜欢这个朋友的原因，引导他们多发现同伴的优点、长处。

目标3　具有自尊、自信、自主的表现

3～4岁	4～5岁	5～6岁
1. 能根据自己的兴趣选择游戏或其他活动。 2. 为自己的好行为或活动成果感到高兴。 3. 自己能做的事情，愿意自己做。 4. 喜欢承担一些小任务	1. 能按自己的想法进行游戏或其他活动。 2. 知道自己的优点和长处，对自己感到满意。 3. 自己的事情尽量自己做，不喜欢依赖别人。 4. 敢于尝试有一定难度的活动和任务	1. 能主动发起活动或在活动中出主意、想办法。 2. 做了好事或取得了成功后还想做得更好。 3. 自己的事情自己做，不会的愿意学。 4. 主动承担任务，遇到困难能够坚持而不轻易求助。 5. 与别人的看法不同时，敢于坚持自己的意见并说出理由

【教育建议】

1. 关注幼儿的感受，保护其自尊心和自信心。如：

• 能以平等的态度对待幼儿，使幼儿切实感受到自己被尊重。

- 关注幼儿的活动和表现，善于发现其优点和长处，多给予肯定和表扬。同时，表扬一定要有针对性，要具体。

- 不要拿幼儿的不足与其他幼儿的优点作简单比较。

2. 鼓励幼儿自主决定，独立做事，增强其自尊心和自信心。如：

- 与幼儿有关的事情要征求他们的意见，即使他们的意见与成人不同，也要认真听，接受他们的合理要求。

- 在保证安全的情况下，支持幼儿按自己的想法做事；或提供必要的条件，帮助他们实现自己的想法。

- 尽量放手让幼儿自己的事情自己做，即使做得不够好，也应鼓励并给予一定的指导，让他们在做事中树立自尊和自信。

- 鼓励幼儿尝试有一定难度的任务，并注意调整难度，让他们感受经过努力取得的成就感。

目标4 关心尊重他人

3~4岁	4~5岁	5~6岁
1. 长辈讲话时能认真听，并能听从长辈的要求。 2. 身边的人生病或不开心时表示同情。 3. 在提醒下能做到不打扰别人	1. 会用礼貌的方式向长辈表达自己的要求和想法。 2. 能注意到别人的情绪，并有关心、体贴的表现。 3. 知道父母的职业，能体会到父母为养育自己所付出的辛劳	1. 能有礼貌地与人交往。 2. 能关注别人的情绪和需要，并能给予力所能及的帮助。 3. 尊重为大家提供服务的人，珍惜他们的劳动成果。 4. 接纳、尊重与自己的生活方式或习惯不同的人

【教育建议】

1. 以身作则，以尊重、关心的态度对待自己的父母、长辈和其他人。如：

- 经常问候父母，主动做家务。

- 礼貌地对待老年人，如坐车时主动为老人让座。

- 看到别人有困难能主动关心并给予一定的帮助。

2. 引导幼儿尊重、关心长辈和身边的其他人，尊重他人的劳动及成果。如：

- 提醒幼儿关心身边的人，如妈妈累了，知道让她安静地休息一会儿。

- 给幼儿讲讲父母抚育他成长的经历，让幼儿理解和体会父母养育他的辛苦。

- 结合实际情境，提醒幼儿注意别人的情绪，了解他们的需要，给予适当的关心和帮助。

- 利用购物、看病等机会，帮助幼儿了解与自己关系密切的社会服务机构及其工作，体会这些机构给大家提供的便利和服务，懂得尊重他们的劳动，珍惜劳动成果。

3. 引导幼儿学习用平等、接纳和尊重的态度对待差异。如：

- 了解每个人都有各自的兴趣、爱好和特长，可以相互学习。

- 利用民间游戏、传统节日等，适当向幼儿介绍我国主要民族和世界其他国家和民族的文化，帮助幼儿感知文化的多样性和差异性，理解人们之间是平等的，应该互相尊重，友好相处。

（二）社会适应

目标1　喜欢并适应群体生活

3～4岁	4～5岁	5～6岁
1. 对群体活动有兴趣。 2. 对幼儿园的生活好奇，喜欢上幼儿园	1. 愿意并主动参加群体活动。 2. 愿意与家长一起参加社区的一些群体活动	1. 群体活动中积极、快乐。 2. 对小学生活有好奇和向往

【教育建议】

1. 经常带幼儿参加一些群体性的活动，使幼儿"乐群、合群"。如：参加亲戚、朋友和同事间的聚会，以及适合幼儿参加的社区活动等，支持幼儿和不同群体的同伴一起游戏，丰富他们的群体活动经验。

2. 幼儿园组织活动时，可以经常打破班级的界限，让幼儿有更多机会参加不同群体的活动。

3. 带大班幼儿参观小学，讲讲小学有趣的活动，唤起他们对小学生活的好奇和向往，为入学做好心理准备。

目标2　遵守基本的行为规范

3～4岁	4～5岁	5～6岁
1. 在提醒下，能遵守游戏和公共场所的规则。 2. 知道不经允许不能拿别人的东西，借别人的东西要归还。 3. 爱护玩具和其他物品	1. 感受规则的意义，并能基本遵守规则。 2. 不私自拿不属于自己的东西。 3. 知道说谎是不对的。 4. 知道接受了的任务一定要完成。 5. 在提醒下能节约粮食、水电等	1. 理解规则的意义，能与同伴协商制定游戏和活动规则。 2. 爱护公物，用别人的东西时也知道爱护。 3. 做了错事敢于承认，不说谎。 4. 能认真负责地完成自己所接受的任务。 5. 爱护身边的环境，注意节约资源

【教育建议】

1. 严格遵守社会行为规则，为幼儿树立良好的榜样。如：尊老爱幼、爱护公共环境、节约水电等。

2. 帮助幼儿了解基本行为规则或其他游戏规则，让幼儿体验、理解规则的重要性，学习自觉遵守规则。如：

• 经常和幼儿玩带有规则的游戏，遵守共同约定的游戏规则。

• 利用实际生活情境和图书故事，向幼儿介绍一些必要的社会行为规则，以及为什么要遵守这些规则。

• 在幼儿园的区域活动中，创设情境，让幼儿体会没有规则的不方便，鼓励他们讨论制定规则并自觉遵守。

• 及时鼓励幼儿遵守社会规则的行为，纠正违规行为。如：幼儿主动为老人让座时要及时肯定；幼儿损害他人或公共物品时要及时制止并主动赔偿。

3. 教育幼儿要诚实守信。如：

• 对幼儿诚实守信的行为要及时肯定。

• 允许幼儿犯错误，告诉他们做错了改了就好。不要打骂幼儿，以免他们因害怕惩罚而说谎。

• 发现幼儿说谎时，要反思是不是因自己对幼儿的要求过高过严造成的。如果是，要及时调整自己的行为，同时要严肃地告诉幼儿说谎是不对的，不能解决问题。

• 经常给幼儿分配一些力所能及的任务，要求他们完成并及时给予表扬，培养他们的责任感和负责的态度。

目标3　具有初步的归属感

3～4岁	4～5岁	5～6岁
1. 知道和自己一起生活的家庭成员及与自己的关系，体会到自己是家庭的一员。 2. 能感受到家庭生活的温暖，爱父母，亲近与信赖长辈。 3. 能说出自己家所在街道、小区（乡镇、村）的名称。 4. 认识国旗，知道国歌	1. 喜欢自己所在的幼儿园和班级，积极参加集体活动。 2. 能说出自己家所在地的省、市、县（区）名称，知道当地的有代表性的物产或景观。 3. 知道自己是中国人。 4. 奏国歌、升国旗时能自动站好	1. 愿意为集体做事，为集体的成绩感到高兴。 2. 能感受到家乡的发展变化并为此感到高兴。 3. 知道自己的民族，知道中国是一个多民族的大家庭，各民族之间要互相尊重，团结友爱。 4. 知道一些国家的重大成就，爱祖国，为自己是中国人感到自豪

【教育建议】

1. 亲切地对待幼儿，关心幼儿，让他们感到长辈是可亲、可近、可信赖的，家庭和幼儿园是温暖的。如：

• 多和孩子一起游戏、谈笑，尽量在家庭和班级中营造温馨的氛围。

• 通过和幼儿一起翻阅照片、讲幼儿成长的故事等，让幼儿感受到家庭和幼儿园的温暖、老师的和蔼可亲，对养育自己的人产生感激之情。

2. 吸引和鼓励幼儿参加集体活动，萌发集体意识。如：

• 幼儿园和班级里的重大事情和计划，请幼儿集体讨论决定。

• 幼儿园应经常组织多种形式的集体活动，萌发幼儿的集体荣誉感。

3. 运用幼儿喜闻乐见和能够理解的方式萌发幼儿爱家乡、爱祖国的情感。如：

• 和幼儿说一说或在地图上找一找自己家所在的省、市、县名称。

• 利用外出游览收集到的信息资料、电视节目或画报、图片等，向幼儿介绍家乡、祖国各地的风景名胜、著名的建筑、独特的物产等，激发幼儿的自豪感和热爱之情。

• 利用电视节目或参加升旗等活动，向幼儿介绍国旗、国歌以及观看升旗、奏国歌的礼仪。

• 向幼儿介绍反映中国人聪明才智的发明和创造，激发幼儿的民族自豪感。

附录2

《幼儿园教育指导纲要（试行）》（节选）

第一部分　总　则

一、为贯彻《中华人民共和国教育法》《幼儿园管理条例》和《幼儿园工作规程》，指导幼儿园深入实施素质教育，特制定本纲要。

二、幼儿园教育是基础教育的重要组成部分，是我国学校教育和终身教育的奠基阶段。城乡各类幼儿园都应从实际出发，因地制宜地实施素质教育，为幼儿一生的发展打好基础。

三、幼儿园应与家庭、社区密切合作，与小学相互衔接，综合利用各种教育资源，共同为幼儿的发展创造良好的条件。

四、幼儿园应为幼儿提供健康、丰富的生活和活动环境，满足他们多方面发展的需要，使他们在快乐的童年生活中获得有益于身心发展的经验。

五、幼儿园教育应尊重幼儿的人格和权利，尊重幼儿身心发展的规律和学习特点，以游戏为基本活动，保教并重，关注个别差异，促进每个幼儿富有个性的发展。

第二部分　教育内容与要求

幼儿园的教育内容是全面的、启蒙性的，可以相对划分为健康、语言、社会、科学、艺术等五个领域，也可作其他不同的划分。各领域的内容相互渗透，从不同的角度促进幼儿情感、态度、能力、知识、技能等方面的发展。

三、社会

（一）目标

1. 能主动地参与各项活动，有自信心；
2. 乐意与人交往，学习互助、合作和分享，有同情心；
3. 理解并遵守日常生活中基本的社会行为规则；
4. 能努力做好力所能及的事，不怕困难，有初步的责任感；
5. 爱父母长辈、老师和同伴，爱集体、爱家乡、爱祖国。

（二）内容与要求

1. 引导幼儿参加各种集体活动，体验与教师、同伴等共同生活的乐趣，帮助他们正确认识自己和他人，养成对他人、社会亲近、合作的态度，学习初步的人际交往技能。

2. 为每个幼儿提供表现自己长处和获得成功的机会，增强其自尊心和自信心。

3. 提供自由活动的机会，支持幼儿自主地选择、计划活动，鼓励他们通过多方面的努力解决问题，不轻易放弃克服困难的尝试。

4. 在共同的生活和活动中，以多种方式引导幼儿认识、体验并理解基本的社会行为规则，学习自律和尊重他人。

5. 教育幼儿爱护玩具和其他物品，爱护公物和公共环境。

6. 与家庭、社区合作，引导幼儿了解自己的亲人以及与自己生活有关的各行各业人们的劳动，培养其对劳动者的热爱和对劳动成果的尊重。

7. 充分利用社会资源，引导幼儿实际感受祖国文化的丰富与优秀，感受家乡的变化和发展，激发幼儿爱家乡、爱祖国的情感。

8. 适当向幼儿介绍我国各民族和世界其他国家、民族的文化，使其感知人类文化的多样性和差异性，培养理解、尊重、平等的态度。

附录3
我国幼儿园社会领域教育历史发展脉络

《湖北幼稚园开办章程》（1904）/《湖南蒙养院教课说略》（1905）	
名称/科目	行仪、训话
主要目标	1. 示为人之道 2. 修身 3. 培养美感，高洁心情、涵养德性 4. 热爱家乡、热爱祖国的情感的萌发
备注	以做人教育为宗旨，强调行为习惯、个性品质的养成

《幼稚园课程标准》（1932）	
名称/科目	社会和常识
主要目标	1. 引导幼儿对于自然环境和人民活动的观察和欣赏 2. 增进利用自然、满足生活、组织团体等的最初步的经验 3. 引导对于"人和社会自然的关系"的认识 4. 养成爱护自然物和卫生、乐群、互助、合作等的好习惯
主要内容	甲，关于衣食住行等生活需要、卫生方法，以及家庭、邻里、商铺、邮局、救火组织、公园、交通机关等社会组织的观察研究，本地名胜古迹的游览 乙，日常礼仪的演习 丙，纪念日和节日（如元旦、国庆、儿童节以及其他节令）的研究举行 丁，集会的演习，以培养公正、仁爱、和平的态度精神为主 戊，党旗、国旗等的认识 己，见习的鸟、兽、虫、鱼、花草、树木和日、月、雨、雪、阴、晴、风、云等自然现象的认识和研究 庚，月、日、星期和阴、晴、雨、雪等逐日气候的填记 辛，附近或本园内动植物的观察采集，并饲养或培植 壬，身体各部分的认识和简易卫生规律（如食前必洗手、食后必洗脸，不随地便溺，不随地吐痰，不用手揉眼睛，爱清洁等）的实践 癸，健康和清洁的察觉
备注	1. 延续了《湖北幼稚园开办章程》中社会教育以做人为宗旨的思想，注重修身养性，培养个体良好的品行、习惯，主张把个体培养成社会期待的公民 2. 偏重社会认知，特别是对于时令、节日活动和社会环境的认识

《幼儿园暂行规程》/《幼儿园暂行教学纲要》（1952）	
名称/科目	德育（认识环境）
主要目标	1. 培养幼儿爱国思想、国民公德和诚实、勇敢、团结、友爱、守纪律、有礼貌等优良品质和习惯 2. 爱祖国、爱集体、爱家乡、爱父母、爱小朋友等五爱教育内容 3. 要求儿童具有诚实、勇敢、坚忍、顽强与克服困难的意志与性格 （此时幼儿园的重要任务是对儿童进行国民公德教育，以集体主义教育、爱国主义教育和劳动教育为核心）
主要内容	1. 认识环境（包括日常生活环境、社会环境、自然环境） 相关的内容主要有： （1）认识自己的身体部位 （2）认识本班和园内环境 （3）认识幼儿园附近地区和街道 （4）节日教育 （5）热爱领袖和军队 （6）英雄教育，时事教育 （7）劳动教育 （8）学习文明礼貌用语等 2. 体育部分内容（日常生活、卫生习惯）
主要变化	1. 幼儿园德育的目标更多体现了一些政治色彩，呈现道德化、成人化、政治化的倾向，之前"做人"教育的宗旨被搁置一旁 2. 社会教育开始脱离儿童生活，脱离儿童年龄特点

《幼儿园教育工作指南》（1956）

名称/科目	德育（认识环境）
主要目标	培养年轻一代具有符合社会主义要求的道德品质： 1. 培养儿童热爱劳动的意识 2. 热爱祖国的情感 3. 培养幼儿互助友好的品质 4. 培养幼儿愉快、诚实、勇敢、自信的品质 5. 培养儿童坚韧、刻苦的精神和顽强的意志品质 6. 培养儿童良好的卫生习惯和自我服务能力 （幼儿教育的目的是进行全面发展的共产主义教育，热爱祖国是共产主义道德教育的中心环节）
主要内容	内容散在"认识环境""发展语言""体育""游戏"等部分中
主要变化	1. 德育目标的政治化和成人化色彩有所减弱；但依然存在 2. 除偏重社会认知以外，开始重视儿童良好性格的培养

《幼儿园教育纲要（试行草案）》（1981）

名称/科目	德育（思想品德和常识）
主要目标	1. 五爱教育（爱祖国、爱人民、爱劳动、爱科学、爱护公共财物） 2. 培养儿童团结、友爱、诚实、勇敢、克服困难、有礼貌、守纪律等优良品德 3. 培养儿童的文明行为和活泼开朗的性格
主要内容	主要包括积极健康的情绪、人际关系、文明礼貌、五爱教育、遵守规则、自我服务等。 在卫生习惯、语言、常识等科目上也有部分社会教育的内容
主要变化	1. 开始接近幼儿的生活 2. 比较符合幼儿的年龄特点 3. 将思想品德独立为一个科目 4. 注重潜移默化的影响，将德育贯穿于幼儿生活以及各项活动之中

《幼儿园工作规程（试行）》（1989）

名称/科目	德育（思想品德和常识）
主要目标	1. 萌发幼儿爱家乡、爱祖国、爱集体、爱劳动、爱科学的情感 2. 培养诚实、自信，好问、友爱、勇敢、爱护公物、克服困难、讲礼貌、守纪律等良好的品德行为和习惯 3. 培养自信、活泼、开朗的性格 （德育以情感教育和培养良好行为习惯为主）
主要内容	课程内容增设幼儿作为"社会人"所需了解的一些社会行为规范、人际关系、民族文化等
主要变化	1. 德育观念的框架有所突破，内涵开始向社会性扩展。社会教育从"思想品德""常识"向独立的、更具内涵的"社会"领域过渡 2. 德育逐渐回归幼儿生活，回归社会性发展 3. 关注幼儿的个性品质性格和良好的社会情感的培养 4. 课程实施开始注重幼儿的心理发展特点，重视教育环境的创设 5. 社会教育开始与自然、语言、艺术等多个教育领域进行融合

《幼儿园教育指导纲要（试行）》（2001）

名称/科目	社会
主要目标	1. 能主动地参与各项活动，有自信心 2. 乐意与人交往，学习互助、合作和分享，有同情心 3. 理解并遵守日常生活中基本的社会行为规则 4. 能努力做好力所能及的事，不怕困难，有初步的责任感 5. 爱父母长辈、老师和同伴，爱集体、爱家乡、爱祖国

《幼儿园教育指导纲要（试行）》（2001）

主要内容	1. 引导幼儿参加各种集体活动，体验与教师、同伴等共同生活的乐趣，帮助他们正确认识自己和他人，养成对他人、社会亲近、合作的态度，学习初步的人际交往技能 2. 为每个幼儿提供表现自己长处和获得成功的机会，增强其自尊心和自信心 3. 提供自由活动的机会，支持幼儿自主地选择、计划活动，鼓励他们通过多方面的努力解决问题，不轻易放弃克服困难的尝试 4. 在共同的生活和活动中，以多种方式引导幼儿认识、体验并理解基本的社会行为规则，学习自律和尊重他人

	《幼儿园教育指导纲要（试行）》（2001）
主要内容	5. 教育幼儿爱护玩具和其他物品，爱护公物和公共环境 6. 与家庭、社区合作，引导幼儿了解自己的亲人以及与自己生活有关的各行各业人们的劳动，培养其对劳动者的热爱和对劳动成果的尊重 7. 充分利用社会资源，引导幼儿实际感受祖国文化的丰富与优秀，感受家乡的变化和发展，激发幼儿爱家乡、爱祖国的情感 8. 适当向幼儿介绍我国各民族和世界其他国家、民族的文化，使其感知人类文化的多样性和差异性，培养理解、尊重、平等的态度
主要变化	1. "社会"正式成为幼儿园课程中一个独立的领域，其内容涵盖品德、常识和个性、情感、社会性发展的教育 2. 摆脱了长期以来政治化、道德化、成人化的倾向，开始向人本化和科学化发展，逐渐回归儿童、回归生活、回归生命 3. 注重促进社会认知、情感、行为等多方面的和谐发展 4. 重视潜移默化的特点和家园合作的必要性

参考文献

[1] 周世华，耿志涛.学前儿童社会教育［M］.北京：高等教育出版社，2018.

[2] 姜莉莉.学前儿童社会教育活动指导［M］.大连：大连理工大学出版社，2016.

[3] 张岩莉.学前儿童社会教育［M］.上海：复旦大学出版社，2012.

[4] 彭海蕾.学前儿童社会教育与活动指导［M］.北京：教育科学出版社，2019.

[5] 吕炳君.学前儿童社会教育［M］.武汉：华中师范大学出版社，2018.

[6] 甘波，步宁，孙雁.学前儿童社会教育与活动指导［M］.长沙：湖南师范大学出版社，2019.

[7] 李兴娜.幼儿园社会教育活动设计与指导［M］.长春：东北师范大学出版社，2015.

[8] 但菲.幼儿社会性发展与教育活动设计［M］.北京：高等教育出版社，2017.

[9] 陈利永，刘玉芝.幼儿园教育活动设计与指导［M］.西安：陕西师范大学出版社，2014.

[10] 张明红.学前儿童社会教育［M］.上海：华东师范大学出版社，2008.

[11] 玛拉·克瑞克维斯基.多元智能理论与学前儿童能力评价［M］.李季湄，方均君，译.北京：北京师范大学出版社，2003.

[12] 杨丽珠.幼儿社会性发展与教育［M］.大连：辽宁师范大学出版社，2000.

[13] 刘金花.儿童发展心理学［M］.上海：华东师范大学出版社，1997.

[14] 杨丽珠.试谈儿童自我意识的发展［J］.辽宁师范大学学报（社科版），1985.

[15] 嵇珺.幼儿园社会领域教育探新［M］.南京：南京师范大学出版社，2021.

[16] 伍香平.幼儿园优秀社会活动设计［M］.北京：中国轻工业出版社，2021.

[17] 嵇珺.幼儿园社会领域教育探新［M］.南京：南京师范大学出版社，2021.

[18] 付立芳.学前儿童社会教育［M］.杭州：浙江工商大学出版社，2016.

【课外链接】

1. 上海学前教育网.

2. 中国幼儿教师网.

3. 幼儿学习网.

4. 爱奇艺视频.

5. 新浪育儿网.

6. 儿童资源网.

7. 中国学前教育网.

8. 幼儿园学习网.